¡Sigue! AS

John Connor & David Mort

Tercera edición

HODDER
EDUCATION
AN HACHETTE UK COMPANY

Although every effort has been made to ensure that website addresses are correct at time of going to press, Hodder Education cannot be held responsible for the content of any website mentioned in this book. It is sometimes possible to find a relocated web page by typing in the address of the home page for a website in the URL window of your browser.

Hachette UK's policy is to use papers that are natural, renewable and recyclable products and made from wood grown in sustainable forests. The logging and manufacturing processes are expected to conform to the environmental regulations of the country of origin.

Orders: please contact Bookpoint Ltd, 130 Milton Park, Abingdon, Oxon OX14 4SB. Telephone: (44) 01235 827720. Fax: (44) 01235 400454. Lines are open 9.00–5.00, Monday to Saturday, with a 24–hour message answering service. Visit our website at www.hoddereducation.co.uk

First edition © David Mort, Helena Aixendri & Sally–Ann Pye, 1995
Second edition © John Connor, Helena Jiménez, David Mort & Niobe O'Connor, 2000

This third edition first published in 2008 by
Hodder Education,
An Hachette UK Company
338 Euston Road
London NW1 3BH

Impression number   5   4
Year   2012

Cover photo ©David Clapp/Arcaid/Corbis
Illustrations by Michelle Ives, Don Hatcher and Tim Oliver
Typeset in Palatino Light and Gill Sans by Hart McLeod, Cambridge
Printed in Dubai

A catalogue record for this title is available from the British Library

ISBN: 978 0340 95023 4

Contents

Contents

Contents

Contents

Introduction

How does ¡Sigue! AS work?

Making the adjustment to Advanced Level Spanish from a GCSE or
Standard Grade which may already seem like a long time ago is quite a
challenge, but one which we think you will enjoy with *¡Sigue! AS*. It is the
first book in a two-part course, and will enable you to bridge the gap from
GCSE to more advanced work and develop much greater scope and
freedom in using Spanish. For AS Spanish, or Higher Spanish in Scotland,
¡Sigue! AS is a complete course. For those going on to do the full Advanced
Level, *¡Sigue! A2* is the second part of the course.

What does ¡Sigue! AS include?

The ten *Unidades*

Each of the ten *Unidades* looks at aspects of an AS level topic and focuses on
particular language points. The texts on the pages and in the listening material
are the basis of a range of tasks, many of which may be familiar in form as
they are similar to the kind of activities you will have done for GCSE or
Standard Grade. The skills practised are indicated by the following symbols.

Listening   Reading

Pair work   Writing

Individual presentation

Prácticas sections at the end of each unit reinforce specific grammar points
arising from the texts.

In *Unidad* 1, we examine personal relationships with friends and parents,
and the nature of the 21st century family. The *Prácticas* section focuses on:
the present tense, including radical-changing verbs; possessive adjectives;
personal 'a'; impersonal verbs; 'para' and 'por'.

Unidad 2 focuses on the lifestyle of the Spanish, their leisure activities and
aspects of music in the Spanish-speaking world. The *Prácticas* cover:
interrogatives; the imperfect tense; negatives; the preterite (past historic)
tense; comparative and superlative adjectives.

Unidad 3 takes an in-depth look at the educational system in Spain. In the
Prácticas section you can consolidate your knowledge of when to use *ser* or
estar; the present continuous tense; impersonal verbs; the perfect tense; the
future and conditional tenses; comparative adjectives and adverbs.

Introduction

In *Unidad* 4, the spotlight is on the social aspects of food, drink and diet in areas of the Spanish-speaking world. The *Prácticas* reinforce your knowledge of adverbs; direct and indirect object pronouns; demonstrative adjectives; the present subjunctive; reflexive verbs; the polite imperative.

Unidad 5 concentrates on aspects of sports which are characteristic of Spanish culture. The *Prácticas* revisit several points covered in previous *Unidades*, as well as looking at the position of adjectives; prepositions before an infinitive; possessive pronouns; reflexive constructions; and when to use *pero* and *sino*.

In *Unidad* 6 we look at drink, smoking and drugs – and at some more recent types of addiction. The *Prácticas* feature a section on the passive, as well as revisiting several grammar points covered earlier in the course.

Unidad 7 examines the role and influence of the media, both traditional and modern. The *Prácticas* section offers an opportunity to revise a number of grammar points from earlier *Unidades*.

In *Unidad* 8 we explore the changing nature of the world of work. The *Prácticas* include a section on the imperfect subjunctive, as well as a further opportunity to reinforce your knowledge of several points covered earlier in the book.

Travel and transport in Spain provide the focus for *Unidad* 9. The *Prácticas* contain sections on the order of pronouns and the use of 'si' with the conditional tense, as well as revision of grammar points from previous *Unidades*.

In the final *Unidad* of *¡Sigue! AS*, we feature some uniquely Spanish ways of spending *las vacaciones*. The *Prácticas* section looks at the pluperfect tense and offers another opportunity to ensure your mastery of several grammar points encountered earlier.

Grammar reference and Vocabulary

The Grammar reference provides clear explanations in English of all the grammar points practised in the course. Use it:

- to look up points of grammar when you are doing your work or checking it
- to help you do the *Prácticas*
- for revision.

Finally, at the back of the book, is the Vocabulary: the Spanish-English word list. This is for quick reference, and will give the meaning of a Spanish word in the context in which it is used in a text in the book, which may not be its first meaning. You will develop your language skills much better if you build the habit of using a dictionary effectively. You will also see Vocabulary boxes appearing in the book to help you with the vocabulary in certain exercises.

¡Buena suerte!

John Connor & David Mort

Unidad 1
Las relaciones personales

1.1 ¿Quién es?

¿Sabes hacer una descripción física de otra persona? Para practicar, sigue escuchando.

A 🎧 Escucha las descripciones. Para cada descripción, identifica a la persona apropiada.

Ejemplo: ¡Cuidado! Hay una persona que Sobra. / Maribel, 2

B 👥

1 **Persona A**: Describe a una persona famosa, pero no menciones su nombre.

Persona B: Identifica a la persona.

¡Turnaos!

2 Cada uno escoge una persona que todos conozcáis. Por turnos, haz un máximo de 10 preguntas. Tu pareja puede contestar solamente 'Sí' o 'No'. ¿Puedes adivinar la identidad de la persona escogida?

1.2 Busco una pareja

Una descripción no sólo consiste en los detalles físicos sino también en las características de una persona también, sus intereses, lo que le gusta y no le gusta hacer. ¿Puedes encontrar tu pareja?

Chica alta, rubia, pelo verde y ojos marrones, busca chico. Le gusta hablar de todo. No le importa su físico.

Chiquitita

Chica de 18 años, morena clara, ojos café claro, pelo negro. Le gusta salir hasta muy tarde y leer novelas filosóficas. Busca un chico con quien compartir todas sus aficiones.

MissTeriosa

Chico de 18 años, busca alguien de entre 16 y 18 años. Tiene que respetar a las personas como son por dentro y no por fuera.

Fernandito

Chica morena, estatura normal y ojos claros, aficionada a la mayoría de los deportes, busca gente para relacionarse.

Salerosa de Málaga

Chico muy guapo, cuerpo duro, riquísimo. Quiere compartir su buena fortuna y su coche Mercedes con tantas chicas como sea posible.

Modesto007

Chico simpático, alegre, y extrovertido, busca una persona seria, cariñosa, romántica, tranquila, para quien la amistad y el amor son más importantes que el sexo.

Joaquín

A ¡Cuidado! Hay una descripción que sobra.

¿Quién…

1 …prefiere las actividades de exterior?
2 …busca lo contrario de lo que es él / ella mismo / a?
3 …no tiene aficiones particulares?
4 …desea casarse lo más pronto posible?
5 …no tiene un apodo apropiado?
6 …tiene pasatiempos muy distintos?

B Escoge una de estas seis personas y, según los detalles que han dado, escoge la pareja más apropiada para esa persona. Presenta tus razones al grupo.

1.3 ¿Te es fácil hacer amigos?

Cuando te invitan a una fiesta o vas a la discoteca, ¿conectas fácilmente con la gente que no conoces o necesitas tiempo?

A 📄 Lee las preguntas 1–8, luego lee los grupos de respuestas posibles i–viii. Para cada pregunta, identifica el grupo de respuestas apropiado.

Ejemplo: 1, vii

1 En una fiesta de clase hay un estudiante nuevo que está un poco arrinconado. ¿Qué haces?
2 ¿Cómo es de grande el círculo de amigos con quienes sales habitualmente?
3 Acabas de ganar un viaje a París con hotel incluido, pero es un viaje para una sola persona. ¿Qué haces?
4 Los dos chicos de la foto tratan de ligar con la chica, que está esperando a su novio. ¿Qué crees que les dice?

5 Hay un proyecto en clase y tienes que hacer un trabajo sobre cómo adornar el patio del instituto. ¿Qué haces?
6 Descubres a tu mejor amigo / a leyendo tu diario personal. ¿Qué le dices?
7 ¿Qué haces cuando te peleas con un(a) amigo / a?
8 Tu amigo / a te ha invitado a una fiesta y en el último momento decide no ir. ¿Cuál es tu reacción?

---

i
Respuesta a 'Lo siento; no estoy sola.'
Respuesta b '¿Siempre sois así de impulsivos?'
Respuesta c '¡Perdeos y dejadme en paz!'

ii
Respuesta a Sólo tengo un par de buenos/as amigos/as.
Respuesta b En realidad tengo muy pocos/as amigos/as, pero un montón de gente con la que suelo salir de marcha.
Respuesta c Tengo muchos/as amigos/as y cada vez tendré más, porque me encanta conocer gente.

iii
Respuesta a Formo un grupo de gente de la clase y nos ponemos a hacerlo todos juntos.
Respuesta b Lo hago solo/a.
Respuesta c Busco una idea original e intento animar a otros/as.

iv
Respuesta a Iría solo/a e intentaría hacer amigos, seguro que podría conocer a alguien especial.
Respuesta b Me quedaría en casa y regalaría o vendería ese billete.
Respuesta c Hablaría con un/a amigo/a para que comprara un billete y lo pagáramos a medias.

v
Respuesta a Busco a otra persona para que me acompañe y, si no la encuentro, me quedo en casa.
Respuesta b Asisto a la fiesta y trato de conocer al mayor número de gente posible.
Respuesta c Llamo a la persona que ha organizado la fiesta y le digo que no voy a poder ir.

vi
Respuesta a Me olvido de él/ella hasta que se me pase el enfado y me apoyo en otra gente.
Respuesta b Trato de hablar y hacer las paces lo más pronto posible.
Respuesta c Depende del tipo de pelea, pero seguro que dejo pasar un par de días: así se me pasa el mosqueo.

vii
Respuesta a Es su problema.
Respuesta b Intento hablar con él/ella de cualquier tema.
Respuesta c Me da mucha pena, porque a mí me ha pasado muchas veces.

viii
Respuesta a Me enfado tanto que todo termina entre nosotros para siempre.
Respuesta b Tengo una conversación y espero una disculpa.
Respuesta c Con mis amigos no tengo ningún tipo de secretos, porque nos lo contamos todo.

B 📄 👥 Haz el test. Para cada pregunta 1–8, elige a, b, o c entre las respuestas del grupo apropiado. Luego, trabajando con una pareja, calculad vuestros resultados según la puntuación en la tabla.

Pregunta	Respuesta		
	a	**b**	**c**
1	6	3	0
2	0	3	6
3	6	0	3
4	6	0	3
5	3	6	0
6	0	3	6
7	6	3	0
8	0	3	6

C 📄 Ahora, lee la puntuación. Rellena cada uno de los espacios en blanco con una palabra apropiada de la lista a derecha. ¡Cuidado! Tendrás que utilizar una de las palabras dos veces.

sientes

encuentra

tienes

cuesta

muestras

De 0 a 21 puntos:

No eres una persona que (**1**) _____ amigos/as fácilmente.
Te (**2**) _____ mucho iniciar una conversación.

De 24 a 33 puntos:

Eres una persona espontánea y no te (**3**) _____ lograr hacer amigos/as.
Te (**4**) _____ simpático/a y abierto/a.

De 36 a 48 puntos:

Jamás (**5**) _____ ningun problema para relacionarte con la gente. Pocas veces te (**6**) _____ solo/a.

1.4 Ocho consejos para siempre tener amigos

A casi todo el mundo le gusta sentirse aceptado por los demás. Pero no siempre es fácil lograrlo.

A 📄 Aquí tienes ocho consejos que pueden ser útiles, pero las segundas mitades de los consejos se han mezclado. Empareja las mitades, luego escribe los consejos completos.

Ejemplo: 1, f: No seas demasiado idealista en lo que dices. Trata de transmitir una imagen de persona realista.

1 No seas demasiado idealista en lo que dices. Trata de…

2 Hay que buscar temas a menos de conversación y…

3 Es importante mostrar interés por el otro. Así resulta fundamental…

4 Ojo a controlar tu temperamento. En público, hay que…

5 Una persona en la que se puede confiar puede…

6 No de la impresión de ser perezoso/a. Es importante…

7 Hay que tener sentido del humor, y lo mejor es…

8 Las personas negativas no son buena compañía, así que es preciso…

a …hablar de los últimos acontecimientos ocurridos en el mundo.

b …ser una persona activa y desenvuelta.

c …conservar la calma y no enfadarse.

d …convertirse en un amigo para siempre.

e …practicar un optimismo sano.

f …transmitir una imagen de persona realista.

g …aprender a reírse de uno mismo.

h …recordar su nombre, su situación familiar y su trabajo.

B 📄 Traduce los consejos completos al inglés.

C 🗨 Las palabras en la tabla siguiente se encuentran en los consejos. Copia y completa la tabla con los sustantivos y verbos que faltan, según el ejemplo.

Sustantivo	Infinitivo del verbo
la búsqueda	buscar
1	confiar
impresión	2
3	
conversación	4
5	practicar
interés	6
7	recordar
compañía	8
9	transmitir
acontecimiento	10

D 🗨 Ahora utiliza las palabras que acabas de encontrar en el ejercicio C para completar las frases siguientes. Quizás tendrás que cambiar la persona del verbo. Se permite utilizar cada palabra solamente una vez.

1 Lo que me dice me _____ mucho.

2 Muchas chicas no tienen _____ en sí mismas.

3 La _____ de la energía va a ayudar al medio ambiente.

4 Tengo un buen _____ de mis vacaciones en Ibiza.

5 Lo que _____ en África es horrible.

6 A menudo los chicos tratan de _____ a las chicas.

7 No quiero _____ a mis padres al teatro. ¡Es aburrido!

8 La _____ de los mensajes por correo electrónico es barata.

9 No me gusta _____ con mis padres. No sé qué decirles.

10 La _____ de los idiomas extranjeros es muy útil.

E 📄 Para terminar, traduce las frases del ejercicio D al inglés.

1.5 Mi hermana y mi novio

A menudo la gente que queremos muestra características completamente diferentes. Lee lo que dice Merche de su hermana y de su novio.

Desde niña mi hermana Carmen ha sido muy tímida. Le cuesta mucho hacer amigos y (**1**) _____ . Carmen es muy pensativa y se toma todo muy en serio y (**2**) _____ cuando los demás consideran que es algo sin importancia.

Carmen es delgada, morena y bastante guapa, pero siempre está llena de dudas (**3**) _____ . Cree que es fea y gorda y no tiene ninguna autoestima. Cuando un chico inicia una conversación con ella, se corta mucho. Mis amigos piensan que su comportamiento es algo extraño. Siempre busca un sentido a la vida y frunce el ceño cuando los otros ríen a carcajadas. Se encuentra arrinconada y triste (**4**) _____ .

Por contraste mi novio Fernando tiene una personalidad extrovertida y espontánea (**5**) _____ . Es muy abierto y siempre está rodeado de gente. Se enrolla bien con todos (**6**) _____ y sonríe mucho. Cuando estoy de mal humor Fernando muestra su carácter comprensivo y cariñoso. No flirtea con mis amigas, y no nos peleamos nunca. Es un novio ideal porque es muy fiel.

A 📄 Para cada uno de los espacios en blanco del texto, elige una de las frases siguientes. ¡Cuidado! Hay una frase que sobra.

Ejemplo : 1, g

a pero no tiene amigos
b en cuanto a su apariencia física
c porque es muy agradable y amistoso
d y siempre actúa con naturalidad
e y no le interesa nada
f piensa que todo es un problema
g tiene miedo de tomar la iniciativa

B ✍️ Traduce estas frases al español utilizando, si quieres, las palabras del texto.

1 Since boyhood, her brother has always been very shy.
2 Rafa finds it very difficult to speak with other people and to act naturally.
3 When a boy starts a conversation, Carmen thinks that he's flirting with her.
4 My sister's behaviour is rather strange; she's always in a bad mood when I'm talking to Fernando.

1.6 María Elena: ¿Voy a casarme?

María Elena habla en una emisión de radio que se llama 'Mi Punto de Vista' de sus motivos para casarse.

A 🎧 Escucha a María Elena. ¿Cuál(es) de los motivos de la lista no se menciona(n)?

a tener relaciones estables
b prestigio social
c buscar la seguridad material
d compartir la vida con otro/a
e no ser diferente
f temor de estar solo/a
g sentirse protegido/a
h evitar riesgos de enfermedades
i formar una familia
j buscar sentido a la vida

B 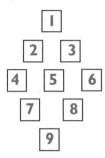 Considera en grupos los motivos para casarse. Selecciona nueve de los diez, y organízalos en un diamante.

1 = el más importante, 9 = el menos importante.

```
        ┌───┐
        │ 1 │
        └───┘
    ┌───┐  ┌───┐
    │ 2 │  │ 3 │
    └───┘  └───┘
┌───┐  ┌───┐  ┌───┐
│ 4 │  │ 5 │  │ 6 │
└───┘  └───┘  └───┘
    ┌───┐  ┌───┐
    │ 7 │  │ 8 │
    └───┘  └───┘
        ┌───┐
        │ 9 │
        └───┘
```

Ahora, por turnos, justifica las decisiones de tu grupo delante de la clase.

C Manda un correo electrónico (o llama por teléfono) al director de 'Mi Punto de Vista'. ¿Cuál es tu opinión de lo que decía María Elena? Escribe 150 palabras, más o menos. (Habla por 90 segundos, más o menos.)

1.7 Inma en Ibiza

¿Ir de vacaciones con la madre no parece ideal? De vez en cuando la vida nos sorprende…

A Escucha a Inma que cuenta lo que pasó de vacaciones con su madre en Ibiza. Escoge las palabras apropiadas para completar la frase.

Ejemploi : 1, b

1 Mis vacaciones duraron …
   a …ocho días.
   b …una quincena.
   c …una semana.

2 Estábamos en un sitio …
   a …casi desierto.
   b …con mucha movida.
   c …para jóvenes.

3 Mi madre era …
   a …liberal.
   b …aburrida.
   c …estricta.

4 El chico que llegó con su padre era …
   a …más joven que yo.
   b …más viejo que yo.
   c …de mi edad.

5 Pasamos unas horas …
   a …mirando a nuestros padres.
   b …hablando.
   c …bailando.

6 Al ver a mi madre con el padre de Antonio, me sentía …
   a …enfadada.
   b …sorprendida.
   c …feliz.

7 Mi madre prefería pasar el tiempo …
   a …con el padre de Antonio.
   b …conmigo.
   c …en la playa.

8 Cuando nos despedimos, Antonio y yo nos prometimos …
   a …llamarnos por teléfono.
   b …escribirnos.
   c …ir de vacaciones juntos el año próximo.

9 Mi madre …
   a …se enamoró del padre de Antonio.
   b …me propuso ir de vacaciones otra vez con Antonio y su padre.
   c …llamaba al padre de Antonio cada tarde.

B 👥

Persona A: Eres la madre/el padre. Para ti este lugar es perfecto a causa de su tranquilidad. Te gusta leer, dar paseos y tomar el sol para relajarte.

Persona B: Eres la chica/el chico. Te aburres, porque no hay nada para los jóvenes. No te gusta tanto tomar el sol en la playa – prefieres ir a la discoteca.

C ✍ Durante las vacaciones de verano conociste a un chico/una chica en la playa y os divertistéis mucho. Pero al volver a tu casa te das cuenta de que la relación no tiene futuro. No quieres hacerle daño y decides escribirle una carta. La carta debe ser de unas 150 palabras aproximadamente.

1.8 ¡Cuidado con las citas amorosas!

Una cita puede ser emocionante, pero con las personas desconocidas hay que tener cuidado …

Blanca habla de lo que ocurrió cuando una amiga suya salió de cita.

A 🎧 Escucha lo que cuenta Blanca y pon los acontecimientos siguientes en el orden correcto.

1 Blanca sospechaba que el chico había cometido un crimen.
2 Al verla desmayarse, todo el mundo creía que había bebido demasiado.
3 No había bebido nada antes.
4 Blanca le ayudó a regresar a casa.
5 El chico le invitó a beber algo.
6 La chica había olvidado lo que había sucedido la noche anterior.
7 El chico no le hacía caso.
8 La amiga encontró al chico en una discoteca.
9 Al regresar, encontró una bebida en la mesa.
10 Después de haber bebido, no se sentía bien.
11 Se ausentó un momento para maquillarse.
12 La amiga creía que el chico era guapo.

B 🎧 Escucha otra vez a Blanca. ¿Cómo dice …?

1 she met a boy in a disco
2 to have a drink
3 after a while
4 a few minutes later
5 by chance
6 everyone burst out laughing
7 fortunately
8 when we left the disco
9 as if everything was OK
10 the following day

C 👥

Persona A: Estás en una discoteca esperando a tu novio/a. Ya tienes tu copa. Tu novio/a tarda mucho en llegar, y empiezas a aburrirte. De repente, te das cuenta de que una persona desconocida te está mirando fijamente …

Persona B: También estás en la discoteca. Ves a un chico/una chica (la persona A) que te atrae mucho y que está solo/a. Te acercas a él/ella, le/la invitas a tomar algo e intentas entablar conversación.

D ✍ Tú eres la chica de quien habla Blanca. Cuenta lo que te sucedió. Utiliza 150 palabras, más o menos.

1.9 Escaparse de casa – ¡la única solución!

Los adolescentes que se escapan de casa lo hacen por varios motivos. Lee este artículo para saber lo que piensan los psicólogos.

'Cuando una persona decide desaparecer casi siempre se debe a algún conflicto familiar. A veces se puede ver como una venganza o un castigo a quienes le causan esos problemas', según una psicóloga española.

Una de las circunstancias que se repiten en muchos casos de fuga son los estudios:'Muchos padres tienen la idea de que su hijo debe ser un estudiante excepcional y los resultados no se corresponden con lo que esperan. Esto puede provocar en el chico o la chica, por un lado, complejo de inferioridad, y por otro, la idea de que sus padres no están contentos con él o ella.'

Una educación muy rígida también puede provocar la fuga. Los jóvenes necesitan demostrar sus sentimientos. Si las normas que rigen el hogar son tan severas que no se permite el menor desvío, el jóven no puede asimilarlas, y la única solución que encuentra es marcharse.

En muchos hogares se da el efecto contrario. Una excesiva libertad puede llevar al adolescente a pensar que a sus padres no les importa. Ha habido también casos de huidas en jóvenes que estaban sobreprotegidos por su familia. Es en esta etapa cuando el jóven está desarrollando su personalidad. No sabe cómo liberarse, y escoge el método más drástico: marcharse de casa.

A Las frases siguientes hacen el resumen del texto. Empareja las dos partes de cada frase. ¡Cuidado! Hay una segunda parte que sobra.

1 Un jóven puede escaparse después de …
2 A menudo se fuga por …
3 Se rebela porque no quiere …
4 Los padres, por no imponer límites, pueden …
5 Lo que frustra al jóven es que los padres no le permiten …
6 En este momento de su vida el jóven está …

a …sentirse inadecuado.
b …discutir su propia identidad.
c … discutir con sus padres.
d …abandonar sus estudios.
e …provocar la fuga de su adolescente.
f …conformarse con la disciplina familiar.
g …desarrollando su personalidad

B Rellena los espacios en blanco de la tabla con la forma apropiada: el sustantivo o el infinitivo del verbo. Verifica tus respuestas en un diccionario.

Infinitivo del verbo	Sustantivo
1	la educación
demostrar	2
3	el estudiante
desaparecer	4
5	el desarrollo
sentir(se)	6
7	el encuentro
permitir	8
9	la venganza
provocar	10

C ✍️ Rellena los dos espacios en blanco de cada una de las frases siguientes. Usa las palabras del ejercicio B pero ¡cuidado! Quizás tendrás que cambiar la forma de las palabras que usas.

1 _____ los problemas que causan la _____ de muchos adolescentes es difícil.

2 Los buenos padres, cuando _____ a sus niños, tienen en cuenta el _____ de su personalidad.

3 Si no tienen _____ para salir hasta muy tarde, a menudo los adolescentes _____ frustrados.

4 Después de lo que consideran mucha _____ , la única solución para muchos jóvenes es _____ .

5 'Cuando huimos de casa, no es _____ sino una _____ de nuestra independencia', dicen muchos jóvenes.

6 El _____ con problemas mientras que _____ resulta difícil para los que no tienen mucha confianza.

D 📄 Ahora traduce las frases completas del ejercicio C al inglés.

1.10 Dos españoles hablan de su propia juventud

La vida de los jóvenes ha cambiado muchísimo durante las últimas décadas. Escucha a dos españoles hablando de su propia adolescencia. ¿Qué diferencias hay entre su experiencia de la adolescencia y la tuya?

A 🎧 Lee las frases siguientes. Nota si cada una es verdadera (V), mentira (M), o si no se menciona (N).

1 La mujer tenía menos restricciones después de cumplir 18 años.

2 Los padres de la mujer insistían en que no estuviese cansada en clase.

3 La mujer aceptaba totalmente las reglas de los padres.

4 El hombre estaba acostumbrado a salir con sus amigos desde la edad de 16 años.

5 Al hombre le gustaba acostarse bastante temprano.

6 A los 17 años, el hombre ya solía beber demasiado alcohol.

7 Después de la muerte de Franco, España cambió lentamente.

8 La mujer tiene miedo cuando ve a los jóvenes en la calle.

9 Los chicos han robado el alcohol de los supermercados.

10 El entrevistador habla con un matrimonio.

B 🎧 Escucha la entrevista otra vez. ¿Cómo se dice en español?

1 in the evening during the week
2 the main thing
3 I was in the habit of going out
4 from the age of 16
5 I remember it very well
6 everything changed rapidly
7 compared with many other European countries
8 it's even worse today
9 it's dangerous to go out at night
10 it's a worrying situation

C ✍️ Se dice a menudo que los jóvenes hoy en día tienen demasiada libertad. ¿Estás de acuerdo? Escribe unas 130 palabras. Puedes mencionar, por ejemplo:

- los derechos de los jóvenes y sus responsabilidades
- la seguridad callejera
- los peligros del alcohol
- la importancia de los estudios
- la presión paritaria

1.11 Mi familia monoparental

Un periodista entrevista a tres jóvenes. Aquí tienes las respuestas.

No me entiendo de ninguna manera con mi padrastro, así que no quiero ir a visitarles. Mi madre me llama muy a menudo …

Durante unos años me faltaba seguridad. Me resultaba difícil concentrarme en mi trabajo escolar. No tenía ganas de salir, ni quería relacionarme con los demás. Mis profesores se quejaban de mi comportamiento. Pero ahora, puedo decir que tengo buena relación con mi padre …

Maribel

Me quedé con mi padre. Tiene un apartamento cerca de mis mejores amigos. Así no me sentía aislada …

Pues, mi madre viajaba mucho por su trabajo, y poco a poco mis padres se daban cuenta de que ya no tenían nada en común …

Al principio fue muy difícil, pero mis amigos me apoyaron. Tenía una amiga que tenía problemas parecidos …

Alicia

Esteban

Pues, yo tenía once años, es decir hace seis años, cuando se separaron mis padres …

Después del divorcio mi padre se mudó a un pueblo tranquilo. Creo que está contento, pero ¿quién sabe? …

Creo que tardaré mucho en casarme, dado mis experiencias en cuanto a mis padres. Un día quizás encontraré a mi pareja ideal, pero en este momento hay muchas otras cosas que me interesan más …

A 📄 Aquí tienes las preguntas del periodista. Haz corresponder las preguntas con las respuestas apropiadas.

Ejemplo: 1, Esteban

1 Como resultado de tus experiencias, ¿cómo ves tu futuro?
2 ¿Cómo lograste continuar tus estudios?
3 Qué problemas has encontrado desde el divorcio de tus padres? ¿Quizás hay ventajas también?
4 ¿Dónde vive tu padre ahora?
5 ¿Por qué se divorciaron tus padres?
6 ¿Cuándo se divorciaron tus padres?
7 ¿Cómo han cambiado tus relaciones con tus padres?
8 ¿Con quién decidiste vivir? ¿Por qué?

B 💬 ¿Vivir con la madre o el padre? Ejercicio oral en grupos.

SITUACIÓN

Montse es una chica española de quince años. Sus padres se divorciaron hace ocho años. Actualmente vive con su madre, pero dentro de muy poco tendrá que decidir con quién va a vivir – ¿Se quedará con su madre, o regresará a la casa de su padre?

Vuestro profe os dará unas tarjetas con información sobre Montse y su situación.

- En grupos, tenéis que discutir la importancia de cada hecho.
- Cada miembro del grupo tiene que justificar sus propias opiniones y decisiones.
- Hay que decir si estás de acuerdo con tu pareja o no, y por qué.
- Justificad vuestras decisiones el uno al otro.
- Di si estás de acuerdo con tu pareja o no.
- Presentad vuestra decisión final a la clase entera. No olvidéis que tenéis que justificarla.

Para ayudaros, podéis usar:

- la hoja 'Writing Frame'
- un diccionario
- las tarjetas en el sobre (tu profesor te las clará)
- los verbos modales como *poder, tener, querer, deber*
- Las frases en la casilla 'Para comunicar' en esta página

Para comunicar

- eso quiere decir que…
- mejor valdrá que…
- eso indica que…
- …que muestra que…
- estar interesado en

1.12 Mis abuelos y yo

Escucha a estos jóvenes que hablan de cómo se entienden con sus abuelos.

Xabi

Penélope

Alonso

A 🎧 Lee las opiniones siguientes. En cada caso, ¿cuál de los tres jóvenes la expresa? ¡Cuidado! Hay una de estas opiniones que sobra.

1 Hay problemas de distancia.
2 ¿Ver a mis abuelos? Me da igual.
3 No tengo problema en visitar a mi abuelo/a.
4 No aceptan que hoy la vida es diferente.
5 Mis abuelos no viven en España.
6 A mis abuelos les gusta estar en contacto regularmente.
7 No puedo visitar muy a menudo a mis abuelos.
8 Mi padre no era perfecto.
9 No me entiendo con mis abuelos.
10 Algunas veces, al cenar no tengo hambre.

B 🎧 Escucha otra vez. ¿Cómo se dice en español?

1 It still hurts her.
2 She seems to know when I have a problem.
3 This is quite difficult for my grandparents.
4 They miss my brother and me.
5 They don't seem to understand young people.
6 It doesn't matter to me.

C ✍ ¿Cuáles son las cualidades de un(a) abuelo(a) ideal? Escribe unas 150 palabras.

1.13 ¿Existe la familia ideal?

El núcleo familiar más reconocido es el del padre, madre y 2–3 hijos, pero ¿cómo ha cambiado esta imagen tradicional?

La familia española ha experimentado un gran cambio en las últimas décadas. La familia tradicional de padre, madre y más de tres hijos ha dado paso a múltiples tipos de núcleo familiar. Surgen nuevas formas legales de convivencia, como el matrimonio homosexual. Crecen opciones como las familias monoparentales o las parejas con hijo único.

Una de las nuevas realidades de la España posfranquista es la 'familia reconstituida', consecuencia de la legalización del divorcio. Es la que forman dos separados o divorciados con sus respectivos hijos anteriores, amén de los que puedan tener luego en común.

El 80% de los hogares monoparentales en España (hay más de medio millón) está formado por la madre con sus hijos. Pero hay tantos tipos de núcleos monoparentales como circunstancias en la vida (madres solteras, hombres o mujeres que adoptan en solitario, separados que no reconstituyen una familia, viudos con hijos menores…). Tanto ha cambiado nuestra sociedad – y tan baja es nuestra tasa de natalidad: 1,32 hijos por familia – que con tres hijos ya se tiene oficialmente la categoría de familia numerosa.

A 📄 Completa las frases siguientes, escogiendo la expresión apropiada (a–i). ¡Cuidado! Hay una expresión que sobra.

1 Desde hace unos cuarenta años, mucho _____ en la composición de la familia en España.
2 Ahora no _____ la familia estereotípica.
3 Una gran diversidad de parejas, incluso dos hombres o dos mujeres, _____.
4 Desde la dictadura de Franco, las normas familares _____.
5 Algunas veces los que _____ tienen más niños después con la nueva pareja.
6 En la mayoría de las familias monoparentales es el padre el que _____.
7 Entre estas familias hay mujeres que no tienen marido y personas que no _____ de nuevo.
8 Las familias con tres hijos _____ hoy en día como más grande que lo normal.

a se han divorciado
b se consideran
c predomina
d está casado
e viven juntos
f está ausente
g ha cambiado
h se casan
i han evolucionado

B 🖎 Las palabras en la casilla se encuentran en el artículo. Completa la tabla con formas solicitadas, 1–5.

Sustantivo	Verbo	Adjetivo
la conviviencia	1	——
la opción	——	2
el divorcio	3	——
la legalización	——	4
la natalidad	5	——

C 🖎 Ahora, completa cada una de las frases siguientes con una de las palabras que acabas de escribir. Luego, traduce las frases al inglés.

1 Hoy en día muchas parejas (…) sin casarse.
2 Casarse no es obligatorio, es (…).
3 A menudo, cuando un matrimonio no se entiende, (…).
4 Desde la época de Franco, el divorcio es (…) en España.
5 No (…) tantos niños como antes.

1.14 La familia del siglo XXI

¿Cuántos tipos de convivencia existen en España hoy en día, y cómo reaccionan los sectores más tradicionales? Escucha este extracto de una entrevista entre el presentador y una socióloga. Vas a oír la primera pregunta del presentador, pero sus otras preguntas no se oirán.

🎧 Aquí tienes las preguntas que faltan: tienes que indicar el orden correcto de las preguntas.

1 Entonces, ¿quieres decir que es la forma más corriente de convivencia familiar en España?
2 ¿Hay muchos matrimonios entre personas que no son de la misma raza?
3 ¿Cuál es la actitud de los sectores más tradicionales hacia este fenómeno?
4 ¿Se puede decir que la familia tradicional es cosa del pasado?
5 ¿Y es esto lo que se llama una Unión de Hecho?

Prácticas

1 The printer has gone haywire! It hasn't left any spaces between the words and has left off accents! Write out these 'sentences' properly, then give their meaning in English.

1 Ahoraqueestoyestudiandolasasignaturasquemegustan masvoyahablarmasenclase.
2 Mananaporlatardeireaunafiestaconmisamigosenlacasa deunachicaestupendaquesellamafrancesca.

2 Re-order these groups of jumbled words into sentences, then give their meaning in English.

1 Es / hablar / fácil / español / muy
2 Hay / que / centro / muchos / tarde / la / van / al / jóvenes / por
3 Para / conversación / no / persona / es / iniciar / alguien / con / gente / una / si / mucha / conoce / difícil / la / a

3 Study the grammar section on the **present tense of regular verbs** on page 173 and re-read section 1.3 ¿*Te es fácil hacer amigos?*

A Choose the correct form of the present tense in each of the following sentences.

Example: 1, habla

1 Enrique hablo / hablamos / habla con el profesor.
2 Los padres de Ana vive / viven / vivís en Bilbao.
3 Mi familia y yo comen / comemos / coméis en el restaurante.
4 ¿Pasas / Pasamos / Pasáis las vacaciones en Francia, amigos?
5 ¿Qué toman / tomas / tomáis, Pepe? ¿Café?
6 Yo bebo / bebemos / bebe agua.
7 Los chicos descubro / descubren / descubrimos un billete de veinte euros.

B Translate these sentences into Spanish.

1 I live in Barcelona.
2 Amparo speaks French.
3 What are they having? Coffee?
4 We spend the holidays in Spain.
5 Nuria drinks a lot!
6 Do you eat in the restaurant, Enrique?

4 Study the grammar section on **radical-changing verbs** on page 188.

A Complete the following sentences. For each sentence, choose one of the verbs from the box and use it in the appropriate form of the present tense. There is one verb you won't need.

Example: 1, tienes

1 ¿Cuántos años _____ (tú)?
2 Me _____ mucho iniciar una conversación.
3 Mis amigos y yo _____ ir al cine todos los sábados.
4 Yo no _____ bailar, lo _____.
5 ¡Date prisa! Mis amigos no _____ esperar.
6 La historia que tú me _____ es muy divertida.
7 Si _____ mi trabajo, no sé qué voy a hacer.
8 ¿Dónde se _____ la casa?
9 Mi hermano nunca _____ sus sentimientos.
10 ¿A qué hora _____ la película?

contar	costar
empezar	encontrar
mostrar	perder
poder	querer
sentir	soler
tener	

B Translate these sentences into Spanish. Most of the words you'll need are in exercise A, but you may have to change their form.

1 How old are you?
2 They usually go to the cinema.
3 I'm sorry, we don't want to dance.
4 Miguel, you can't wait here.
5 They tell very funny stories.
6 At what time do you (pl) begin work?
7 The houses are to be found in the city.
8 How much are the books?

5 **Study** the grammar section on **adjectives** on page 161.

A Complete each of the following sentences. For each gap, use a different adjective from the box. You will need to change the form of the adjective. Use as many of the adjectives as you can.

1 Lucía siempre cuenta historias muy _____.
2 Miguel y Enrique son pensativos y _____.
3 Las preguntas del examen son _____
4 Es una chica muy _____, con su pelo largo y su _____ mirada.
5 ¡Qué mujer tan _____! No tiene respeto por los demás.
6 ¿Ser, o no ser? Ésa es la cuestión _____.
7 Son un grupo de jóvenes muy _____ y tienen _____ ambición.
8 ¿Piensas que Pedro y Nuria son _____? Sí, siempre están muy malhumorados.

atractivos	desagradables
dulces	emprendedora
fácil	fundamentales
interesante	irritable
melancólica	muchos

B Translate the completed sentences into English.

6 Study the grammar section on **possessive adjectives** on page 167.

A Complete the following sentences, using the appropriate form of the possessive adjective indicated in brackets.

Example: 1, mi

1 ¿Has visto (my) _____ libro?
2 (Her) _____ padre es jóven.
3 ¿Dónde está (their) _____ casa?
4 (Our) _____ padre vive en Madrid.
5 ¿Miguel, cuántos años tiene (your) _____ hermano, ?
6 Los niños hablan con (their) _____ amigos.

B Translate these sentences into Spanish.

1 Their parents are young.
2 Our house is modern.

3 Where are your books, Miguel?
4 His car is black.
5 Her sister is hard-working.
6 Juan and Amparo, your friends are very funny.

7 Study the grammar section on the **'personal a'** on page 184.

A Write out the following sentences, inserting a personal 'a' where indicated by (…), if appropriate.

1 Tengo (…) dos hermanos.
2 ¿Conoces (…) mi novia?
3 Busco (…) mis libros.
4 La madre siempre acompaña (…) su hija.
5 Visitan (…) el museo.
6 El policía describe (…) el criminal.
7 Espero (…) mi mujer.

B Translate these sentences into Spanish.

1 We know her boyfriend.
2 The parents always go with their children.
3 We have many friends.
4 Manuel is waiting for the bus.
5 Are you waiting for your brothers, María?
6 Nuria is visiting our father.
7 I am waiting for my friend.

8 Study the grammar section on **Impersonal verbs** on page 183.

A Make a list of all the impersonal verbs in the text *Escaparse de casa – ¡la única solución!* (section 1.9).

B Use the appropriate form of the verb shown in brackets to make each of the following sentences impersonal, as in the example.

Example : 1, Se permite fumar.

1 ¿Dan permiso para fumar? (permitir)
2 Siempre hay una solución (encontrarse)
3 Es imposible hacerlo (poder)
4 ¿Entienden inglés aquí? (hablar)
5 Sus dificultades son debidas a su falta de esfuerzo (deber)
6 Hay que trabajar para tener éxito (necesitar)
7 ¿Venden billetes en la taquilla? (poder)
8 No tienen ninguna idea de donde están los terroristas (saber)

C Use the vocabulary in Exercises A and B to help you to translate the following sentences into Spanish.

1 His success is due to his efforts.
2 One cannot understand him when he speaks.
3 Tickets are not being bought.
4 You're not allowed to drink in the bar.
5 Their whereabouts are unknown.

9 Study the grammar section on the uses of *para* and *por* on page 183 and refer again to section 1.12 *Mis abuelos y yo*.

A Listen again to the recording *Mis abuelos y yo* and write down the Spanish for the following phrases:

1 It is still very difficult for her.
2 It's very easy to visit her.
3 when I get home in the evening
4 on account of my father's work

5 they're in the habit of phoning us …
6 … in order to find out what's happening
7 … on account of the fact that we've nothing in common.
8 for my generation
9 because they're too influenced by their own experiences

B In each of these gaps, decide whether the missing word is *para* or *por* and briefly give your reason in each case.

1 Recibo muchos regalos _____ mi cumpleaños.
2 Tengo que terminar mi trabajo _____ las diez.
3 La tienda está cerrada _____ enfermedad.
4 ¿_____ qué vas al supermercado?
5 ¿_____ qué sirve un ordenador?
6 Salgo _____ la ciudad.
7 Vamos a viajar _____ Francia _____ llegar a España.

Unidad 2

Los españoles y el ocio

2.1 Estilos de vida

Cuando tienes tiempo libre, ¿qué te gusta hacer? Lee este resumen de un sondeo que se hizo recientemente en España.

A 📄 Lee el texto. Busca en la casilla las diez palabras de la casilla que convienen mejor en los espacios, y escríbelas. ¡Cuidado! Se puede usar cada palabra sólo una vez, y no necesitarás todas.

aburridas	cada
da	familiares
mayores	paseantes
asiste	calidad
descanso	habituales
mitad	proporción
ayuda	cantidad
desgracia	las
muchos	tanto

B ✍️ Las palabras en el recuadro se encuentran en el texto del ejercicio A. Completa la tabla con las formas que faltan, como en el ejemplo.

Uno de los aspectos más significativos de la (**1**) _____ de vida de un individuo es la importancia que (**2**) _____ a su tiempo libre. Para los españoles pasear es una de las actividades más (**3**) _____. Según un informe que apareció recientemente en un periódico madrileño, dos de (**4**) _____ tres personas han respondido que pasean 'a menudo'. Aproximadamente la (**5**) _____ de los encuestados prefieren quedarse en casa leyendo o escuchando música 'a menudo'. Por (**6**) _____, los españoles parecen mantener un equilibrio entre la actividad física y la de (**7**) _____. En tercera

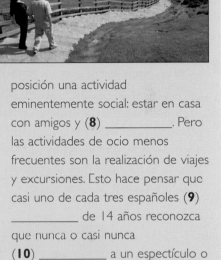

posición una actividad eminentemente social: estar en casa con amigos y (**8**) _____. Pero las actividades de ocio menos frecuentes son la realización de viajes y excursiones. Esto hace pensar que casi uno de cada tres españoles (**9**) _____ de 14 años reconozca que nunca o casi nunca (**10**) _____ a un espectáculo o una exposición.

Sustantivo	Verbo
el descanso	*Ejemplo*: 1 descansar
2	leer
el encuestado	3
4	pasear
el equilibrio	5
6	pensar
el informe	7
8	preferir
la vida	9
10	responder

C ✍ Rellena los espacios en blanco de las frases siguientes con una palabra apropiada de las respuestas del Ejercicio B. Cambia la forma de los sustantivos si es necesario. ¡Cuidado! Se puede usar cada palabra una sola vez.

1 No sé la _____ a tu pregunta.
2 Los _____ de ese político son absurdos.
3 ¿Quieres dar un _____ conmigo?
4 Después de trabajar toda la semana, tengo que _____ el domingo.
5 El deber de un periódico es de _____ a sus lectores.
6 La revista va a _____ a sus lectores para ver si les gustan sus artículos.
7 En la vida hay que _____ el trabajo y el descanso.
8 _____ en España es mi gran ambición.
9 La música y la _____ son mis pasatiempos preferidos.
10 La mayoría de los encuestados no expresan ninguna _____.

D 📄 Traduce las frases del ejercicio C al inglés.

2.2 Ocio familiar en Andalucía

En la región de Andalucía hay muchas posibilidades de ocio para toda la familia.

1 En toda Andalucía, hay muchas posibilidades para los amantes de la equitación. Si lo deseas, puedes pasar algunas horas paseando a caballo, hacer excursiones ecuestres que duran varios días, o recibir clases de equitación de cualquier nivel.

2 ¿Te encanta dar paseos en bici? Tienes la posibilidad de descubrir de esta manera los bonitos paisajes de Andalucía. Hay una amplia variedad de rutas y el aficionado puede elegir las más adecuadas según su nivel y condición física. Si no estás muy entrenado, siempre puedes pasear por las costas.

a   A dos ruedas

d   Un paseo a vista de pájaro

b   Divertirse en las olas

e   Al galope

3 Hay muchísima diversión para los más pequeños y sus padres. Parques acuáticos, jardines zoológicos y parques temáticos son lugares ideales para pasar un día muy divertido. Hay que tener en cuenta que los parques acuáticos abren solamente durante los meses de verano. Los precios varían según la temporada.

4 Los más de 800 km de costa entre el Mar Mediterráneo y el Atlántico invitan a practicar el deporte acuático. Los vientos de Tarifa y del estrecho de Gibraltar son conocidos por los aficionados al windsurf. Además los a quienes les apetecen el buceo y el esnórquel encontrarán lugares idóneos para la práctica de estos deportes.

c   Animales y agua

A 📄 Para cada párrafo 1–4, apunta el título adecuado.

B ✍️ Rellena los espacios en blanco de las versiones alternativas que se ven después de cada frase. Falta una palabra en cada blanco. Luego, traduce las frases completas al inglés.

1 Los amantes de la equitación = aquellas a quienes les _____ los _____.
2 Hay muchísima diversión. = Hay muchas _____ que pueden hacer para _____.
3 Son conocidos por los aficionados al windsurf. = Los _____ muy bien la gente que _____ el windsurf.

C ✍️ Escoge una de estas actividades y cuenta, en unas 150 palabras, una aventura real o imaginaria relacionada con ella.

2.3 El ocio y los madrileños

Los que viven en la capital prefieren divertirse en casa, pero ¿cómo?
Escucha los resultados de esta encuesta transmitida por la radio.

A 🎧 Escucha esta noticia. ¿Cómo se dice en español?

1 watching TV
2 surfing the Net
3 to have more free time
4 carried out by
5 the 'idiot box'
6 the main recreational activity
7 closely followed by
8 household chores

B 🎧 Escucha otra vez, después completa la tabla siguiente: tienes que anotar los porcentajes.

Actividad	% de los encuestados	Actividad	% de los encuestados
1 		2 	
3 		4 	
5 		6 	
7 		8 	
9 		10 	

C ✍ En grupo, haced una lista, en español, de actividades de ocio.
¿Vuestras preferencias son similares a las de los encuestados? Una
persona del grupo tiene que presentar vuestras preferencias a la clase.

2.4 El aguafiestas habla de los jóvenes

Parece que hay los que no entienden lo que es el ocio, sobre todo en cuanto
a los jóvenes.

Me parece que hoy en día a los jóvenes les falta imaginación en cuanto al ocio. Cuando teníamos dieciséis o diecisiete años, mis amigos y yo descubríamos (**1**) _____ muchas maneras de pasar nuestro tiempo libre. Hay que decir también que, (**2**) _____, nuestros placeres eran muy sencillos.

Por ejemplo el domingo solíamos ir (**3**) _____ para merendar al campo. De vez en cuando, sobre todo si hacía mal tiempo, charlábamos en la casa o en el apartamento de uno de los miembros de nuestra pandilla. Discutíamos de toda clase de asuntos: la política, las películas, el teatro. Y eso durante horas y horas, (**4**) _____.

Creo que (**5**) _____ les falta a los jóvenes todo sentido de iniciativa. No tienen ninguna imaginación, no saben inventar nada. Son incapaces de hacer cualquier cosa (**6**) _____ sin gastar dinero. ¿Quedan todavía jóvenes a quienes les gusta leer libros? Creo que no.

Pasan su tiempo en actividades (**7**) _____ como ver la televisión y los DVD, o escuchar los discos compactos. ¡No tienen ninguna energía física ni intelectual! ¡A mi parecer (**8**) _____ son una generación de perezosos y de analfabetos!

A 📄 Escoge la frase mas apropiada de la lista siguiente para rellenar cada uno de los espacios en blanco del el texto. ¡Cuidado! Hay una frase que sobra.

B ✍ ¿Estás de acuerdo con lo que opina esta persona? Escribe tu respuesta en unas 150 palabras en español.

sin aburrirnos	hoy en día
a orillas del mar	sin dificultad
totalmente pasivas	en bicicleta
los jóvenes de hoy	en aquella época
para divertirse	

2.5 Encuesta: ¿Cómo pasas tu tiempo libre?

Cuatro personas dicen como prefieren pasar su tiempo libre. Escucha la grabación.

A 🎧 Copia la tabla. Escucha otra vez la grabación, luego marca con un señal ✓ quién menciona qué preferencia.

	Miguel	Maribel	Lorenzo	Lidia
con la familia				
con sus amigos				
solo / sola				
en un sitio animado con mucha gente				
depende				

B 🎧 ✍ Completa este resumen de lo que dicen los encuestados. Tienes que rellenar cada espacio en blanco con una sola palabra de la casilla.

Lo que se (**1**) _____ al leer este sondeo es que no (**2**) _____ un solo contexto en que la (**3**) _____ pasa el tiempo libre. Para algunos, la (**4**) _____ es necesaria; para otros, es preferible (**5**) _____ tranquilo. La vida de familia se (**6**) _____muy importante – pero no para todos, porque hay algunos que prefieren la (**7**) _____. A algunos les gusta estar en (**8**) _____ con mucho (**9**) _____. Sin embargo la tranquilidad les (**10**) _____ a un número considerable.

gente

soledad

actividad

quedarse

revela

apetece

hay

sitios

movimiento

ve

C 🗣 ¿En qué contexto prefieres pasar tu tiempo libre? Graba tu preferencia – debes hablar durante dos minutos.

2.6 Un paseo por Las Ramblas

Las Ramblas, uno de los sitios más famosos de España, ofrece una gran variedad de actividades. Escucha a Carmen para saber más.

A 🎧 Escucha la grabación, luego completa las frases siguientes con las expresiones de la casilla.

Las Ramblas, Barcelona

1 La Terminal de cruceros _____ de Las Ramblas.
2 Hay mucha gente _____ esta parte de la ciudad.
3 Se puede encontrar a alguien _____ un dibujo de ti.
4 Si tienes hambre _____ en otra parte de la ciudad.
5 Para alguien _____ hay muchas posibilidades.
6 Por la noche puede ser peligroso _____ las Ramblas.

que quiere hacer
que quiere comprar
más vale ir
dar un paseo por
no está lejos
que anda por

B 🎧 Escucha otra vez. ¿Puedes descubrir la(s) palabra(s) que tiene(n) el mismo significado que las siguientes?

1 sabes algo
2 sobre-todo
3 cruza
4 gozar
5 creo
6 recomiendo

C 👥 Por turnos, haz tres preguntas a tu pareja, relacionadas a lo que dice Carmen. Debes utilizar para cada pregunta una forma interrogativa distinta.

2.7 El senderismo

Si prefieres caminar y no simplemente pasearte, puedes hacer como muchos españoles que practican un pasatiempo cada vez más popular. Pero hay que estar preparado…

El senderismo es una actividad deportiva no competitiva, que consiste en andar por caminos o sendas, y aun en montaña. Da la posibilidad de hacer ejercicio físico en contacto con la naturaleza, lo que encuentran muy recreativo sus numerosos aficionados.

Esta forma de recreo ha tenido una gran difusión debido a que es una propuesta de fácil realización y que no cuesta mucho dinero. Se hace en numerosos países del mundo y también en muchas de las regiones de España.

Si tienes ganas de hacerte senderista, hay aquí algunos consejos para que puedas disfrutar al máximo.

- Procura no ir solo y deja dicho donde vas.
- Planifica tu excursión con un mapa.
- Haz cálculos realistas en cuanto al horario.
- Llévate un móvil y recuerda el número de emergencias: 112.
- Mira el parte meteorológico – recuerda que en la montaña el tiempo puede cambiar rápidamente.

- Lleva siempre el equipo adecuado – según la época del año, no olvides un gorro, gafas de sol y protección solar, o ropa de abrigo.
- En todas las épocas, llévate algo para la lluvia y un calzado adecuado para la montaña.
- Nunca olvides el agua y la comida – no te fíes de encontrar un fuente en el camino.
- Sigue siempre las rutas balizadas.

A 📄 Escribe una lista en inglés de todas las cosas que se necesitan para hacer senderismo.

B 📄 Las frases siguientes hacen el resumen del artículo pero cada una está dividida en dos partes. ¿Puedes emparejarlas? ¡Cuidado! Hay una segunda parte que sobra.

Ejemplo: 1, e

1 En general se hace el senderismo
2 No hay que vivir en España
3 Los aficionados prefieren encontrarse
4 No es preciso gastar mucho dinero
5 Se aconseja a los senderistas hacer sus preparativos
6 Los consejos explican como evitar estar

a porque se puede practicar este pasatiempo por todas partes.
b sobre todo el domingo.
c lo que atrae a mucha gente.
d antes de ponerse en camino.
e lejos de las ciudades.
f sin sentido de competición.
g mal preparado.

C 🗣 ¡Imagina! Acabas de hacer senderismo por primera vez. Cuenta y graba tus experiencias. Incluye algunas de las ideas siguientes.

- donde has ido, con quien, durante cuanto tiempo
- una aventura (buena / mala) que te ha sucedido (encuentro con una persona interesante; accidente)
- un artículo importante que habías olvidado llevar y la consecuencia de esto (escoge un artículo de la lista que ya has hecho)
- tus impresiones del senderismo y las sensaciones (positivas y negativas) que has experimentado
- por qué (no) querrías hacerlo otra vez

2.8 ¡Vamos de tapas!

Ir de tapas es una actividad social típicamente española, pero que se hace cada vez más en otros países. Escucha a Miguel, que habla de esta costumbre.

A 🎧 Miguel menciona los puntos siguientes, pero no en el orden que se ven abajo. Pon las frases en el orden correcto según lo que dice. ¡Atención! Hay un tema que no se menciona.

1 Asuntos de conversación.
2 A cada uno su turno.
3 Más vale no quedarse en el mismo sitio.
4 La manera correcta de tapear.
5 La hora ideal para ir de tapas.
6 ¿Cuántas veces por semana?
7 ¿Cuántas personas?
8 Combinaciones ideales de comida y bebida.
9 Lo que significa tapear.
10 La edad de los que van de tapas.

B 🎧 📄 Completa las frases con una palabra que convenga.

1 Es mejor ir de tapas en _____ y no a solas. Es más _____.
2 No hay que comer _____ porque no tendrás apetito para la _____.
3 Normalmente se queda de _____ en vez de _____ en una mesa.
4 Cuando se va de tapas es normal _____ varios bares y no _____ en el mismo establecimiento.
5 Cada miembro del grupo _____ su turno. Así la experiencia no _____ demasiado.
6 No es cosa solamente de adultos _____ de _____ también.

2.9 Ir de tapas en Gran Bretaña: lo que opinan los clientes

Hay en Gran Bretaña cada vez más restaurantes donde se sirven tapas.
Tres españoles que viven en el Reino Unido cuentan sus experiencias en
una página Web.

>>>>>>>>>>>>>>>>>>>>>>>>>>>>>

La semana pasada fuimos a comer mi novia y yo a ******* sin haber reservado. Tuvimos
que esperar durante una hora hasta que hubiese una mesa libre. El camarero – que no era
hispanohablante, claro – se equivocó de platos y no nos llevó lo que habíamos pedido. ¡La
tarde fue desastrosa! *Miguel*

Comimos en ******* hace unos días, tres amigas inglesas y yo. El camarero cuidó mucho
de nosotros. Habló con nosotros en castellano, aunque era inglés. La comida fue excelente.
Cuando recibí la cuenta, ¡qué sorpresa! No tuvimos que pagar más de 20€. Y – otra
sorpresa – ¡las bebidas fueron gratis! Volví anoche con mi novio: fue aun mejor que la
primera vez. ¡Os recomiendo ******* a todos! *Francesca*

Reservé una mesa en ******* para las seis y media, a la hora de salir de la oficina. Nos
sentamos en seguida, escogimos varias tapas, claro, pues… ¡nada! Después de esperar
más de una hora, perdimos la paciencia y decidimos ir a otro restaurante. El propietario nos
dijo que tendríamos que pagar la cuenta – ¡no voy a escribir lo que le dije! *Pablo*

Este señor no llegó a (**1**) _____
restaurante a la hora (**2**) _____
con media hora de (**3**) _____.
Y además no se disculpó. Ya
(**4**) _____ muchos clientes que
habían (**5**) _____ su comida y el
cocinero, como es normal,
(**6**) _____ preparar los platos por
orden cronológico. 'Pablo' – sin
(**7**) _____ no es su verdadero
(**8**) _____ – hizo mucho ruido,
insultó (**9**) _____ mi camarero y
salió (**10**) _____ pagar.

A 📄 ¿Quién …

Ejemplo: 1, Miguel

1 … fue acompañado / a por otra persona?
2 … pudo hablar en su propio idioma?
3 … se entusiasmó con el restaurante?
4 … no pagó la cuenta?
5 … no pudo sentarse en seguida?
6 … no tuvo problemas al principio?
7 … visitó otra vez el restaurante?
8 … decidió salir sin comer?
9 … no recibió lo que había pedido?

B 📄 🗨 **Después de leer el comentario de
Pablo, el propietario del restaurante escribió su
respuesta, pero hay varias palabras que faltan. Escoge
en la lista siguiente la palabra que más convenga para
rellenar cada espacio en blanco.**

a	amigo	pero
duda	embargo	prisa
había	habían	quiere
mi	nombre	retraso
otro	pagado	sin
para	pedido	suele
sino		

2.10 Fiestas y folklore

¿Qué sabes de las fiestas y tradiciones folklóricas españolas? Puedes enterarte si lees este artículo.

> **● Vocabulario**
>
> **acontecimiento (m)** event
> **encierro (m)** enclosure
> **pirotecnia** fireworks
> **repleto / a** full

Las más conocidas tradiciones folklóricas españolas son ciertamente el Flamenco y los Toros. Aunque el fútbol es más popular que los toros, las corridas de toros se celebran en todo el país. Son los más populares y conocidos espectáculos los encierros que se celebran durante los Sanfermines en Pamplona el siete de julio cada año.

Una de las mayores fiestas son Las Fallas de San José en Valencia, que se celebran en marzo. Toda la ciudad se convierte en un escenario enorme de fiesta y arte, con inmensas cantidades de la más extraordinaria pirotecnia.

Pero el flamenco es la tradición folklórica más famosa, sobre todo en Andalucía. Y es a esta región donde se tendrá que desplazar a conocer las raíces del cante, la guitarra y el baile flamenco. En primavera se celebra la Feria de Abril, en Sevilla, una semana repleta de cante y baile.

Otro acontecimiento aun más célebre y que atrae a millones de personas a un pequeño pueblo situado en la provincia de Huelva, es El Rocío, una romería al pueblo del mismo nombre donde se venera a la Virgen del Rocío. En tradicionales y simples carretas adornadas y dentro del más auténtico tipismo flamenco acudirán multitudes.

Una semana salvaje se puede encontrar también en San Sebastián durante el mes de febrero, cuando se celebra La Tamborrada.

Las fiestas más típicas de Madrid son las de San Isidro, en mayo. En estas fechas se celebran unas de las más importantes corridas de toros del año.

A 📝 Haz una lista de las seis fiestas mencionadas en el texto. Organiza tu lista en el orden en que las fiestas tienen lugar, anotando los meses.

B 📝 ¿Qué fiesta se celebra con…

1 …fuegos artificiales?
2 …toros corriendo por las calles?
3 …centenares de tambores?
4 …importantes corridas de toros?
5 …siete días de canciones y bailes tradicionales?
6 …carros decorados en un desfile?

C ✍ Traduce al español.

Fiestas attract millions of people to events which are celebrated all over Spain. The running of the bulls in Pamplona, the fireworks in Valencia in March, and seven days of song and dance in Seville in April are some of the best-known folk traditions in Spain. There are others: for example in San Sebastián in February there is a festival of drums, and in El Rocío there is a pilgrimage to worship the Virgin Mary.

2.11 Paco, una estrella de pop, cuenta su juventud

Los pasatiempos pueden cambiar la vida para siempre.

Cuando tenía unos diez años me interesaba por muchas cosas. No me aburría nunca. Me gustaba coleccionar sellos y aeromodelos – me dedicaba a mi colección de juguetes y me divertía (**1**) _____ jugando con ellos (**2**) _____.

No me entusiasmaba por la lectura, a diferencia de mi hermana mayor que leía sobre todo (**3**) _____ los libros de ciencia ficción. Le apasionaban las novelas de Stephen King – pedía prestado sus libros (**4**) _____ porque no tenía bastante dinero para comprarlos en una librería.

De vez en cuando toda la familia daba un paseo (**5**) _____ o íbamos al cine multisalas (**6**) _____. A menudo nos recreábamos con un juego de mesa – estuve obsesionado con Monópoly (**7**) _____. Los juegos como las damas o el ajedrez no me interesaban nada, (**8**) _____.

Escuchaba la música en mi Walkman. Tenía también una vieja guitarra (**9**) _____ que tocaba muy mal. Las paredes de mi habitación estaban cubiertas de pósteres de mis deportistas y músicos preferidos. También me interesaba por los juegos de naipes, como el póquer. En efecto, eso es lo que, (**10**) _____, cambió mi vida.

A 📄 Rellena cada uno de los espacios en blanco del texto con una de las frases a–k. ¡Cuidado! Hay una frase que sobra.

Ejemplo: 1, h

a	a la biblioteca	b	si hacía mal tiempo
c	en mi habitación	d	a mí
e	la literatura de aventura y de evasión, y	f	durante más de un año
g	un día inolvidable	h	durante muchas horas
i	por el campo	j	tampoco los periódicos y las revistas
k	pero tengo que admitir		

B ✍️ La estrella utiliza los verbos siguientes para contar su juventud. Busca el sustantivo que corresponde a cada uno. Averigua tus respuestas en un diccionario.

Verbo	Sustantivo
1 interesar	*Ejemplo*: el interés
2 aburrirse	
3 divertirse	
4 entusiasmar	
5 apasionar	
6 comprar	
7 recrearse	
8 preferir	

C ✍️ Usa los sustantivos que has buscado en el ejercicio B para escribir cinco frases en español, cada una de al menos diez palabras. Cada frase debe contener uno de los sustantivos.

2.12 Un fenómeno musical: Compay Segundo y el Buena Vista Social Club

Cuando pensamos en la música solemos pensar en los músicos jóvenes, pero no es siempre el caso…

Compay Segundo, que ganó la fama mundial con el Buena Vista Social Club, murió a los 95 años, sin cumplir un sueño: vivir hasta los 115, como su abuela.

Pero aunque ya había conocido el éxito en Cuba, su país natal, necesitaba ganarse la vida y compaginó con la música diversos oficios. Fue sólo después de su jubilación que pudo dedicarse completamente a la música.

Fue el guitarrista y productor estadounidense Ry Cooder quien, en 1996, más contribuyó a poner su más celebre canción 'Chan Chan', que había sacado en 1987, en la órbita mundial – y, de paso, a todo un grupo de viejos creadores y músicos cubanos, bautizado con el nombre de Buenavista Social Club.

A partir de entonces, fue objeto de culto y veneración por las asombradas audiencias europeas.

Máximo Francisco Repilado Muñoz nació en 1907 en lo que es actualmente la región de Santiago, la cuña de la síntesis de culturas españolas, africanas y caribeñas que influenciaron en su música. Hijo de un andaluz emigrante y de una criolla de negra piel, había también en su propia vida mezcla, fusión y mestizaje.

¿Y el origen de su nombre, Compay Segundo? En el dúo Los Compadres, creado en 1942, el joven músico era la segunda voz. Y 'Compay' es la forma abreviada y cariñosa de decir 'compadre'.

A ▤ Empareja las dos partes de las frases siguientes. ¡Cuidado! Hay una segunda parte que sobra.

1 Compay Segundo no vivió tanto…
2 No podía abandonar el trabajo porque…
3 Se dio enteramente a la música…
4 Le descubrió…
5 Compay Segundo apareció…
6 El Buena Vista Social Club logró…
7 En el hombre tanto como en sus canciones se reunían…
8 Todos conocían al músico…

a … cuando ya no trabajaba.
b … por otro nombre.
c … en una calle pequeña de La Habana.
d … tiempo como su abuela.
e … con otros músicos jubilados.
f … mucho éxito.
g … un músico americano.
h … varias influencias.
i … no ganaba bastante dinero por su música.

B ▤ Rellena cada uno de los espacios en blanco en las frases siguientes con una sola palabra, según el sentido del artículo.

1 Compay Segundo _____ antes de cumplir cien años.
2 Cuba es el país donde _____ el músico en el año 1907.
3 Tenía que _____ para ganarse la vida.
4 Después de _____ se dedicó a la música.

5 Fue descubierto _____ Ry Cooder.
6 Este grupo de músicos era _____ por las audiencias europeas.
7 Muchas culturas _____ en su música.
8 Los padres de Compay eran de razas _____ .

C ▤ Traduce al inglés el tercer párrafo del artículo ('Fue el guitarrista…').

2.13 Gloria Estefan

La música de la cantante cubana Gloria Estefan es muy popular entre los jóvenes, haciéndola superestrella de la música pop. Pero ¿cómo es Gloria Estefan como mujer y madre?

A 🎧 Escucha las palabras de Gloria Estefan. Estas frases ¿son verdad (V), mentiras (M) o no se mencionan (N)?

1 Gloria no es una persona sentimental.
2 A Gloria le gusta vivir para el momento.
3 Cree que hay que aprender de las cosas que pasan en la vida.
4 Se siente posesiva con sus hijos.
5 Cuando va de gira emplea una niñera para sus hijos.
6 Su nuevo disco trata de la tristeza.

B 🎧 Escucha otra vez, y completa las frases para resumir las opiniones de Gloria. Rellena cada espacio en blanco con las palabras que faltan.

Ejemplo: ver

1 No puedo _____ películas tristes.
2 El pasado ya no puedes _____ y el futuro es incierto.
3 Hay que _____ lo que te hace feliz.
4 Trato de _____ al tanto de sus emociones.
5 No voy a _____ ni a un adolescente ni a un bebé solos.
6 Las cosas deben _____ del corazón.
7 El público puede _____ cuando algo es real.
8 No _____ una persona que _____ artistas.

C ✍ Estás haciendo tus prácticas laborales en la oficina de una revista de música pop. Escribe unas notas en inglés sobre la entrevista con Gloria Estefan para la redactora que no entiende español.

2.14 El Gran Festival de música de Granada

España tiene una reputación mundial para música de toda clase, y hay muchos festivales donde se celebra. Escucha la publicidad para un festival de música en Granada.

Miguel Pontevedra

Niña Calderón

Ronaldo Cristiano

A 📄 🎧 La publicidad menciona tres músicos. Mira sus nombres en la casilla, luego escucha la publicidad. Para cada descripción 1–7, escribe las iniciales de la persona adecuada.

Ejemplo: 1, NC

1 Reúne actualmente dos tipos de música.
2 Ya no aparece con otros músicos.
3 Ha cambiado de disciplina artística.
4 Ha viajado a muchos países.
5 Tocaba con Cubanos Libres.
6 No utiliza su verdadero nombre.
7 Es guitarrista flamenco.

B 📄 Aquí tienes otra publicidad para otro festival de música pero hay ciertas palabras que faltan. Rellena cada uno de los espacios en blanco con una palabra apropiada escogida de la lista abajo.

A esta (**1**) _____ del año acuden a Barcelona unos de los (**2**) _____ célebres músicos del (**3**) _____ hispanohablante. Es seguro que (**4**) _____ creciendo la (**5**) _____ del Festival de la guitarra de Barcelona. Si ya no has reservado (**6**) _____, ¿qué esperas? El Festival (**7**) _____ mañana por la tarde con el famoso guitarrista Rodrigo Liebres, que va a (**8**) _____ el Concierto de Aranjuez, muy bien (**9**) _____ de todos, claro, pero (**10**) _____ por primera vez al estilo flamenco. '¡Imposible!', dices. Pues ¡ven a oírlo!

adaptado

cantado

comienza

conocido

entradas

época

historia

jugar

más

més

mesas

mundo

muy

país

reputación

sigue

tocar

vaya

C ✍ Prepara una publicidad – que dura más o menos un minuto – sobre tu músico / a preferido / a. Preséntala a los otros miembros de tu grupo. ¡Ojo! Éstos deben hacerte preguntas sobre lo que dices – ¡y tú tendrás que contestar!

Prácticas

1   Study the grammar section on **Interrogatives** on page 170, then re-read 2.2 *Ocio familiar en Andalucía.*

Write the appropriate interrogative for each of the following questions, and then translate the completed questions into English.

1   ¿... posibilidades existen para los amantes de la equitación?
2   ¿... tiempo puedes pasar a caballo?
3   ¿... se hacen excursiones ecuestres?
4   ¿... son los paisajes de Andalucía?
5   ¿... puedes pasear, si no estás muy entrenado?
6   ¿... puede hacer excursiones a caballo? ¿Todo el mundo?
7   ¿... abren los parques acuáticos?
8   ¿... los precios no son siempre los mismos?
9   ¿... kilómetros de costa hay entre el mar Mediterráneo y el Atlántico?
10   ¿... deporte acuático prefieres?
11   ¿... de las actividades mencionadas te gusta más?

2   Study the grammar section on the **Imperfect tense** on page 175, then re-read 2.4 *El aguafiestas habla de los jóvenes.*

A   Write out these sentences, putting the verb shown in brackets into the correct form of the imperfect tense. Then translate the sentences into English.

1   Cuando nosotros (ser) jóvenes, no nos (faltar) cosas que hacer.
2   Mis amigos y yo (discutir) mucho y mi hermana (escuchar) discos.
3   Mis padres (ir) al cine y yo (quedarse) en casa.
4   No me (gustar) los libros; yo los (encontrar) aburridos.
5   A veces, yo no (hacer) nada; me (apetecer) una vida tranquila.
6   Si yo (tener) hambre, (comer) bocadillos.
7   Y vosotros, ¿(vivir) todos muy contentos cuando (ser) más jóvenes?

B   Translate these sentences into Spanish.

1   When I was eight, life was not boring.
2   My family and I watched TV a lot.
3   There was a lot of spare time.
4   I had a very simple life.
5   My brothers listened to CDs and I read books.
6   What did you do, Merche, when you were younger?
7   Did you and your family go to the cinema?

3   Study the grammar section on **negatives** on page 171, and listen again to 2.5 *Encuesta: ¿Cómo pasas tu tiempo libre?.*

A   Write down the Spanish for the following sentences.

1   The idea never occurs to me.
2   I'm not interested in other people, either.
3   Nothing interests me.
4   That no longer happens so often as before.
5   None of my friends would say the opposite.
6   It's not necessary either to always do the same things or to be with others.

B   Translate into Spanish.

1   He never goes out.
2   He does nothing.
3   He doesn't like anyone.
4   He doesn't go to the cinema any more.
5   He hasn't any friends.

4 Study the grammar sections on familiar and polite **imperatives** on page 181 and re-read 2.7 *El senderismo*.

A Write the familiar form of the imperative, in the singular and plural, for each of the following verbs.

1 hablar	6 escribir
2 comer	7 abrir
3 escoger	8 cerrar
4 hacer	9 poner
5 decir	10 ir

B Adapt all the imperatives you have written in exercise A, from the familiar to the polite form.

C Use a suitable imperative to translate the English verbs in brackets into Spanish.

1 Pedro dice a su hijo: '¡(*Close*) la puerta!'
2 Por favor, (*come back*), señores.
3 No (*eat*) todo el chocolate, niños.
4 No (*forget*) su cambio, señora.
5 ¡(*Decide*) ahora, chicas!

5 Study the grammar section on the **preterite tense** on page 174, then re-read 2.9 *Ir de tapas en Gran Bretaña*.

A Put the verbs shown in brackets into the correct form of the preterite.

El tren (**1**)(pararse) _____ a la estación y un viejo hombre (**2**)(bajar) _____. Con mucho cuidado (**3**)(poner) _____ sus dos maletas grandes en el andén y (**4**)(mirar) _____ a su alrededor. Durante un rato no (**5**)(hacer) _____ ningún otro movimiento. Entonces, (**6**)(coger) _____ las maletas y, muy despacio, (**7**)(andar) _____ hacia la salida. Un hombre (**8**)(acercarse) _____ a él y le (**9**)(decir) _____: 'Discúlpeme, señor, yo no (**10**)(poder) _____ venir antes.'

B Fill each gap in the following text with the appropriate form of the preterite tense, choosing the most suitable verb from the box. You may use each verb once only.

Para celebrar mi cumpleaños mis padres (**1**) _____ una mesa a un restaurante y yo (**2**) _____ también a mi mejor amiga, Carmen. Nosotros (**3**) _____ varios platos. Carmen no (**4**) _____ mucho pero (**5**) _____ varias vasos de vino. Después de un rato, Carmen (**6**) _____ enferma cuando (**7**) _____ de levantarse (**8**) _____ al suelo. Mis padres (**9**) _____ atónitos. Carmen no (**10**) _____ más a nuestra casa.

beber	caer
comer	escoger
invitar	reservar
sentirse	estar
tratar	venir

6 Study the grammar sections on **comparative** and **superlative adjectives** on page 165 then re-read 2.10 *Fiestas y folklore*.

Translate into Spanish.

1 Madrid is bigger than Barcelona.
2 London is the most famous city.
3 My father is older than my mother.
4 History is as difficult as geography.
5 The best teachers are the strictest.
6 The richest people can be the most boring.
7 Miguel is the most intelligent student in the class.
8 Amelia Casavino is the worst singer.
9 George Best was the best footballer in the world.
10 Yes, but he didn't have as much money as David Beckham.

7   Which tense: **Imperfect** or **Preterite**?

A   Translate these sentences into Spanish.

1 I bought two CDs because they were cheap.
2 We looked at some books while Maria was talking to her friend.
3 He ate a sandwich because he was hungry.
4 As it was raining they decided to go by car.
5 They told me that they used to go to France regularly.
6 When I was very young, I used to play all day.
7 He came, he saw, and he did nothing.

B   Choose the appropriate tense for the verbs given in brackets, to complete the following passage.

(**1**)(Pasar) _____ mi infancia en Madrid donde mi padre (**2**)(ser) _____ médico. Le (**3**)(gustar) _____ ver la televisión sobre todo si (**4**)(haber) _____ una corrida. Un día, cuando (**5**)(tener) _____ diez años, me (**6**)(decir) _____ '!Mira esto por la tele, Maisi!' cuando me (**7**)(ver) _____ en la puerta. (**8**)(Entrar) _____ en el salón y (**9**)(sentarse) _____ al lado de él. Cada vez que el torero (**10**)(hacer) _____ un pase con su capa mi padre (**11**)(gritar) _____ '!Olé!' Me acuerdo de que la primera vez que (**12**)(ir) _____ a la plaza de toros lo que me   (**13**)(impresionar)   _____ (**14**)(ser) _____ los colores de los trajes de luces que (**15**)(llevar) _____ los toreros y el ruido del público.

C   Translate the completed passage from exercise B into English.

Unidad 3

La educación en España

3.1 El sistema educativo en España

¿A qué edad los niños españoles empiezan la escuela? ¿Qué calificaciones se pueden obtener? ¿Qué posibilidades existen después del colegio? Lee este artículo para saber más sobre la educación en España.

Todos los españoles tienen derecho a un puesto escolar que les garantice la educación obligatoria. No podrá establecerse discriminación alguna por razones ideológicas, religiosas, morales, de raza o nacimiento.

La Educación Preescolar es un nivel educativo, de carácter voluntario para las familias, que tiene como finalidad la atención educativa y asistencial a la primera infancia. Está dirigida a los niños de hasta los tres años de edad.

La Educación Infantil tiene carácter voluntario y gratuito, comprende hasta los seis años de edad. Su objetivo es promover el desarrollo físico, intelectual, afectivo, social y moral de los niños.

La Educación Primaria es el primer tramo de educación obligatoria; comprende 6 cursos académicos, desde los 6 hasta los 12 años.

La Educación Secundaria Obligatoria (ESO) completa la enseñanza básica, desde los 12 a los 16 años. Esta etapa posibilita los siguientes accesos.

Si se obtiene el título de **Graduado en ESO**:
- **Formación Profesional de Grado Medio** o
- **Bachillerato**.

Podrán acceder a los estudios de Bachillerato los alumnos que estén en posesión del tíulo de Graduado en ESO. Comprende dos cursos académicos.

Si no se obtiene el título de **Graduado en ESO**:

Vocabulario

afectivo / a *emotional*
nivel (m) *level*
puesto (m) *place (school/work)*

- Programas de Iniciación Profesional.

Los Programas de Iniciación Profesional son disponibles a partir de los 16 años o de 15 excepcionalmente. La superación de un programa de iniciación profesional dará derecho a la obtención del título de **Graduado en ESO**, lo que posibilita acceso:
- a Formación Profesional de Grado Medio, o
- al Bachillerato.

Para obtener el título de **Bachiller** será necesaria la evaluación positiva en todas las asignaturas y la superación de la **prueba general del Bachillerato (PGB)**. Esta etapa posibilita el acceso a:

- **Formación Profesional de Grado Superior** (a partir de 18 años), o
- **Universidad**.

A 📄 Lee el texto. Copia la tabla siguiente y complétala con las etapas de educación apropiadas.

Edad	Etapa de educación
Hasta los tres años	
Entre los seis y los doce años	
Entre los doce y los dieciséis años	
Entre los dieciséis y los dieciocho años (tres posibilidades)	
A partir de los dieciocho años (dos posibilidades)	

B 📄 ¿Cómo se dice en español?

1 They have the right to a school place.
2 No discrimination will be allowed.
3 it has as its objective
4 to promote the physical development
5 the first phase of compulsory education
6 are available from the age of sixteen
7 pupils who possess the qualification
8 A positive assessment in all subjects will be needed.

C ✍ Escribe unas 150 palabras en español describiendo el sistema educativo en tu propio país.

3.2 Puntos de vista

¿Para qué sirve la educación – para llegar a ser una persona cultivada, o para llegar a ser rico?

Esteban

Blanca

Marisa

Blanca

Estoy en bachillerato y tengo la intención de estudiar idiomas en la universidad. Creo que mi dominio del alemán resultará muy útil en el futuro. La gramática alemana es bastante difícil pero soy capaz de aprenderla. Ya he hecho un intercambio en Alemania durante las vacaciones escolares. Estar en el país donde se habla el idioma es la mejor manera de aprender a hablar. Cuando sea titulada querría volver allí para trabajar.

Esteban

Como dijo alguien, la educación es lo que queda cuando hayas olvidado todo lo que has aprendido en la escuela. Yo no tengo títulos – a mi parecer más vale ser autodidacta. Cuando era colegial, a menudo no estaba yo en clase. Hacía novillos. Es verdad que no soy erudito, pero mis conocimientos extraescolares me han servido muy bien en la vida. Mi mujer es francesa y me ha enseñado más que mi viejo profesor. Así es que hoy soy casi bilingüe. Verdaderamente, mis años de estudio fueron una pérdida de tiempo.

Marisa

Me dijeron mis padres que era más útil estudiar ciencias que humanidades, porque sería más fácil obtener un empleo bien pagado. Al principio no estaba segura, pero al fin me decidí a escoger historia e inglés porque estas asignaturas ofrecen la oportunidad de aprender la cultura de un país. Esto es lo que me interesa, más que el dinero.

A 📄 Busca en el texto las palabras españolas que significan…

1 languages
2 command
3 capable
4 exchange
5 when I graduate
6 self–taught
7 I played truant
8 scholarly
9 extra-curricular
10 a waste of time
11 well-paid
12 subjects

B 📄 ¿Quién es?

1 No tiene interés en un puesto con un alto sueldo?
2 Se ausentaba del colegio sin permiso?
3 No seguía los consejos de su familia?
4 Ha visitado un país extranjero?
5 Prefiere enseñarse a sí mismo sin la ayuda de los docentes?
6 Se casó con una extranjera?
7 Quiere buscar empleo fuera de España?
8 Habla francés?
9 Tiene conocimientos del alemán?
10 Cree que la educación no vale la pena?

C 📄 Traduce al inglés lo que dice Esteban.

3.3 La Ciudadanía

Escucha a Arantxa que habla de la Ciudadanía, asignatura obligatoria en los colegios españoles.

A 🎧 ¿Cómo se dice en español?

1 at school
2 a new subject
3 what it contains
4 many points of view
5 to understand society
6 daily life
7 junk TV
8 topics

B 🎧 El periodista hace las preguntas siguientes. Ponlas en el orden correcto.

1 ¿Puedes darme un ejemplo?
2 A tu parecer, ¿por qué lo hizo?
3 ¿Y en tu opinión, hasta qué punto es útil la asignatura?
4 ¿Es todo?
5 Arantxa, ¿qué estás haciendo en el cole en este momento?
6 ¿Cómo te apoya el libro en la vida diaria?
7 ¿Y qué opinas de este libro, entonces?
8 ¿Y de qué se trata?

C ✍ A tu parecer, ¿la Ciudadanía es una asignatura tan importante como las otras? Escribe tu opinión en unas 150 palabras.

3.4 Móviles y MP3 apagados – más autoridad al profe

La tecnología puede ser muy útil en la educación, pero tiene ciertos aspectos que pueden enojar a los profes.

>>>>>>>>>>>>>>>>>>>>>>>>>>>>>>>>

El Gobierno de Madrid ha elaborado un borrador de las normas de convivencia que se deben cumplir en los centros escolares donde, entre otras cosas, se impide a los alumnos el uso de teléfonos móviles en clase y se establece la expulsión a quienes graben o difundan agresiones o humillaciones.

El nuevo código establece como faltas más graves, sancionadas con la expulsión, los comportamientos de acoso y violencia.

El nuevo código de buenas conductas escolares otorga más autoridad a los profesores y prohíbe el uso de cualquier aparato electrónico en clase.

Además de tener el móvil apagado, tampoco podrán encenderse aparatos electrónicos en las aulas (MP3 y consolas) que puedan distraer la atención, ante las numerosas quejas de los docentes.

Por tanto, si un alumno recibe una llamada o un mensaje, cometerá una falta leve. La reiteración de faltas leves podría conllevar sanciones como realizar trabajos después de clase, e incluso la expulsión durante seis días, que sería inmediata, lo que refuerza la autoridad del profesor.

Esta sanción también se contempla para los actos graves de indisciplina, faltas de asistencia sin justificar o dañar las instalaciones del centro.

A 📋 ¿De qué se trata este artículo? Haz una lista de diez palabras claves que te dan una idea del contenido. Comparte tu lista con la de una pareja.

B 📋 Busca en el texto las palabras españolas que significan…

1 draft
2 rules
3 prevents
4 broadcast (vb)
5 bestows
6 complaints
7 teachers (not 'profesores')
8 to entail
9 reinforces
10 attendance

C 📋 🗨 Contesta a las preguntas siguientes en español.

1 ¿Qué son los dos aspectos importantes del código?
2 ¿Cuáles son las dos faltas más graves?
3 ¿Cuáles son los dos otros aspectos que establece el código?
4 ¿Quiénes se quejan de los aparatos electrónicos?
5 ¿Cuáles son las sanciones contempladas para la reiteración de faltas leves?
6 ¿Cuándo se pone en práctica la expulsión por la reiteración de faltas leves?
7 ¿Cuáles son las tres otras circunstancias en que se contempla la expulsión?

D

¿Qué opinas tú del código de conducta? ¿Es una buena idea tener normas de convivencia en un colegio? ¿Qué te parece la prohibición de móviles y MP3? Las sanciones en tu colegio – ¿son bastante séveras? ¿O son demasiadas draconianas?

Con tu pareja, realiza un pequeño debate sobre el asunto. Una pareja está a favor de las sanciones y el código, y el otro está en contra. Presentad vuestra discusión al grupo.

3.5 Saltarse las clases está de moda

Di la verdad – preferirías estar en otra parte. A veces los jóvenes españoles piensan como tú.

El treinta por ciento de los alumnos de entre 12 y 16 años de la región murciana faltan al menos cinco días consecutivos a clase o diez días alternativos en un curso sin justificación, según estima la Consejería de Educación. Aunque estamos en la media nacional, el fenómeno ya preocupa y se preparan medidas para atajarlo.

Los 51 menores de 16 años que la Policía Local ha pillado haciendo novillos en lo que va de curso alarman por la subida. Sobre todo porque en mayo y junio se multiplican las faltas a clase, según fuentes municipales.

Las causas principales son culturales, es decir son de familias de poca formación (apenas tienen estudios primarios). También hay causas normativas, o sea la ampliación de la edad de enseñanza obligatoria de los 14 a los 16 años. El ambiente familiar puede ser un factor significativo, con maltrato, divorcio, y drogas.

Se proponen algunas soluciones, es decir crear un protocolo para actuar de forma uniforme en todos

los centros, o soluciones legales como hacer más responsables a los padres. El fiscal jefe propone modificar el Código Penal.

A

Anota el orden correcto para estos títulos, según los cuatro párrafos del artículo. ¡Cuidado! Hay un título que sobra.

1 ¿Por qué hacen novillos?
2 La etnía de los que hacen novillos
3 Proporción alarmante de los que hacen novillos
4 Como atajar el fenómeno
5 Aún peor en el verano

> ### Vocabulario
> **fiscal jefe (m / f)** *chief prosecutor*
> **maltrato (m)** *abuse*
> **normativo / a** *regular*

B 📄 Lee el texto y anota la información pedida.

1 Dos frases españolas que significan 'ausentarse del colegio sin permiso'.
2 El porcentaje de jóvenes murcianos que hace novillos.
3 El número de días consecutivos que faltan.
4 Los meses en que se multiplican las faltas a clase.
5 Las tres causas de la ausencia sin permiso.
6 Dos soluciones propuestas.

C 📄 Traduce al inglés el tercer párrafo del texto: 'Las causas principales … maltrato, divorcio, y drogas.'

D 🗨️ 😊 Inventa un retrato en español de un chico / a que hace novillos. Escríbelo en primera persona, como si fuera tú. Utiliza la información en el tercer párrafo, y escribe entre 75 y 100 palabras. Presenta tu retrato al grupo.

3.6 La sección bilingüe del IES María Moliner

En los colegios más progresistas algunas asignaturas se enseñan por medio de un idioma extranjero. Es así en el Instituto de Enseñanza Secundaria María Moliner.

El Instituto de Educación Secundaria (IES) María Moliner, situado en Oliver, Zaragoza, cuenta con unos 300 alumnos que estudian educación secundaria obligatoria (ESO).

Este año, el centro introdujo una sección bilingüe inglesa para los alumnos de primero de ESO, es decir los alumnos de doce años. Cinco horas semanales de inglés y otras asignaturas impartidas en dicho idioma (sociales y naturales, por ahora) ayudan a los estudiantes a aumentar su dominio del idioma.

'Queremos ampliar la sección bilingüe y hemos pensado en hacer una prueba de nivel para los alumnos que quieran entrar el próximo año', explicó el director.

La relación del IES María Moliner con los idiomas no se acaba con la sección bilingüe. El centro alberga las clases del ciclo elemental de inglés y de francés de la Escuela Oficial de Idiomas, que ocupa el instituto por las tardes. Esta sede de la escuela lleva varios años funcionando y es una iniciativa para dinamizar la actividad académica de la zona, por lo que se dan más facilidades de inscripción en esta escuela, que en la sede central. Así, el instituto está abierto todo el día, porque además cuenta con un departamento de actividades extraescolares deportivas y culturales que ofrece alternativas de ocio para los jóvenes. En la zona no hay demasiados equipamientos para entretenerse.

A 📄 Para cada palabra o expresión de la casilla, anota la definición apropiada.

1 una lengua
2 actividad que tiene lugar fuera del currículo oficial
3 lo contrario de trabajo
4 la oficina central de una organización
5 que tiene dominio en dos lenguas
6 un examen para establecer lo que un estudiante puede hacer

bilingüe
un idioma
una prueba de nivel
la sede
extraescolar
el ocio

B 📄 ¿Cómo se dice en español?

1 five hours a week of English
2 other subjects delivered in the same language
3 increase their command of the language
4 a baseline test
5 this central office of the school
6 a department of extra-curricular activities
7 leisure alternatives

C 📄 Traduce las frases siguientes al español.

1 An English bilingual department teaches not only English, but delivers other subjects in the same language.
2 It helps students to increase their command of the English language.
3 Classes in English and French occupy the school in the evenings.
4 This initiative helps to invigorate academic activity in the area.
5 An extra-curricular activities department offers young people leisure alternatives.

3.7 El bilingüismo crea desigualdad

¿La educación para todos? Claro, pero no existen las mismas oportunidades para todo el mundo.

A 📄 Antes de escuchar el programa, busca (en un diccionario si necesario) las palabras españolas que significan ...

1 discriminatory
2 qualified
3 a lottery
4 inequality
5 an application
6 training
7 in the short term

2 El método utilizado por el colegio para determinar qué alumnos pueden participar en el programa bilingüe.
3 El número de plazas disponibles en este curso.
4 La diferencia entre una clase del Plan de Bilingüismo y otras clases en el colegio.
5 La proporción de solicitudes al número de plazas disponibles en este curso.
6 Lo que espera la Consejería últimamente.
7 Lo que se necesita hacer para lograrlo.

B 🎧 Ahora escucha el programa y anota los hechos siguientes.

1 La razón por la que hay sólo una línea bilingüe en el colegio.

C 🎧🗣️📄 Escucha otra vez la segunda respuesta de Espronceda, y transcríbela en español. Luego tradúcela al inglés.

3.8 El 85% de alumnos aprueba el examen de nivel

¿Es verdad que los colegios privados obtienen mejores resultados que los colegios del estado?

>>>>>>>>>>>>>>>>>>>>>>>>>>>>

El 85 por ciento de los alumnos de sexto curso de Primaria de la Comunidad de Madrid que se examinaron de la prueba de nivel realizada por la Consejería de Educación en lengua y matemáticas ha aprobado. con una nota media de 7,22. Esto es un 20 por ciento superior a la obtenida el año pasado (6,04).

Al igual que ocurrió el año pasado, ha sido un colegio privado el que mejores calificaciones ha obtenido, si bien en esta ocasión que no se van a hacer públicos los resultados por colegios, dada la polémica que se generó.

En esta ocasión, además, ha aumentado el número de aprobados, de un 70 a un 85 por ciento y la nota media también ha subido.

La Presidenta Regional aseguró que los escolares madrileños 'han mejorado notablemente' y se mostró 'muy satisfecha' con los resultados que han obtenido. No considera que el progreso se deba 'en modo alguno' a que esta vez el examen 'fuera más fácil'.

La Presidenta ha confirmado la intención de su Gobierno de seguir sometiendo a los alumnos del último curso de Primaria a esta prueba de nivel argumentando que 'es necesario saber con precisión' los conocimientos que tienen los alumnos.

Pero un portavoz de Educación del Grupo Socialista en la Asamblea consideró hoy que los resultados de la prueba de Primaria son 'poco fiables e inútiles' y pidió a la presidenta que 'deje de hacer trampas'.

A ◰ **Lee el texto y anota los hechos siguientes.**

1 El porcentaje de alumnos que no aprueban el examen.
2 En qué asignaturas se hace el examen.
3 El porcentaje de mejora en la nota media sobre el año pasado.
4 El tipo de colegio con mejores resultados.
5 El aumento en el número de aprobados.
6 Una razón a que se puede atribuir la mejora.

7 La razón por la cuál se somete a los alumnos a la prueba.
8 Lo que la Presidenta está haciendo, según el Grupo Socialista.

B ◰ **Busca en el texto lo contrario de cada palabra.**

1 han suspendido
2 inferior
3 futuro
4 público
5 peores

6 ha disminuido
7 ha bajado
8 negó
9 han empeorado
10 primero

C ◰ **Ahora traduce el penúltimo párrafo del artículo al inglés.**

3.9 Suspender – no está todo perdido

Si no crees que los resultados que has obtenido en los exámenes sean justos, no te preocupes – hay soluciones.

Más del 80% de los alumnos que se han presentado estos días a la selectividad aprobarán, pero muchos de ellos no estarán felices con eso, pues su nota no les llega para entrar en la universidad que aspiraban, y algunos ejercerán su derecho a una revisión.

Un examen no supone la última palabra. Ya sea de selectividad, los finales del instituto o de la universidad, siempre existe la posibilidad de reclamar.

Todo el mundo podrá revisar los exámenes o cualquier otra prueba de evaluación. Cada centro tiene sus propios criterios y cada profesor organizará las revisiones que afecten a sus exámenes. Los jóvenes conocerán las razones del profesor y explicarán las suyas. Si el problema no se resuelve, se puede llegar a la vía contenciosa–administrativa.

Los profesores tendrán que convocar y garantizar el acto de revisión de los exámenes. También serán obligados a explicar los criterios de corrección de la prueba y razonar la calificación decidida. Los alumnos que lo soliciten tendrán derecho a acceder a los exámenes corregidos, además de exponer sus argumentos y a ser oídos sobre la adecuación de la nota a las exigencias de la evaluación y de la asignatura.

A Anota el orden correcto para estos títulos, emparejándolos con los cuatro párrafos del artículo. ¡Cuidado! Hay un título que sobra.

1 Los derechos

2 El primer paso

3 El fracaso

4 Aprobado, pero…

5 La esperanza

B Lee el texto otra vez y anota los hechos siguientes.

1 La razón por la que los alumnos que habrán aprobado no estarán felices.
2 Lo que harán estos alumnos.
3 Los dos aspectos importantes de una revisión.
4 Las tres cosas que debe hacer un profesor para una revisión.
5 Los tres derechos de un alumno.

C Traduce el siguiente párrafo al español.

Many students will pass their examinations, but will not be happy. They will seek a review. Teachers will have to explain their marking criteria and justify the grade given. Students can have access to marked papers, and they have a right to put forward their argument.

3.10 Jornada intensiva en los colegios valencianos

Las escuelas: ¿son a beneficio de los niños – o de los padres?

En Valencia, los profes piden clases sólo por la mañana (de 9.00 a 15.00 horas), y los padres se niegan. Aquí abajo hay unas ventajas y unos inconvenientes de la jornada intensiva.

A Haz dos columnas 'Ventajas' e 'Inconvenientes' en una hoja de papel. Lee el texto y clasifica cada párrafo como ventaja o inconveniente.

1 Sin necesidad de ir a clase por la tarde, muchos niños no tendrían necesidad de quedarse a comer en el cole. La consecuencia podría ser que desaparecieran los comedores.

2 Si los padres no van a comer a casa y el servicio de comedor se cerrara, los pequeños no tendrían a nadie que pudiera hacerles la comida.

3 El nuevo horario dejaría a los profesores las tardes libres a partir de las tres. De este modo, podrían conciliar la vida familiar y laboral.

4 La jornada maratoniana dejaría a los pequeños en casa durante toda la tarde, con lo que los padres que trabajan tendrían que ingeniárselas para poder ocuparse de ellos.

5 Con la tarde libre, los pequeños tendrían más tiempo para las tareas escolares, y también para practicar actividades extraescolares, ya que podrían descansar después de comer.

6 El hecho de que los niños, sobre todo los más pequeños, no descansaran lo suficiente por la mañana, podría provocar que se desconcentraran a media mañana y perdieran el hilo.

7 El rendimiento es mayor durante la jornada de mañana que en las horas posteriores a la comida, por razones fisiológicas que influyen en el nivel de concentración.

8 Los menores comerían a las tres, como sus padres o hermanos mayores. Estarían más relajados, sin temer que preocuparse por posibles exámenes o controles vespertinos.

B Ahora diseña una tabla y clasifica las ventajas y los inconvenientes bajo estos títulos.

Estrés y vida familiar	Comedor y actividades	Horario de trabajo	Rendimiento escolar

C Escoge una ventaja y un inconveniente y tradúcelos al inglés.

D

En tu opinión, ¿cuál es la ventaja más importante de la jornada intensiva?

Discute con una pareja, y después justifica tu selección al grupo.

3.11 La educación asegura la igualdad entre los sexos, ¿o no?

Quizás creas que la educación promueve la igualdad entre los sexos, pero no todo el mundo está de acuerdo.

A 🎧 Escucha a Dolores Asensio y anota los hechos siguientes.

1 El porcentaje de la población aragonesa que son mujeres.
2 La tasa de crecimiento en el número de mujeres desde hace 5 años.
3 El porcentaje de puestos de dirección en Aragón ocupados por mujeres.
4 El porcentaje de contratos a tiempo parcial firmados por mujeres el año pasado.
5 La disparidad entre los sueldos de los hombres y las mujeres.
6 El porcentaje de matrículas de la Universidad de Zaragoza que son mujeres.
7 La proporción de los universitarios que se titulan al año que son mujeres.

B 🎧 Escucha otra vez. Para cada frase en bajo, decide: ¿Verdad (V), mentira (M), o no se menciona (N)?

Ejemplo: 1, M

1 Hay más hombres que mujeres en Aragón.
2 Hace cinco años, había menos mujeres en Aragón que hoy.
3 La mayoría de las extranjeras vienen de Marruecos.
4 El 69% de los hombres ocupan puestos de dirección en Aragón.
5 La mayoría de las mujeres que ocupan puestos de dirección trabajan en el sector de venta al detalle.
6 La mayoría de los contratos a tiempo parcial el año pasado fueron firmados por hombres.
7 Las mujeres logran mejores resultados que los hombres en la universidad.
8 Hay más chicos que chicas que abandonan sus estudios.
9 Cuatro de cada 10 estudiantes que se titulan al año son mujeres.
10 Los hombres ganan un 35% más que las mujeres con las mismas calificaciones.

C 🎧 ✍ Corrige las frases falsas, según lo que dice Dolores Asensio.

3.12 Los gitanos también van a clase, pero menos

Idealmente, todo el mundo tiene la misma oportunidad en cuanto a la educación. Sin embargo, existen todavía grupos marginados para quienes eso no es verdad.

A 🎧 Escucha a los tres entrevistados. ¿Quién…

1 …ha recibido mucha ayuda de su familia?
2 …divide su tiempo entre los estudios y la venta callejera?
3 …tiene parientes que tenían una actitud muy negativa hacia la letra impresa?
4 …espera combatir el racismo y los prejuicios con lo que habrá estudiado?
5 …tuvo que luchar contra la discriminación en la escuela?
6 …fue rechazado / a cuando quería divertirse?
7 …tiene una familia que casi no leía?

B 🎧 🖊 Escucha a Carlos otra vez. Transcribe lo que dice en español. Para empezar:

'Por las mañanas….'

C 🎧 📄 Escucha a Encarna otra vez. Luego, lee las frases siguientes que resumen lo que dice Encarna. Rellena cada espacio en blanco con una palabra que convenga.

1 Vive con una familia no gitana que le _____ cuando _____ ocho años.
2 Nunca _____ ningún problema con sus estudios.
3 Su etapa en el colegio no _____ un camino de rosas.
4 Algunas niñas le _____ que no _____ jugar con ella porque sus padres no se lo _____.
5 Cada vez que _____ cualquier incidente o _____ una cosa, automáticamente le _____.
6 Una profesora le _____ manía y le_____ todos los días.

D 🖊 En tu opinión, ¿cuáles son los problemas más insolubles para los gitanos que quieren estudiar? Escribe un párrafo corto de unas 3 o 4 frases para explicar tu opinión.

3.13 La vida tras el insti

Es posible que en este momento estés considerando tu futuro. Escucha esta entrevista con Nuria Blasco Ibáñez, que tiene unos consejos útiles.

A 📄 Antes de escuchar el programa, busca (en un diccionario si necesario) las palabras españolas que significan…

1 unknown	4 advice	7 stage (period of time)	10 the labour market
2 development	5 indecisive	8 to reflect (upon)	11 an academic career
3 to be mistaken	6 a wise man	9 skill	12 in advance

B 🎧 Escucha otra vez, luego para cada frase 1–8, decide si es verdad (V), mentira (M), o si no se menciona (N).

1 Un 38% de los estudiantes están satisfechos de su vocación.

2 El no saber lo que vas a estudiar es un fracaso completo.

3 Lo más importante es conseguir buenos resultados en los exámenes.

4 Hay que pensar en las asignaturas que prefieres, y en las en que tienes éxito.

5 No vale la pena considerar una carrera o un empleo mientras estudias.

6 Es muy importante no rechazar la posibilidad de trabajar al extranjero.

7 Se deben considerar las otras actividades que pueden ampliar la educación durante la etapa universitaria.

8 Hay que enfocarse completamente en los estudios sin distraerse con lo que va a pasar después de haberlos terminado.

C 🎧 Escucha otra vez, y anota en inglés lo que Nuria nos aconseja evitar.

D 🎧 Haz un resumen en inglés de los consejos de Nuria para una revista destinada a los estudiantes ingleses.

3.14 El programa Erasmus: becas para 25.000 estudiantes españoles

Muchos jóvenes españoles quieren trabajar en el extranjero, pero no tienen suficiente dinero. ¿Qué pueden hacer?

>>>>>>>>>>>>>>>>>>>>>>>>>>>>>>

El programa Erasmus empezó en 1987 como algo minoritario cuando 240 estudiantes españoles viajaron a otros países europeos para seguir su formación. Hoy en día son más de 25.000 los que se desplazan al extranjero por motivos educativos.

Por otro lado, nuestro país recibe aproximadamente un 16% más de estudiantes que los que envía, lo que nos convierte en el destino favorito para los jóvenes de la UE.

Los países hacia los que hay un mayor desplazamiento de españoles son Italia (más de 5.000 por año), Francia (3.500) y el Reino Unido (3.000). A su vez, los principales países que envían estudiantes a España son Italia (más de 6.000 por año), Francia (5.500) y Alemania (5.000).

Las ayudas que los estudiantes reciben por parte de nuestro país ascienden al pago completo de los estudios más una subvención, actualmente de 100€ de la UE, y unos 30€ del Ministerio de Educación. Éste planea, para celebrar el cada vez más número de Erasmus españoles, aumentar un 800% las ayudas del Estado para el curso del año próximo.

A Las frases siguientes hacen el resumen del artículo. En cada una, escoja la(s) palabra(s) que más convenga(n): escribe a, b o c.

1 En 1987 había relativamente (**a**) muchos (**b**) pocos (**c**) bastantes estudiantes españoles que participaron en el programa Erasmus.

2 Lo hicieron para (**a**) divertirse (**b**) perfeccionarse en otro idioma (**c**) buscar trabajo.

3 Hay (**a**) menos (**b**) varios (**c**) más estudiantes extranjeros que vienen en España que salen con el programa Erasmus.

4 El destino que atrae (**a**) más (**b**) mucho (**c**) menos a los estudiantes españoles de los citados es Gran Bretaña.

5 Según estos datos, el segundo país que participa globalmente en el programa es (**a**) Italia (**b**) Francia (**c**) el Reino Unido.

6 Los estudiantes españoles que participan en el programa no tienen que (**a**) pagar (**b**) olvidar (**c**) completar sus estudios.

7 El Ministerio de Educación quiere (**a**) favorecer (**b**) limitar (**c**) parar la participación de estudiantes españoles en el programa Erasmus.

B Merche, 22 años, cuenta sus experiencias del programa Erasmus. Aquí tienes lo que dice, pero hay varias palabras que faltan. Rellena cada espacio en blanco con la palabra más apropiada de la casilla.

dinero	hermanos
amigos	ahora
bien	beca
profesora	meses
Erasmus	vida
días	país
región	

Muchos eran mis (**1**) _____ que me habían hablado de la experiencia (**2**) _____, por lo tanto quise hacer como ellos. Pasé diez (**3**) _____ en París, ¡y (**4**) _____ hablo muy (**5**) _____ el idioma del (**6**) _____! Aunque la (**7**) _____ era cara, tenía bastante (**8**) _____, por la (**9**) _____ que recibí y por lo que ganaba como (**10**) _____ de español.

C Traduce el texto completo del ejercicio B al inglés.

D ¿Te apetece el programa Erasmus? Escribe unas 200 palabras en español para decir lo que opinas tú.

Prácticas

1 Study the grammar section on the uses of *ser* and *estar*, on page 182 then re-read 3.2 *Puntos de vista*.

A Decide whether the missing verb should be part of *ser* or *estar*, briefly explain why, then translate the sentences into English.

1 Si eres / estás cansado, es difícil concentrarse en clase.
2 El español es / está más fácil que el francés.
3 Cuando éramos / estábamos más jóvenes, la vida no era / estaba complicada.
4 Estamos / Somos por ir a la corrida.
5 ¿Qué hora es / está?
6 Ayer, Miguel era / estaba feliz. Mañana será / estará casado.
7 ¿A cuántos somos / estamos?
8 Éramos / Estábamos para salir cuando alguien llamó por teléfono.
9 Las calles de Londres no están / son de oro.
10 Fuimos / Estuvimos atónitos al saber que Carmen era/estaba médico.

B Translate the following sentences into Spanish.

1 My ambition is to work abroad.
2 He will be in Madrid tomorrow.
3 Her sister is from Bilbao.
4 At the moment she's in Valencia.
5 Spanish is boring, isn't it?
6 I don't agree.
7 They're always bored.
8 It's because they're lazy.
9 What will be, will be!
10 She was sitting down (seated) because she was tired.

2 Study the grammar section on the **present continuous tense** on page 174, then listen again to 3.3 *La Ciudadanía*.

A Write down all the examples of the present continuous in the interview.

B Give the Spanish for the following, using the present continuous.

1 We are revising.
2 She is helping.
3 They are teaching.
4 I am doing my homework.
5 Are you (fam. sing.) studying?
6 They are eating.
7 We are reading.
8 He is explaining.
9 She is deciding.
10 I am choosing.

3 Study the grammar section on **Impersonal verbs**, on page 183 then re-read 3.4 *Móviles y MP3 apagados – más autoridad al profe*.

A Translate into Spanish.

1 The rules must be obeyed.
2 Pupils are not allowed to smoke.
3 Exclusion is specified.
4 This punishment is being considered.
5 More authority was granted.
6 Mobile phones will not be permitted in class.
7 Messages will not be received by pupils.
8 The teachers' authority will be reinforced.
9 Mobiles will be switched off.
10 Minor infringements have been committed.

4 Study the grammar section on the **Perfect tense** on page 176 and read again 3.8 *El 85% de alumnos aprueba el examen de nivel*.

A In the text there are seven examples of the preterite tense. Write them down and give their equivalent in the perfect tense.

B There are also seven examples of the perfect tense in the passage. Write them down and give their equivalent in the preterite tense.

5 Study the grammar section on the **Future tense** on page 177 and re-read 3.9 *Suspender – no está todo perdido*.

A Put the verb given in brackets into the correct form of the future tense.

Example: 1, encontraré

1 Mañana, yo (encontrar) a mis amigos.
2 Mi familia y yo (ir) a Francia.
3 El Manchester United (vencer) al Barcelona.
4 No sé lo que (hacer) mis amigos y yo el año próximo.
5 Sus amigos (volver) a casa a medianoche.
6 Un día, ella (ser) muy rica.
7 Mis padres me (decir) adiós en la estación.
8 Carmen, ¿crees que (poder) subir a todas las montañas de los Pirineos en una semana?
9 Jaime no (querer) casarse nunca.
10 Algunos dicen que el Manchester City (tener) éxito. ¡Qué tontería!

B Translate into English the sentences you completed in exercise A.

C Translate the following sentences into Spanish.

1 I shall go to university.
2 Amparo, will you tell my parents I've no money?
3 There will be a moment of silence before the match.
4 We'll put the books on the table.
5 Fernando and Isabella, will you come to the cinema tomorrow?
6 The clothes won't fit in the suitcase.
7 They'll go out at eight o'clock.
8 She'll be able to walk soon.
9 You'll be sad, Nuria, if Juan doesn't arrive.
10 I'll finish my work later.

6 Study the grammar section on the **Conditional tense** on page 177 and re-read 3.10 *Jornada intensiva en los colegios valencianos*.

A Translate into Spanish the following sentences, stating what would happen if the teachers' requests were met.

1 The children wouldn't eat at school.
2 There would be no classes in the afternoon.
3 Nobody would make meals for the little ones.
4 Teachers would be free from three o'clock.

B Now express in Spanish what parents say, as follows.

1 I would have to look after my children all afternoon.
2 My child would have more time to do after-school activities.
3 My children would be able to eat with the family.

C Finally, translate the following expressions of the children's opinion.

1 I'd be able to rest after eating.
2 We'd have more time to do our homework.
3 I wouldn't be worried about tests in the evening.

7 Study the grammar sections on **comparative adjectives and adverbs** on page 163 and listen again to 3.11 *La educación asegura la igualdad entre los sexos, ¿o no?.*

A Find the Spanish for these phrases.

1 is better prepared
2 has worse jobs
3 in a greater proportion than boys
4 to obtain better results
5 a better job

B Write the Spanish for these phrases.

1 we are better prepared
2 a worse job
3 a better result
4 10% more than
5 better jobs

8 Study the grammar section on **interrogatives** on page 170, and listen again to 3.13 *La vida tras el insti.*

A Complete the questions with the most appropriate question form. The answer to each question provides a clue!

1 ¿_____ están nerviosos los estudiantes? – Por lo desconocido.

2 ¿_____ pregunta se hacen? –'Qué voy a hacer ahora?'.

3 ¿_____ hablan de 'un mapa de desarrollo académico y profesional'? – Los expertos.

4 ¿_____ es Nuria Blasco? – Es una experta.

5 ¿_____ trata Nuria de tranquilizar a los estudiantes nerviosos? – Les hace reflexionar.

6 ¿_____ deben ser las metas? – Concretas pero flexibles.

7 ¿_____ preguntas deben hacerse los estudiantes? – ¡Muchas!

8 ¿_____ se pueden integrar otras actividades? – En la trayectoria académica del estudiante.

9 ¿_____ pregunta de todas éstas es la más importante? – ¡Todas son importantes!

10 ¿_____ consejos da Nuria, para terminar? – ¡Consejos muy valiosos!

B Translate these questions into Spanish.

1 How many examinations do you have?
2 What are you going to study?

3 Which of these universities do you prefer?
4 How much does it cost to live there?
5 Who will pay for your studies?
6 Where will you live?
7 When will you begin your university course?
8 Why do you want to go to university?

Unidad 4

La comida y la salud

4.1 La cocina española

En España lo que se come depende de la hora y de la temporada.

> **Vocabulario**
>
> **entremeses (m)** *hors d'oeuvres*
> **lonja (f)** *slice, strip*
> **puchero (m)** *stew*
> **temporada (f)** *season*
> **veraniego / a** *summer*

>>>>>>>>>>>>>>>>>>>>>>>>>>>>>>>>>>

La antigua cocina española es a la vez sencilla y rústica. Su base son las cebollas, el ajo, el pimiento, hierbas y relativamente pocas especias. Los platos más conocidos son los pucheros, lo que ya denota su origen campesino.

Generalmente los platos que componen los menús de los restaurantes para la comida son pocos, mientras que para la cena se puede elegir entre muchos platos y entremeses. Por lo tanto, el almuerzo no ocupa mucho tiempo, mientras que para la cena no se tiene prisa. Se empieza muy tarde y a menudo la gente se sienta a la mesa sobre las 22:00 horas.

Debido a lo prolongado de la separación entre la modesta comida y la cena, los españoles sienten apetito y de costumbre toman por la tarde pequeñas consumiciones llamadas tapas, a base de aceitunas del país, y, por ejemplo, lonchas finas de jamón. Se acompañan con frecuencia las tapas con un sencillo vaso de vino tinto del país o de vez en cuando con un jerez.

El plato siguiente lo constituyen las sopas, por ejemplo la sopa de crema de sémola con almendra. En la temporada veraniega se sirve principalmente el gazpacho andaluz muy frío, que está compuesto de tomates triturados, pepinos, aceite de oliva, ajo y especias.

A **¿Cómo se dice en español?**

1 Lunch doesn't take long.

2 There's no hurry.

3 due to

4 for example

5 mainly

6 made of

B 📄 Empareja las dos partes de las frases siguientes.

Ejemplo: 1, g

1 Tradicionalmente la cocina española…
2 La elección de platos en los restaurantes…
3 La cena en España …
4 Cuando la cena empieza …
5 Para no tener demasiada hambre …
6 Cuando uno se va de tapas …
7 El primer plato de la cena …
8 En Andalucía un plato tradicional …

a …es normal tomar una copa.

b …es a una hora bastante avanzada.

c …es costumbre ir de tapas.

d …es el gazpacho.

e …es una sopa.

f …es menos grande a mediodía.

g …es muy sencilla.

h …es más relajada que la comida.

C 📄 En esta versión alternativa del texto hay ciertas palabras que faltan. Rellena cada espacio en blanco con la palabra más apropiada de la casilla.

Los (**1**) _____ españoles no son muy complicados. Al contrario, son (**2**) _____, teniendo su origen en el (**3**) _____. A mediodía se (**4**) _____ comer bastante rápidamente, pero la cena no empieza (**5**) _____ las diez. Porque hay que esperar muchas (**6**) _____ antes de (**7**) _____, mucha gente (**8**) _____ algo por la tarde y (**9**) _____ también un vaso de vino. En (**10**) _____, empieza a menudo la cena con el gazpacho.

veces	bebe / toma
campo	país
horas	hasta
verano	suele
hombres	platos
sencillos	cenar
come	

4.2 Tres generaciones de la misma familia hablan de su dieta

Lo que se come en España ha cambiado con el tiempo. Escucha a tres miembros de la misma familia que hablan de la comida.

A 🎧 ¿Quién habla? Anota abuelo, madre, nieto o nadie.

1 …siempre tenía bastante para comer?
2 …no se preocupa de su salud?
3 …no ha tenido nunca que cocinar?
4 …sufre de obesidad?
5 …comía menos que los otros miembros de la familia?
6 …no hace caso a lo que se le dice?
7 …nunca practicaba una dieta?
8 …quiere adelgazar?

B 📄 Lee lo que ha dicho la hermana de la madre. Rellena cada uno de los espacios en blanco con la forma apropiada de uno de los verbos en la casilla. Puedes utilizar cada verbo una vez solamente.

Mi madre (**1**) _____ todo el tiempo en la cocina, (**2**) _____ platos para mi padre y mis hermanos. Todo lo que le (**3**) _____, lo (**4**) _____. Le (**5**) _____ hacerlo. Mi hermana y yo, (**6**) _____ los mismos platos que papá. Nunca (**7**) _____ que pensar si lo que nos (**8**) _____ de comer era saludable o no.

apetecer	comer
dar	gustar
hacer	pasar
preparar	tener

4.3 La dieta moderna – ¿beneficiosa o perjudicial?

Disfrutamos de nuestro estilo de vida rápido e internacional, pero ¿a qué precio?

¡INVASIÓN!

En estos últimos años, la dieta mediterránea – que se basa en una gran variedad de verduras, legumbres y frutas – sólo la siguen las abuelas (como en mi casa). La causa de esto es la incorporación de las mujeres al mercado laboral, y como consecuencia el paso a un estilo de vida en el que se consumen comidas rápidas, congeladas y precocinadas, además de la invasión de la comida americana, como las hamburguesas, también pizzas, comida china … Nuestra dieta está perdiendo mucha calidad, y esto es una pena. La comida basura – que contiene excesivas grasas animales y que resulta perjudicial para nuestra salud – nos invade.

Así que utilizando el poder comunicativo que me concede esta página web, yo invito a las personas que viven en mi entorno a que no perdamos nuestras costumbres alimenticias tradicionales, que son muy saludables y a las personas que viven lejos a que hagan un esfuerzo por comer más sano, ya que como dice el refrán 'Somos lo que comemos'.

Merche

A 📄 Reconstruye las cinco frases que resumen el artículo. Ya tienes la primera parte de cada una, 1–5. Para cada frase, elige la segunda parte y la tercera parte entre las frases a–j para completarla.

Ejemplo: 1, e, h

1 Los platos que Forman parte
2 Las mujeres que trabajan
3 Se suele comer cada vez más
4 La influencia de la cocina estadounidense
5 Es de importancia primordial

a los platos que
b es responsable
c no desaparezca la buena comida de ayer
d ya no tienen tiempo para cocinar
e de la dieta mediterránea
f no precisan una preparación larga
g para nuestra salud que
h están desapareciendo
i de la calidad inferior de la comida actual
j fuera de casa

B Contesta a Merche. Escribe dos correos electrónicos (cada uno de 90 palabras) desde el punto de vista de las dos personas indicadas.

- una mujer con una familia joven y que trabaja fuera de casa
- un médico

C ¿Qué opinas tú? Habla durante un minuto de lo que piensas de esta cuestión. Tienes que defender tu opinión contra los otros miembros del grupo.

4.4 Los restaurantes en España

Si sales a un restaurante en España hay varias cosas que es útil saber.

Comer en España es uno de los ritos más agradables de la vida cotidiana.

La variedad y la riqueza de su gastronomía hacen que sea muy fácil encontrar, tanto en las grandes ciudades como en las pequeñas aldeas rurales, un sitio donde comer bien. Desde la comida casera tradicional a la de los afamados restaurantes de cinco tenedores, cada uno puede encontrar la mejor relación entre precio y calidad de acuerdo con sus gustos y preferencias.

Los horarios de todas las comidas suelen retrasarse una hora y media aproximadamente de la media europea, si bien la amplitud de los horarios de los establecimientos, permiten a cada cliente mantener su horario habitual.

La carta con los precios suele estar puesta en la entrada de los restaurantes, que disponen también de un menú del día con precios habitualmente más reducidos. El servicio va incluido en el precio de los platos siendo habitual, aunque no obligatorio, destinar entre un cinco y diez por ciento del total a propina por dicho servicio.

La mayoría de los restaurantes suele cerrar un día a la semana (el domingo o el lunes), si bien existen numerosos establecimientos de horario continuo que permiten comer a cualquier hora.

A Lee el artículo. ¿Cómo se dice en español?

1 both … and
2 the best value for money
3 according to
4 are usually later
5 set menu (of the day)
6 but it's the usual thing
7 between 5% and 10%
8 at any time

B 📄 Lee el artículo otra vez. Nota si cada una de las frases siguientes se dice (✓) o no (✗).

1 Por lo general los mejores restaurantes están en las ciudades.
2 La mayoría de los platos españoles son fáciles de cocinar.
3 Se suele comer más tarde en España que en los otros países europeos.
4 Los menús en los restaurantes cinco tenedores son siempre muy amplios.
5 Cuesta menos comer a una hora más temprana.
6 No hay que añadir a la cuenta una gratificación.
7 Hay algunos restaurantes que no cierran los fines de semana.

C 📄 Completa las preguntas siguientes, que se refieren al artículo, con la forma interrogativa más apropiada. Debes utilizar cada vez una palabra distinta.

1 ¿_____ es la comida en España?
2 ¿_____ suelen comer en un restaurante?
3 ¿_____ tenedores tienen los restaurantes más caros?
4 ¿_____ está la carta con los precios?
5 ¿_____ porcentaje de la cuenta se suele dar de propina?
6 ¿_____ se puede comer en los restaurantes de horario continuo?
7 ¿_____ se come tan tarde en España?

D 🎧 Sin mirar el artículo, utiliza tus respuestas a las preguntas completas para hacer / grabar una presentación de un minuto sobre los restaurantes en España.

4.5 Comer fuera de casa de forma sana

Muchos europeos que llevan una vida demasiado ajetreada no tienen tiempo para hacer la compra o cocinar. La grabación ofrece unos consejos prácticos.

A 🎧 Escucha la grabación. Se mencionan los aspectos siguientes de la comida. Ponlos en orden según la grabación.

1 pescado
2 legumbres
3 el tamaño sí importa
4 calidad y cantidad
5 féculas
6 condimentos

B 🎧 Mira las imágenes de comestibles. Muchos de éstos – pero no todos – se mencionan en la grabación. Escucha otra vez y escribe el número de los comestibles que no se mencionan.

	food/problem	suggestion/extra info
1		
2		
3		
4		
5		
6		

C 🎧 Escucha otra vez. Copia y rellena la tabla. Contesta en inglés.

4.6 La nutrición: los mitos y la verdad

Se dice que 'la comida orgánica es más saludable' y que 'la dieta vegetariana es mucho más sana que la omnívora'. ¿Qué tienen de cierto estos mitos sobre nutrición?

A Para cada una de las frases siguientes, indica si, **según el artículo**, se refiere a la comida orgánica (escribe 'o'), a la comida vegetariana (escribe 'v') o a las dos (escribe 'o+v'), a ninguna de las dos (escribe 'n').

1 Favorece una vida activa.
2 No se sabe con seguridad si esta comida es beneficiosa.
3 No se añade nada.
4 Es beneficiosa para el corazón.
5 Hay que tener en cuenta otras cosas.
6 Hay más de una forma de este régimen.
7 Se cree que es más nutritiva.
8 Es menos cruel para los animales.

B Los sustantivos y verbos siguientes están en el artículo. Busca en un diccionario y escribe la forma que falta.

Comida orgánica, ¿más nutritiva?

La comida orgánica se produce a partir de cultivos y animales desarrollados en sistemas agrícolas que rechazan el uso de aditivos artificiales para piensos.

Esta creencia general de que los alimentos orgánicos son más sanos que los producidos de forma convencional se basa en la suposición que los primeros contienen menos pesticidas y fertilizantes sintéticos y que son más ricos en nutrientes.

Sin embargo, todos los estudios hechos hasta la fecha ni confirman ni desmienten estas afirmaciones. Lo que determina en gran medida las propiedades nutritivas y el sabor de los alimentos es la variedad y las condiciones de crecimiento (suelo, clima ...), independientemente de la manera de su cultivación.

¿Vegetarianismo para vivir más?

Existen muchos tipos de dietas vegetarianas. Las hay que sencillamente excluyen el consumo de carne, pero también existe el extremo que rechaza todo tipo de alimentos de origen animal.

Algunos estudios señalan que los vegetarianos sufren menos enfermedades cardiacas y que, además, tienden a vivir más largo que las personas que siguen una dieta omnívora.

No obstante, es probable que estos efectos beneficiosos se produzcan gracias a que los vegetarianos suelen llevar un estilo de vida mucho más sano en todos los aspectos. Por tanto, una persona con una dieta omnívora que lleve una vida sana podría alcanzar la esperanza de vida de los vegetarianos.

Sustantivo	Verbo
1 la creencia	*Ejemplo:* creer
2	producir
3 la suposición	
4	contener
5 el crecimiento	
6	excluir
7 la cultivación	
8	sufrir
9 el consumo	
10	tender

C

1 Ahora, utiliza las palabras que has escrito en el ejercicio B para construir frases. En cada frase debes utilizar uno de los sustantivos y uno de los verbos – ¡pero no el infinitivo! Haz cinco frases muy distintas.

2 Por turnos, lee las frases que has escrito en el ejercicio 1 a tu pareja. Él / ella tiene que traducirlas al inglés.

4.7 Los alimentos orgánicos: ¿qué te parecen?

Escucha a las cuatro personas que dan sus opiniones.

A 🎧 En la grabación, ¿cómo se dice en español?

1 in my opinion
2 They're much more expensive.
3 They're not harmful.
4 unlike
5 a fad
6 I have to look after myself.
7 all that stuff about …
8 It's of no importance.

B 🎧 Escribe el nombre de la persona que expresa cada opinión sobre los alimentos orgánicos.

1 No van a desaparecer.
2 No le interesan nada.
3 Protegen contra una enfermedad particular.
4 No contienen aditivos dañosos.
5 Son para la gente rica.
6 Protegen contra el cansancio.
7 Son demasiado caros.

C 🎤 ¿Cuál de las cuatro personas dice lo **contrario de** lo que piensas tú? Imagina que contradices a esta persona, y graba tu respuesta. Utiliza tanto como sea posible tus propias ideas y opiniones.

Jaime

Ronaldo

Amparo

Carmen

4.8 ¡Viva la cerveza!

Ocho cosas que quizás no sabías en cuanto a la cerveza.

OCHO HECHOS SOBRE UNA BEBIDA ... ¿SANA?

a Aunque en España consumimos menos cerveza que los ciudadanos de otros países europeos, cada español ya bebe por año unos 59 litros.

b Pero esta estadística está lejos de ser alarmante. Al contrario, el consumo moderado de cerveza es beneficioso para la salud.

c Tiene propiedades que pueden participar en la quimioprotección de varias enfermedades, incluso el cáncer.

d Asimismo, esta bebida favorece la función cognitiva, agilizando significativamente la mente, frente a los abstemios.

e Hay que notar que, al hablar de 'consumo moderado semanal', se trata de dos unidades de cerveza en el caso de las mujeres y cuatro en el de los varones, como máximo.

f Sin embargo, esta bebida se debe acompañar de la comida y no es aconsejable beberla diariamente.

g Tampoco es cierto que el consumo moderado de cerveza induzca un aumento de peso, ni una disminución. Tiene lugar en una dieta sana, ya que aporta carbohidratos, proteínas, vitaminas y minerales.

h Y hay otra ventaja: la ingestión moderada de bebidas fermentadas se asocia a una reducción del riesgo de padecer diabetes mellitas tipo 2. Además, previene la osteoporosis, que ocurre frecuentemente en las mujeres, puesto que el silicio contenido en la cerveza favorece la formación de masa ósea.

¡Salud!

A Empareja las preguntas 1–8 con los párrafos a–h del artículo. ¡Cuidado! Hay una pregunta que sobra.

Ejemplo: 1, g

1 ¿La cerveza hace engordar?
2 ¿Son desventajados los que no beben cerveza?
3 ¿Qué recomendaciones se dan?
4 ¿La cerveza protege contra una enfermedad que afecta los huesos?
5 ¿Cuánta cerveza se debe beber?
6 ¿Hay que preocuparse por estos datos?
7 ¿Por qué las mujeres deben consumir menos cerveza que los hombres?
8 ¿Cómo es el consumo de cerveza en España?
9 ¿La cerveza ayuda a rechazar males?

B 🖊 Ahora, lee este resumen del artículo y rellena cada espacio en blanco con una palabra apropiada.

Cada (**1**) _____, el consumo de cerveza en (**2**) _____ es un poco (**3**) _____ de un litro por persona. Y, a condición de que no se beba (**4**) _____, esta bebida (**5**) _____ ser muy saludable. Los hombres son capaces de consumir una cantidad de cerveza más (**6**) _____ que las mujeres, pero se aconseja no beberla todos los (**7**) _____. Hay otra ventaja: su peso no va a (**8**) _____ – ¡ni disminuir! Además, puede (**9**) _____ el riesgo de padecer varias (**10**) _____.

4.9 Bebidas españolas

¿Qué se bebe en España, cuándo, y por qué?

A 🎧 Escucha la grabación. ¿Cómo se dice en español?

1 to start with
2 it's world-famous
3 you've probably heard of
4 in recent times
5 it's usually drunk

B 🎧 En la casilla tienes los nombres de unas bebidas españolas y sus descripciones. Escucha la grabación otra vez. Luego, empareja cada bebida con la descripción apropiada. Hay una descripción que sobra.

Rioja

Jerez

Cava

cerveza

horchata

sangría

1 se fabrica en más de una región
2 se bebe los días de fiesta
3 se bebe con dificultad
4 hay muchas variedades
5 no se bebe a la cena
6 se hace desde mucho tiempo
7 no contiene alcohol

4.10 La cultura de la delgadez

La obsesión por la delgadez se ha convertido en un problema sanitario.

En mujeres adultas, pero también en jóvenes y adolescentes, es corriente el uso de fármacos riesgosos con el objetivo de adelgazar. Las drogas que inhiben el apetito y eliminan la sensación de hambre suelen ser utilizadas de un modo abusivo y pueden traer dependencia.

El uso de estos medicamentos es parte de una fuerte tendencia que también está en el origen de trastornos como la anorexia y la bulimia. Estas enfermedades afectan principalmente a las chicas jóvenes, aunque hay también varones a quienes perjudican.

La fuente principal de estas afecciones es la búsqueda de un ideal de delgadez que se ha impuesto de un modo irracional en nuestra sociedad. Esta cultura de la delgadez arrasa con la salud, imponiendo una figura ideal cuya realización genera trastornos corporales y psicológicos.

Es la escuela que debe actuar para concienciar sobre el riesgo del modelo de delgadez y de las dietas que se practican para lograrlo.

A 🗐 Las frases siguientes hacen el resumen del artículo, pero en cada una hay una palabra que falta. Completa cada frase con una palabra apropiada, según el sentido del texto.

1 Muchas mujeres están obsesionadas por la idea de ser _____.
2 Sobre todo son las chicas adolescentes quienes arriesgan su _____.
3 El efecto de los fármacos que toman es que no quieren _____.
4 No son solamente las chicas sino también los hombres jóvenes los que son _____.
5 No hay ninguna razón para el ideal que _____ las mujeres.
6 Pueden hacerse daño cuando tratan de _____ una figura ideal.
7 Es la escuela la que debe ser _____ en concienciar a la gente de este problema.

B 🗐 Traduce al inglés las frases completadas del ejercicio A.

C 👥

Persona A: Te preocupas por alguien de tu familia que usa de fármacos riesgosos con el objetivo de adelgazar. Explica el problema a tu pareja y pide sus consejos.

Persona B: Tratas de ofrecer consejos a tu pareja.

4.11 Adelgazar sin riesgos

Mantenerse delgado puede ser beneficioso para la salud, pero ojo con los peligros.

A Antes de escuchar la entrevista con Juan Carlos Casado, busca en el diccionario el sentido de las siguientes palabras.

1 la alcachofa
2 adolecer
3 el calcio
4 equilibrado
5 el grano
6 los hidratos de carbono
7 el hierro
8 el inconveniente
9 la ingesta
10 la paja
11 el régimen
12 renal

B Escucha con atención la grabación y rellena los espacios en blanco en estas frases.

1 Hay que separar el _____ de la _____.
2 Esos planes de _____ son un puro _____.
3 La dieta vegetariana se considera normalmente como el _____ de la comida _____.
4 Estos regímenes _____ de la falta de _____.
5 Al reducir la _____ de hidratos de _____ se acaba perdiendo _____.
6 Hay una lista_____ de _____ derivados de _____ a esta dieta.
7 Adelgazar_____ esfuerzo, _____ físico y_____ a comer.
8 Se adelgaza comiendo _____ e _____, y no _____ la boca.

C Escucha otra vez la grabación. Diseña una tabla con dos títulos:'La dieta vegetariana' y 'La dieta Atkins'. Mira los riesgos en la casilla, y copia cada uno en la tabla bajo la dieta apropiada.

falta de calcio

halitosis

alto nivel de colesterol

falta de hierro

alto nivel de ácido úrico

náuseas

daños renales

4.12 La obesidad infantil: un problema creciente

El porcentaje de niños obesos en España está en aumento. ¿Cómo reaccionar?

La obesidad infantil en España se ha duplicado en los últimos 15 años y se prevé que aumente de forma 'escandalosa'. Puede que la pérdida de la dieta mediterránea y la vida sedentaria de los niños sean las causas principales de este incremento. La obesidad ahora la sufre el 10% del colectivo infantil.

España es el cuarto país en el ránking europeo de obesidad infantil, por detrás de Italia, Malta y Grecia. Otros países como Gran Bretaña han visto como en 15 años la obesidad de su población se duplicaba. No obstante, el país con mayor obesidad infantil sigue siendo Estados Unidos, donde el 14% de niños sufren esta alteración. Es dudoso que veamos una solución a este problema a corto plazo.

La Organización Mundial de la Salud ya la ha calificado como la 'epidemia del siglo XXI'. La obesidad incrementa el riesgo de sufrir apneas del sueño durante la infancia y enfermedades cardiovasculares y diabetes en el adulto.

Se recomienda a los padres que promuevan una dieta variada para sus hijos, y que recuperen la dieta mediterránea con el consumo de fruta, legumbres, cereales y pescado. Se propone también que eviten que los pequeños coman delante del televisor y piquen entre comidas. Otra medida es incentivar a los niños para que practiquen deportes.

A Escoge entre las expresiones de la casilla las que más convengan para completar las frases 1–7. ¡Cuidado! Hay una expresión que sobra.

1 En España el número de niños obesos _____ en algunos otros países europeos.
2 Este problema _____ por falta de ejercicio.
3 De cada diez niños españoles _____ de obesidad.
4 En Gran Bretaña el problema _____ que hace 15 años.
5 Es muy posible que un niño obeso _____ cuando sea adulto.
6 Para que tenga buena salud _____ lo que comen los jóvenes.
7 Se recomienda _____ una vida más activa.

a es dos veces más grave

b se ha aumentado

c esté enfermo

d no se ve

e que la joven generación lleve

f se debe cambiar

g uno sufre

h no es tan serio como

B Estos sustantivos se utilizan en el artículo. Busca el verbo que corresponde a cada uno.

Sustantivo	Infinitivo del verbo
alteración	1
consumo	2
pérdida	3
riesgo	4
sueño	5
vida	6

C En las frases siguientes, rellena los espacios en blanco con la forma adecuada del presente de uno de los verbos que has anotado en el ejercicio B. Si es necesario, cambia la forma del verbo.

1 Muchos niños _____ cosas malas.
2 La salud de su hijo _____ porque come una dieta sin fruta y legumbres.
3 Mi hermana _____ mucho tiempo leyendo libros de régimen.
4 ¿Por qué _____ tu vida comiendo esta basura?
5 ¡Mi madre me dice que yo _____ en voz alta!
6 Si seguimos comiendo así, no vamos a _____ muchos años.

D

Traduce al inglés el último párrafo del artículo.

4.13 Abuso de drogas para adelgazar

Muchos periódicos utilizan las mismas agencias de prensa como fuentes de información. Lee el reportage siguiente, que parece algo a uno que ya has visto en otra publicación, pero con otro énfasis.

La Argentina se encuentra en el segundo puesto mundial en la utilización de drogas que inhiben el apetito y eliminan la sensación de hambre. Estas sustancias se usan de un modo abusivo y pueden traer dependencia.

El uso de drogas para adelgazar está en el origen de trastornos como la anorexia y la bulimia. Está extendido entre las mujeres adultas, pero también las adolescentes las están utilizando de un modo no siempre controlado. Por su parte, la anorexia y la bulimia afectan principalmente a las chicas jóvenes y adolescentes, aunque también afectan a chicos y mujeres.

La fuente principal de estas afecciones es la búsqueda de un ideal de delgadez que se ha impuesto de un modo irracional en nuestra sociedad. Esta cultura de la delgadez impone una figura ideal cuya realización genera trastornos corporales y psicológicos.

Lo que se necesita es una intervención destinada a concientizar a la gente, sobre todo a las adolescentes, de los riesgos del abuso de medicamentos. Así pueden rechazar imágenes impuestas y evitar drogas y conductas que afectan a la salud.

La obsesión por la delgadez se ha convertido en un problema de salud. El foro público y el colegio deben actuar para informar a la gente de los riesgos del modelo de delgadez y de las dietas que se practican para lograrlo.

A 📋 Lee el texto y contesta a las preguntas en español.

1 ¿Cuáles son los efectos principales de las drogas para adelgazar?
2 ¿Cuáles son los trastornos que se pueden experimentar?
3 ¿Qué grupo social se encuentra más afectado por estos trastornos?
4 ¿Por qué se utilizan estas drogas?
5 ¿Cuál es el resultado principal de esta obsesión con la delgadez?
6 ¿Qué se propone como solución?

B 📋 Traduce los últimos dos párrafos del artículo al ingles.

C

I Mira la foto. Apunta tus reacciones y tus ideas sobre la foto, por ejemplo:

- ¿Qué te parece la mujer?
- ¿Qué te gusta y no te gusta en la foto?
- ¿Qué está pensando la mujer?
- ¿Qué pasó antes de sacar la foto?
- ¿Qué pasó después de sacar la foto?

2 Ahora haz una presentación de tus ideas a tu pareja o a la clase.

D

Trabaja con tu pareja. Tenéis que inventar y hacer una conversación entre la mujer en la foto y su novio, o entre la mujer y su madre.

4.14 Diez consejos para rechazar la obesidad

Una revista para chicas ofrece estos diez consejos para llevar una dieta sana y equilibrada.

A 📄 Empareja cada uno de los diez consejos con la más apropiada de las sugerencias suplementarias a–k. ¡Cuidado! Hay una sugerencia suplementaria que sobra.

1 Come cada día a la misma hora.
2 Resiste la tentación de comer impulsivamente.
3 No compres alimentos que tienen poco valor nutritivo.
4 No comas solo / sola.
5 En vez de comer, trata de hacer alguna ocupación.
6 Come despacio y mastica bien.
7 Cuidado cuando vas a fiestas, bodas, etc..
8 Haz esfuerzo físico al aire libre.
9 Pésate una sola vez a la semana.
10 No olvides que la obesidad es más que sólo una enfermedad.

a Procura evitar el alcohol y los postres dulces.
b Pasea durante 30–60 minutos al día.
c Condiciona la aparición de muchos otros problemas de salud.
d No 'picar' a todo momento.
e No comas nunca comida muy picante.
f Haz un puzzle o lee un libro.
g Si tienes hambre, come una fruta.
i Traga un bocado antes de tomar otro.
h Hazlo siempre en las mismas condiciones (ropa, hora, báscula).
j Cena con amigos.
k No gastes tu dinero en helados, patatas fritas, etc..

B 📄 🗨 Los verbos y sustantivos en la tabla siguiente se encuentran en los diez consejos. Rellena los espacios en blanco de la tabla con las palabras apropiadas.

Verbo	Sustantivo
1 *Ejemplo:* alimentar	el alimento
2 leer	
3	la tentación
4 cenar	
5	la ocupación
6 pasear	
7	el esfuerzo
8 pesar	
9	la aparición
10 comprar	

C 📄 🗨 En cada una de las frases siguientes falta una palabra. Para rellenar los espacios en blanco, escribe la forma correcta de la palabra más apropiada del ejercicio B. ¡Cuidado! Hay varias palabras que sobran.

1 ¿Con qué _____ a tus hijos, Carmen?
2 ¿Crees que una ocupación como la _____ ayuda a disminuir el hambre?
3 ¿Cómo _____ tu tiempo libre?
4 Suelo dar un _____ todos los días pero todavía peso demasiado.
5 Me _____ por no comer tanto.
6 Cada vez que voy de _____ gasto dinero en chocolate y dulces.
7 Me enoja la publicidad para adelgazar que _____ por la tele.

D 🗨 Lee otra vez los consejos del ejercicio A. Escoge los **tres** consejos que te parecen los más útiles y graba tu opinión. Habla durante unos dos minutos.

Prácticas

1 Study the grammar section on **adverbs** on page 164, and re-read 4.1 *La cocina española*.

A Note down all the adverbs and adverbial phrases in the text.

B Complete the answers to the following questions, using an adverb or adverbial phrase whose meaning is **opposite** to the word(s) given in italics.

1 ¿Vive *cerca*? No, vive _____.
2 ¿Este plato se cocina *despacio*? No, se cocina _____.
3 ¿Pedro está *fuera*? No, está _____.
4 ¿Tu madre conduce *deprisa*? No, muy _____.
5 ¿Te sientes *mejor*? No, me siento mucho _____.
6 ¿Las entradas cuestan *mucho*? No, cuestan _____.
7 ¿El Barça ha jugado *bien*? No, muy _____.
8 ¿Tu piso está *arriba*? No, está _____.
9 ¿Vas *siempre* al teatro? No, _____.
10 ¿Has hecho este ejercicio *con mucha dificultad*? No,!_____!

2 Study the grammar sections on **direct** and **indirect pronouns** on page 166 and listen again to 4.2 *Tres generaciones de la misma familia hablan de su dieta*.

A Find the Spanish for the following.

1 She prepared the food for me.
2 I told her what I liked.
3 She gave them the same food
4 I lacked for nothing.
5 She cooked for us.
6 my mother often says to us
7 I'm giving you healthy food.
8 You reject it.
9 I don't understand it!
10 She tells me off.
11 We like hamburgers.

B Translate into Spanish.

1 I used to prepare food for them.
2 She told me what she liked.
3 We gave them the same food.
4 They lacked for nothing.
5 We cooked for him.
6 We often say to her…
7 My parents don't listen to me.
8 They nag us.

3 Study the grammar section on **radical-changing verbs** on page 188, and listen again to 4.7 *Los alimentos orgánicos: ¿qué te parecen?*

A Make a list of all the radical-changing verbs that you can hear in the recording.

B Copy and complete the following table with the appropriate form of the verb in the present tense.

piensas	1 (nosotros) _____
queremos	2 (tú) _____
tengo	3 (ellos) _____
suele	4 (vosotros) _____
puedo	5 (él) _____
ponemos	6 (yo) _____
vengo	7 (Vds) _____

4 Study the grammar section on **demonstrative adjectives** on page 168, and listen again to 4.11 *Adelgazar sin riesgos*.

A Find the Spanish for the following.

1 There are hundreds of these diets.
2 those (eating) regimes
3 to follow that diet
4 What about those superfat diets?
5 this problem of overweight

B Translate the following sentences into Spanish.

1 This man is obese.
2 Those women (over there) are slim.
3 These girls are not interested in food.
4 These sandwiches are full of fat.
5 This hamburger is delicious.
6 I don't like all these diets!

5 Study the grammar section on the **present subjunctive** on page 178 and re-read 4.12 *La obesidad infantil: un problema creciente.*

A Identify and write down the verbs which are in the present subjunctive in the article *La obesidad infantil: un problema creciente.*

B Translate the following sentences into Spanish.

1 It is anticipated that we shall see a solution.
2 Perhaps we shall rediscover the Mediterranean diet.
3 It is suggested that we do not eat in front of the television.
4 It is recommended that we don't snack between meals.
5 It is doubtful that we can avoid obesity.
6 It is recommended that we practise sport.

6 Study the grammar section on **reflexive verbs in the present and perfect tenses** on page 181, and re-read 4.13 *Abuso de drogas para adelgazar.*

A Note all the examples of reflexive forms in both the present and perfect tense in the article *Abuso de drogas para adelgazar.*

B Translate the following sentences into Spanish.

1 He found himself in Madrid.
2 These substances were used in an abusive manner.
3 The culture of thinness is imposed irrationally.
4 A solution to this problem was needed.
5 The problem is changing into an obsession.
6 Many diets have been followed.

7 Study the grammar section on the **polite imperative** on page 181 and re-read 4.14 *Diez consejos para rechazar la obesidad.*

A Copy and complete the table with the polite singular and plural imperative forms for the verbs listed.

	Infinitive	Polite singular imperative	Polite plural imperative
Example: 1	venir	venga Vd.	vengan Vds.
2 comer			
3 comprar			
4 subir			
5 hacer			
6 decir			
7 ir			
8 poner			
9 salir			
10 dar			
11 oír			
12 tener			

B Now translate these bad temptations into Spanish, using the polite form of the imperative.

1 Don't weigh yourself, sir.
2 Don't make any physical effort, ladies.
3 Eat quickly, Madam.
4 Drink lots of beer, gentlemen.
5 Go to lots of parties, Miss.
6 Don't avoid sweet desserts, everyone.
7 Don't walk, ladies – go by car!
8 Buy some sweets, sir.
9 Don't forget to eat all the potatoes, Madam.
10 Don't do anything, young ladies, it's bad for your health.

8 Study the section on **familiar imperatives** on page 181 before doing the following exercises.

A Translate the following short sentences into Spanish, using the familiar forms of the imperative, in the singular or plural as indicated in brackets.

1 Eat (singular) an apple!
2 Don't buy (plural) sweets!
3 Go (singular) for a walk!
4 Read (plural) a book!
5 Choose (plural) a magazine!
6 Don't spend (plural) all your money!
7 Don't believe (singular) what they say in the newspapers.
8 Help (plural) your parents!
9 Feed (singular) the children!
10 Carry on! (singular)

B Complete each of the following sentences, using the familiar imperative form of the most appropriate verb in the box.

1 ¡No _____ perezoso, Miguel!
2 ¡_____ un esfuerzo, chicos!
3 ¡_____ con Dios, amigo!
4 ¡No _____ vuestros libros!
5 ¡_____ la verdad, Rafa!
6 ¡_____ menos cerveza, chicas!
7 ¡_____ una revista, Nuria!
8 ¡_____ a la tentación, mis hijos!
9 ¡_____ los libros en la mesa, Carlos!
10 Si queréis aprender, ¡_____ este curso de español!

resistir	beber
decir	escoger
poner	ir
estudiar	ser
hacer	olvidar

Unidad 5

Los deportes en España

5.1 Puntos de vista

Los deportes: ¿qué significan para ti? Escucha a tres jóvenes que dan su opinión.

A 🎧 ¿Quién es? ¿Alberto, Isabel o Fernando?

1 Recomienda algo.
2 Menciona los riesgos.
3 Compara dos deportes.
4 Se queja.
5 No se interesa por los deportes.
6 Describe lo que ha visto.

B 🎧 Escucha a Alberto otra vez. En el resumen siguiente de lo que dice hay varias palabras que faltan. Rellena cada espacio en blanco con una palabra apropiada.

A Alberto los deportes no le (**1**) _____. En su opinión, los que los hacen (**2**) _____ su tiempo. (**3**) _____ veces, uno puede hacerse (**4**) _____, y los efectos quedarán para (**5**) _____.

C 🎧 ✍ Escucha a Fernando otra vez. ¿Estás de acuerdo con lo que dice? Escribe un correo electrónico al programa de radio. Menciona todos los puntos que hace y da tu opinión de una manera apropiada.

5.2 La campeona de la clase

Patricia tiene una resolución de hierro para realizar su ambición.

Patricia Céspedes, gimnasta

El ritmo en la sangre

Patricia lleva cuatro años haciendo gimnasia rítmica y ya ha saboreado el éxito. Pero también ha conocido lo peor de este deporte: la envidia. Para ella, eso es más duro que el resto de los sacrificios que acarrea esta disciplina, y que han llevado a otras gimnastas a denunciar el 'insoportable' régimen de la vida de alta competición.

Esta madrileña, que sueña con ser olímpica, prefiere no hablar de las puñaladas recibidas y seguir adelante: la gimnasia para ella es lo primero.'Creo poder superarlo, tengo fuerzas para eso y para más. Ahora soy una persona feliz, antes no lo era.

Patricia desconoce el significado de la palabra agotamiento. Entrena diariamente tres horas, incluidos los sábados. Hace 120 kilómetros diarios, entre desplazamientos de idas y vueltas, porque vive muy lejos del lugar donde entrena.

Si bien el deporte es lo que más le interesa, no descuida los estudios. Su nivel de responsabilidad, para compaginar ambas ocupaciones, deja boquiabierto a más de uno.'No creo en el sacrificio si disfrutas con lo que haces. Lo llevo muy bien. Cuando llego a casa hago la tarea y no me importa quedarme estudiando hasta las dos de la madrugada.' Excelente alumna, la gimnasta tiene claro que de mayor seguirá una carrera universitaria.

A 📄 Escoge la palabra que más convenga para completar estas frases. Escribe (a), (b) o (c).

Ejemplo: 1, c

1 Patricia hace gimnasia rítmica desde (a) 6 (b) 9 (c) 4 años.
2 Lo más difícil para ella es que muchas otras gimnastas son (a) insoportables (b) competitivas (c) celosas.
3 Patricia tiene mucha (a) ambición (b) duda (c) suerte.
4 Cada semana, Patricia viaja (a) 720 (b) 600 (c) 840 kilómetros.
5 Lo que hace (a) enoja (b) sorprende (c) encanta a los otros.
6 Patricia (a) estudia (b) ayuda (c) duerme poco en casa.
7 Quiere seguir (a) viajando (b) estudiando (c) entrenando cuando sea más grande.

B 📄 Las frases siguientes del texto se pueden escribir de otra manera. Rellena los espacios en blanco de las versiones 'b' con una palabra apropiada.

1a Esta madrileña, que sueña con ser olímpica…
1b Patricia, que _____ en la capital de _____, _____ la ambición de participar en los _____ olímpicos.
2a Entrena diariamente , incluidos los sábados.
2b Entrena tres horas _____ los días, a excepción del _____.
3a No me importa quedarme estudiando hasta las dos de la madrugada.
3b No es _____ si tengo que _____ hasta muy _____.

C 📄 Traduce al inglés el último párrafo del artículo.

5.3 Rafita Mirabal – niño torero

Ser torero: ¿es una ocupación apropiada para un niño de nueve años?

¿Quién es más cruel? ¿El niño de 9 años que torea en México o quiénes permiten que se exponga a morir?

Éstas son preguntas que se formulan tras leer la nota que da cuenta de este nuevo fenómeno de las plazas mexicanas y que es presentado como una verdadera figura del 'arte taurino'.

El niño es ya toda una figura del toreo y causa sensación por la intuición que tiene delante del toro, e hizo las delicias de la gente en el festejo del pasado sábado en San Miguel Allende.

Con sólo nueve años, el niño mexicano Rafita Mirabal se ha convertido en la nueva sensación del toreo en México.

Rafael fue paseado a hombros en una nueva tarde de éxito que sumó a la que protagonizó la semana pasada en la feria de Texcoco. En un país de fuerte tradición taurófila, que tiene una de las plazas más importantes del mundo, la Monumental de México, Rafita se destaca por su corta edad. Muchos novilleros apenas empiezan a salir al ruedo a los 14 o 15 años.

El niño incluso ya ha sido corneado por uno de los animales, aunque no resultó con heridas graves.

A ¿Cómo se dice en español?

1 those who allow him to risk death
2 questions which arise
3 he delighted the people
4 He was carried shoulder-high.
5 a country with a strong bullfighting tradition
6 He stands out because of his youth.
7 He has already been gored.
8 He was not seriously injured.

B Copia y completa la tabla.

Forma del verbo en el texto	Infinitivo del verbo	Lo que significa en inglés
permiten	1a	1b
exponga	2a	2b
es presentado	3a	3b
hizo	4a	4b
se ha convertido	5a	5b
fue paseado	6a	6b
protagonizó	7a	7b
se destaca	8a	8b
ha sido corneado	9a	9b

C

Torear a la edad de 9 años es algo emocionante, y cada pueblo debe tener un Rafita para ser ejemplo para los otros niños. ¿Estáis de acuerdo, o no?

Trabajando en parejas, escribid una lista de opiniones, o para defender la idea de torear a corta edad o para refutarla.

5.4 La niñez de un campeón de tenis: Rafael Nadal

Hoy en día Rafael Nadal es un tenista famoso. Escucha a un periodista que describe al futuro campeón a la edad de once años.

A Responde V (= verdadera), M (= mentira) o N (= no se dice) a las frases siguientes.

Ejemplo: 1, M

1 Rafael no tomaba en serio el tenis hasta la edad de cinco años.
2 A Rafael no le gustaban sus profesores.
3 Después de cumplir seis años su vida no se desarrollaba con espontaneidad.
4 Pasaba todos los días estudiando.
5 No sabemos lo que hacía Rafael el domingo.
6 Opinaba que las chicas eran tan tontas como su hermana.
7 Sus estudios no eran sobresalientes.
8 Ya sabía que no tenía ganas de ir a la universidad.
9 Rafael tenía gran afición a los pasatiempos corrientes.
10 Las chicas no le interesaban nada.

B Escucha la grabación otra vez. ¿Cómo se dice en español?

1 He liked tennis.
2 He trained in the afternoon.
3 He played football.
4 He passed all the subjects.
5 His life revolved around tennis.
6 He had a great time.

C Antes de hacer la entrevista con Rafael, el periodista había preparado sin duda muchas preguntas. ¿Puedes escribir cinco preguntas cuyas respuestas se encuentran en la grabación?

5.5 Nadal es más que una estrella

Ahora que el tenista es adulto, se espera más de él.

En el deporte, que espera un nuevo mesías en cada generación, Rafael Nadal tiene todos los números para convertirse en algo más que una estrella. Estamos ante un tenista que dispone de una extrema capacidad competitiva y de una singular serenidad para afrontar retos de gran calibre.

Pero a diferencia de sus predecesores de la última generación, Nadal no pretende acotar sus habilidades. Recientemente declaró que su objetivo es conquistar Wimbledon algún día. Esto habla de su ambición y de su voluntad de dominar el mundo del tenis. No quiere ser un gran jugador. Quiere ser el mejor del planeta y marcar una época, si es posible. Todo esto le convierte en una estrella emergente del deporte, no sólo del tenis.

Ahora se enfrenta a un salto vertiginoso: convertirse en un ídolo de masas, en una estrella pop, pues ése es el papel que ahora cumplen las figuras que son algo más que estrellas del deporte. En la pista, Nadal ha demostrado una entereza imprevista en un chico tan joven. También tendrá que demostrarla fuera de las canchas, tras su coronación como nuevo héroe del deporte, con toda la carga que eso significa.

A En el artículo, ¿cómo se dice en español?

1 He 'ticks all the boxes'.
2 is armed with
3 to meet challenges
4 unlike
5 to put limits on his abilities
6 he is facing
7 on court
8 an integrity
9 away from the courts
10 the burden

B El periodista ha escrito algunas notas breves antes de escribir su artículo, pero están mal ordenadas. Ponlas en el orden correcto.

1 maduro cuando juega
2 no se parece a los que vinieron antes
3 responsabilidades futuras
4 calidades excepcionales
5 no acepta límites
6 tranquilo delante de un desafío

C

1 Los sustantivos siguientes se encuentran en el artículo. Para cada sustantivo escribe el adjetivo correspondiente.

2 Ahora, escribe siete frases distintas, tocando el tema del artículo, utilizando cada vez uno de los adjetivos que has escrito. Tendrás que usar la forma apropiada de cada adjetivo.

Después, por turnos, di tus frases a otro miembro del grupo, que tiene que traducirlas al inglés.

Sustantivo	Adjetivo
la capacidad	1
la serenidad	2
la habilidad	3
la ambición	4
el deporte	5
la entereza	6
el héroe	7

5.6 El fútbol en España: ¡más que un deporte!

El fútbol en España es más que un deporte; es casi una religión para los aficionados.

El país se paraliza y las calles se quedan desiertas cada vez que hay un partido importante de la Selección Nacional. Para aquéllos que no lo viven con esa pasión, es el momento perfecto para ir al cine, dar un paseo o ir de compras. A ningunos de estos desapasionados se le ocurre ir a un bar o a una cafetería: están llenas de gente viendo el partido por la tele, escuchándola por la radio y gritando en cada lance importante del juego.

El fútbol no sólo produce diversión, sino muchísimo dinero. Los clubes de fútbol compran y venden jugadores a precios que pueden asombrarnos a todos. El fútbol trae también problemas. La violencia relacionada con el fútbol ha crecido en los últimos años. Miles de policías se encargan de la seguridad en los estadios y fuera de ellos (¡y todos los ciudadanos pagamos por ello!). Algunos de los seguidores de los equipos son neo-nazis y cuando hay un partido que enfrenta a dos clubes con enconada rivalidad como Madrid-Barcelona, Betis-Sevilla, Bilbao-Real Sociedad, siempre hay problemas.

A Las frases siguientes resumen el sentido del texto. Empareja las segundas partes a las primeras. ¡Cuidado! Hay una segunda parte que sobra.

1 Entusiasmarse por el fútbol es …
2 Los chóferes no encuentran colas de coches los días de …
3 Es el momento perfecto de hacer …
4 Para los que no se interesan por el fútbol no se aconseja …
5 El aspecto económico del fútbol es …
6 Por desgracia pueden ser peligrosos …
7 Tienen que pagar también …
8 A menudo se encuentra el racismo cuando …

a ir de copas
b se disputa un 'derby'
c los estadios llenos de gente
d un partido importante
e los que no se interesan al fútbol
f ser forofo
g una pasión nacional
h muy poderoso
i otro pasatiempo

B Los sustantivos siguientes están en el texto. Escribe el adjetivo que corresponde a cada uno.

Sustantivo	Adjetivo
el deporte	1
la dificultad	2
la diversión	3
la pasión	4
la policía	5
el precio	6
el problema	7
la religión	8
la rivalidad	9
la seguridad	10

C 🎧 Ahora rellena los espacios en blanco de las frases siguientes con uno de los adjetivos que has escrito. Cambia la forma del adjetivo si es necesario, pero no debes utilizar ningún adjetivo más de una vez.

1 Creo que es _____ justificar las cantidades de dinero que reciben los jugadores de fútbol.
2 Para los partidos Betis–Sevilla hay siempre una gran presencia _____.
3 Los partidos de fútbol pueden ser muy _____,

¡sobre todo si tu equipo gana!
4 Hoy en día, el aspecto _____ del fútbol es menos importante que el aspecto comercial.
5 Mi mujer no comprende por qué los forofos son tan _____.
6 Es _____ que el Manchester United es superior al Real Madrid.
7 Mi hermano sigue su equipo con una pasión casi _____.

5.7 Mónica – forofa del fútbol

En este deporte tradicionalmente masculino, hay cada vez más mujeres que se apasionan por ello.

A 🎧 Escucha a Mónica, luego lee las frases siguientes. Para cada una, escribe V (= verdad), M (= mentira), o N (= no se menciona).

1 A Mónica siempre le ha gustado el fútbol.
2 Cree que las mujeres saben tanto de fútbol como los hombres.
3 Suele ir al estadio con su marido.
4 El fútbol es el único deporte que le apasiona.
5 Una vez se escondió de su mejor amiga.
6 La manera en que se comportan los jóvenes en el estadio le da miedo.
7 Ir al partido le da mucha tensión.
8 Lo que más le atrae es el aspecto físico de los jugadores.

B 📄 🎧

1 Los verbos de la casilla se utilizan en el texto. Busca un sustantivo que corresponde a cada uno de estos verbos. Utiliza un diccionario si quieres.

respetar	vivir
apasionar	comportarse
discutir	divertirse
emocionar	encontrar

2 Rellena los espacios en blanco, utilizando los sustantivos que has buscado en el ejercicio A. Debes utilizar cada uno solamente una vez. Cambia la forma del sustantivo si es necesario.

1 Los forofos del Barça no muestran mucho _____ por el Real Madrid.
2 A Mónica le gustan las _____ sobre el fútbol.
3 Algunas veces las _____ que experimenta son insoportables.
4 Hay muchos que creen que la _____ de un futbolista es bastante fácil.
5 El _____ de ciertos jóvenes en el partido es lamentable.
6 Para Mónica el fútbol es una _____ para siempre.
7 En España el fútbol es la _____ más popular de todas.
8 Los _____ entre los dos clubes más grandes de España son siempre interesantes.

3 Ahora traduce al inglés las frases que has completado en el ejercicio B.

C 👥

Persona A: Eres gran aficionado / a al fútbol y dos entradas, muy difíciles de conseguir, para partido entre el Barça y el Real Madrid. Invit amigo / a a acompañar

Persona B: No te gusta mucho el fútbol hacer otra cosa (ir al cine o a la discote quieres ofender a tu amigo / a pero no muchedumbres. Trata de convencer a que haga lo que quieres tú.

5.8 La rivalidad entre el Real Madrid y el Barcelona FC

Las rivalidades en el deporte son muy comunes, pero esta rivalidad anda más allá del fútbol.

Viviendo en la España de estos tiempos, es difícil no enterarse de que hay o ha habido un partido de fútbol entre el Real Madrid y el Barça, el apodo famoso del CF de Barcelona. Pero ¿de dónde viene esta rivalidad?

Los números dicen que entre ambos clubes se reparten el setenta por ciento de los campeonatos de liga disputados hasta la fecha (con una clara ventaja para el Real Madrid) y este motivo debería bastar para mantener una lucha por la supremacía deportiva pero estas razones son mucho más profundas.

Muchos barceloneses y catalanes se toman al Barça como estandarte deportivo de su región y cada victoria se convierte en una exaltación de su orgullo nacionalista. Esto, por un lado le ha valido al Barcelona CF la lealtad inquebrantable de sus paisanos pero ha resultado en un sinnúmero de aficionados del resto de España que no ven con buenos ojos el despliegue de banderas catalanas o el canto del himno en catalán.

En el lado contrario, el Real Madrid, equipo de la capital, intenta desmarcarse de ese localismo y se atreve a afirmar que ellos son el estandarte del fútbol español y que cada Copa de Europa que ganan la ganan para España.

¿Cómo se dice en el en español?

·day

...ber of fans
· loyalty
...w of
...n
...from
...

...en el orden
...lo.

...zones
...

...nte

3 El Barça es el apodo de un club catalán conocido por todos.
4 La popularidad del Barça no se extiende al resto del país.
5 Los catalanes son muy orgullosos en cuanto a su región.
6 El Real Madrid y el Barça han ganado la liga más veces que los otros clubes españoles.

C 📄  **Según el sentido del artículo, rellena los espacios en blanco de estas frases, utilizando cada vez una sola palabra.**

1 Para los _____ es casi imposible no _____ cuando habrá un partido entre el Real Madrid y el Barça.

2 El Real Madrid ha ganado _____ campeonatos que su _____ catalán.
3 Estos dos clubes han ganado la _____ de los campeonatos que se han _____.
4 Sin embargo, hay muchas otras _____ que explican porque cada uno de estos clubes _____ tanto para dominar el _____.
5 Los catalanes son muy _____ de su región, lo que no les _____ a muchos otros españoles.
6 El Real Madrid se ve como un club _____; cada vez que gana, es para su _____ entero.

5.9 El baloncesto

Escucha esta parte de un coloquio en la radio sobre el baloncesto con un entrenador de un equipo español de baloncesto.

A 🎧 ¿Cómo se dice en español?

1 television channel
2 It's a shame.
3 I'm convinced
4 I'd like to know
5 appetite for the game
6 who could learn from your humility

B 🎧 ¿Cuáles de las frases siguientes describen correctamente las actitudes de Carlos Ibañez en cuanto al baloncesto? Para cada frase, escribe V (= verdad) M (mentira), o N (no se menciona). ¡Cuidado! Hay una frase que sobra.

1 El deporte del baloncesto está en crisis.
2 Los números de espectadores de baloncesto están creciendo paulatinamente.
3 Sobre todo, Ibáñez valora el talento en un jugador.
4 Para tener éxito hay que trabajar y esforzarse.
5 El baloncesto es más popular que el fútbol.
6 No cree que es posible aprender de un jugador.

C 📝 🗨 Corrige las frases incorrectas del ejercicio B.

5.10 El ciclismo – herido de muerte

Un ciclista profesional español explica por qué no podía participar en el
Tour de Francia.

El ciclista español Alberto Contador no pudo disputar el Tour de Francia cuando la organización de la carrera impidió la participación de todos los ciclistas que aparecían en el sumario de una operación contra el dopaje, la Operación Puerto.

Su equipo no reunió al mínimo de corredores para partir en la prueba, ya que en su alineación había varios ciclistas vinculados con la investigación. Contador, que no estaba entre ellos, tuvo que volver a casa.

En esos días extraños, hizo pública una carta donde expuso su concepción de la bicicleta, del ciclismo.

'Queridos seguidores y queridos aficionados al ciclismo,

Hace dos años me apoyasteis cuando en la Vuelta a Asturias peligraba mi vida personal y profesional. Más recientemente, compartí con vosotros la realidad de mi recuperación.

Por todo ello y porque me animasteis con vuestros gritos o al ver mi nombre en la carretera, me siento en la obligación de deciros cómo me siento.

Por casualidad del destino me aficioné a la práctica del ciclismo e hice mi elección: sacrificio, esfuerzo, sufrimiento y renuncia a vivencias de mi juventud, a cambio de hacer algo con lo que disfruto y me siento privilegiado y orgulloso: llegar a ser ciclista profesional.

Deseo deciros que en estos momentos me siento triste, desilusionado, impotente y no sé cuantos calificativos más, que por innumerables que fueran serían incapaces de haceros imaginar mi estado de ánimo.

Estoy convencido de que mi vida futura estará marcada por lo sucedido estos días, pero trataré de quedarme con lo bueno y seguiré trabajando y esforzándome para haceros disfrutar de un deporte tan hermoso como el ciclismo.

A vosotros, jóvenes que os iniciáis en este deporte, os animo a compartir algo conmigo: haced del ciclismo un deporte admirado por todos. Y porque creo en un deporte limpio y así lo he practicado, pasados algunos años tendremos la compensación por lo sucedido.

Un abrazo.

Alberto Contador'

A Lee la carta de Alberto Contador, y escoge de las casillas todos los adjetivos que describan mejor su estado de ánimo.

indiferente	desprendido	desdichado	avergonzado
alegre	desgraciado	trémulo	desatento
decepcionado	indeciso	irresoluto	impermeable
despreocupado	aliviado	infeliz	inseguro
despistado	entristecido	obsesivo	armonioso

B 📄 Ahora haz un resumen, en inglés, de

- La situación que resultó en el despido de Contador del Tour de Francia, y
- Su actitud hacia la situación.

5.11   **Normas de conducta para todos los usuarios de las pistas**

Esquiar es muy divertido, pero antes de ir a las pistas hay que tener en cuenta ciertos consejos para evitar problemas.

Normas para esquiar por seguridad

a   Los usuarios de las pistas deben comportarse de modo que no puedan poner a otros en peligro o acarrearles algún perjuicio.

b   Todo usuario de las pistas debe adaptarse a sus capacidades personales, así como a las condiciones generales del terreno y del tiempo.

c   Al hallarse en una posición más elevada con respecto a otros se debe elegir una trayectoria de modo que se preserve la seguridad de los que se encuentren más abajo.

d   Pueden efectuarse por arriba, por abajo, por la derecha o por la izquierda, pero siempre teniendo en cuenta las posibles evoluciones de la persona adelantada.

e   Después de una parada todo usuario debe asegurarse por medio de un examen visual hacia arriba y hacia abajo, de que puede incorporarse a la pista sin peligro.

f   Todo usuario debe evitar pararse en pasajes estrechos o sin visibilidad; en caso de caída, debe retirarse de la pista lo más rápidamente posible.

g   Todo aquel que se vea obligado a remontar o bajar una pista a pie sin esquís debe utilizar el borde de la pista.

h   El usuario debe tener en cuenta las informaciones sobre las condiciones meteorológicas, el estado de las pistas y de la nieve.

i   Toda persona involucrada en un accidente o testigo de éste, debe prestar asistencia, en particular dando la alerta.

A 📄 **Para cada una de las normas a–i, elige el título que más convenga ¡Cuidado! Hay un título que sobra.**

1 adelantamiento
2 respeto al balizaje y a la señalización
3 estacionamiento
4 ascenso y descenso a pie
5 control de la velocidad y de la conducta
6 identificación
7 respeto a los demás
8 ayuda
9 en un cruce de pistas y al iniciar un descenso
10 elección de la dirección por el que se encuentra más arriba

B 📄 ☞ Los sustantivos de la casilla se utilizan en los consejos. Busca el adjetivo que corresponde a cada uno.

Sustantivo	Adjetivo
peligro	1
visibilidad	2
necesidad	3
perjuicio	4
velocidad	5
capacidad	6
seguridad	7

C ☞ Escoge uno de los adjetivos que has buscado en el ejercicio B para rellenar el espacio en blanco en cada una de las frases siguientes. Cambia la forma del adjetivo si es necesario.

1 Cuando hay niebla, las balizas en las pistas no son siempre _____.
2 Mis amigos no son _____ de esquiar por sus piernas rotas.
3 Las montañas pueden ser muy _____.
4 Siempre es _____ llevar ropa caliente.
5 Su hermana es una esquiadora experta; ¡es más _____ que el viento!
6 Nuestros padres no están _____ de si quieran ir a esquiar este invierno.

D 📄 Traduce las frases completas del ejercicio C al inglés.

5.12 Explícame la pelota

Escucha a Enrique que explica a su amigo, Juan, el juego de la pelota.

A 🎧 Aquí tienes las preguntas que Juan ha hecho a Enrique, pero están mal ordenadas. ¿Puedes ponerlas en orden?

1 ¿Cómo se consigue un tanto?
2 ¿Cómo son las pelotas con que juegan?
3 ¿Cuántas formas hay del juego?
4 ¿Dónde se practica la pelota?
5 ¿Desde cuándo se juega la pelota?
6 ¿Qué se debe hacer para ganar?
7 ¿Cuántos jugadores hay?
8 ¿Quién fabrica las pelotas?

B 🎧 ☞ Escucha otra vez a Enrique. Las siguientes frases contienen ciertas palabras que no dice. Reescribe las frases correctamente.

1 La pelota vasca es un juego francés.
2 Se juega sobre todo en el sur de España.
3 Para hablar de las pelotas.
4 ... pero más blandas y ligeras.
5 La pelota se puede jugar con dos o cuatro personas.
6 La pelota tiene varios otros aspectos.

5.13 Los campos de golf – ¿para quién?

El golf: ¿juego de ricos o deporte universal?

En la Región pasamos del golf. Pese a que tenemos doce campos de primer nivel y otros treinta en proyecto, el ochenta y dos porciento de los jugadores son extranjeros, que quieren escaparse del invierno de su propio país, según un informe de la Cámara de Comercio de Murcia.

¿El motivo? Jugar al golf cuesta una pasta. A los no iniciados se les exige un mínimo de quince clases (a cincuenta y cinco euros cada una), federarse y pagar un seguro de sesenta euros al año. Además, el pack de palos para novatos cuesta trescientos euros, aunque se pueden alquilar por veinticinco euros al día. Después de las clases de iniciación, cada sesión de dieciocho hoyos sale por cincuenta y cinco euros.

De los doce campos de golf que tenemos en la Región, diez son privados y cobran setenta euros por recorrer dieciocho hoyos. Aún así, ya hay cinco mil novecientos setenta jugadores federados en Murcia. Los extranjeros que juegan al golf en Murcia, la mayoría ingleses, se dejan de ciento sesenta y cinco a doscientos setenta euros cada día.

Aunque tenemos dos greens municipales, sólo el de Torre Pacheco nos sale económico: veinte euros los dieciocho hoyos. En el de Los Alcázares, se paga lo mismo que si vamos a un privado.

Regar los veintiún campos de golf de la Cuenca del Segura (doce en la Región) genera un gasto equivalente al consumo de doscientos sesenta y siete mil cuatrocientos habitantes al año, según un informe de Greenpeace, con datos del Instituto Nacional de Estadística. Así, en los doce campos de golf que tenemos, el gasto sería equivalente casi al de ciento cuarenta y seis mil doscientos treinta y cuatro habitantes o lo que es lo mismo, once veces el consumo anual de los trece mil trescientos cincuenta y cinco habitantes que tiene Los Alcázares.

A Lee el texto y anota las cifras siguientes.

1 El número de campos de golf en la Región.
2 El número de campos de golf en proyecto.
3 El porcentaje de jugadores extranjeros.
4 El mínimo de clases para los no iniciados.
5 El coste del seguro anual.
6 El coste de un pack de palos.
7 El alquiler diario de un pack de palos.
8 El coste de una sesión de 18 hoyos.
9 El número de campos privados.
10 El número de jugadores federados.
11 El gasto diario de los jugadores ingleses.
12 El coste de una sesión en el green municipal.
13 El gasto equivalente de agua al año para regar los campos en la Región.
14 El gasto equivalente de agua al año con relación al número de habitantes que tiene Los Alcázares.

B Traduce el último párrafo del artículo al inglés.

5.14 La sangre de Fórmula 1

Para ganar la carrera, se necesita mucho más que un buen piloto.

En la Fórmula 1 se habla mucho de chásis, motores y neumáticos, pero muy poco de la sangre que mueve este deporte: la gasolina.

Con este preciado líquido se puede hacer que un piloto gane o pierda una carrera porque es tan decisivo como la elección de gomas o la aerodinámica, según explica Lisa Lilley, directora de Shell.

En su laboratorio móvil de Montmeló se puede ver como se miman los doscientos cincuenta mil litros de gasolina que consume al año cada escudería.

Hasta cuarenta controles de calidad son necesarios para dar el visto bueno al combustible que se utilizará en carrera. Lo mismo ocurre con el aceite.

El laboratorio móvil de Shell cuenta con equipos capaces de detectar niveles de contaminación, lo que se equivale a encontrar una taza de azúcar en el Lago Ness.

El combustible debe estar excepcionalmente limpio por lo que se filtra cada partícula mayor a tres micras, es decir, veinte veces más pequeña que un cabello.

La gasolina se guarda en frío porque ocupa menos espacio, genera más potencia y permite repostar más cantidad en menos tiempo.

Sin embargo, solo se permite enfriarla hasta diez grados menos que la temperatura ambiente. Es una forma de limitar el rendimiento de la gasolina.

La FIA analiza la gasolina de cada escudería para que no haya irregularidades, como ocurre en otros deportes con la sangre de los atletas. 'Los técnicos de la FIA pueden presentarse en cualquier momento y pedir muestras', aseguran en Shell.

A Lee el texto. ¿Qué significan estos números? Explícalos en inglés.

1 250,000
2 40
3 3
4 20
5 10

B Completa estas frases en inglés.

1 Fuel can mean the difference between…
2 Fuel selection is as important as…
3 The levels of contamination they can detect are equivalent to…
4 Fuel is kept cold because…
5 The FIA restrict the level of temperature for fuel storage in order to…
6 The FIA tests on fuel are similar to…
7 FIA technicians can…

Prácticas

1 Study the grammar sections on the **present**, **preterite**, **imperfect** and **future tenses**. Listen again to 5.4 *La niñez de un campeón de tenis: Rafael Nadal*, before writing out the following summary of the recording, choosing the appropriate tense from the three options available. Then translate the passage into English.

Cuando (**1**) tuvo / tenía / tendrá seis años (**2**) empezaba / empezó / empezará a entrenar en serio. Después no (**3**) hizo / hacía / hará. otra cosa. Por la mañana (**4**) estudiará / estudió / estudiaba. Muchas veces (**5**) jugó / jugará / jugaba con sus amigos. El domingo (**6**) se divierte / se divertía / se divirtió con juegos electrónicos. La música no le (**7**) apetecía / apeteció / apetecerá, y la lectura no le (**8**) dice / dijo / decía nada. No (**9**) tiene / tenía / tendrá una buena opinión de las chicas, excepto su hermana porque (**10**) compartía / comparte / compartirá su pasión por el fútbol.

2 Study the grammar section on the **possessive adjective** on page 167, and listen again to 5.7 *Mónica – forofa del fútbol*.

A Write down the Spanish for the following phrases.

1 since my childhood
2 to respect our opinions
3 to discuss with your (familiar) friends
4 I go out with my friends
5 the worst moments of my life
6 my best friend
7 it's my favourite stadium
8 our team
9 I don't understand their motives
10 their reasons don't matter to me

B Translate the following phrases into Spanish.

1 my favourite sport
2 her best friend
3 your (familiar) city
4 our fans
5 his friends
6 her friends
7 the best moments of our life
8 their opinions
9 their matches
10 my reasons

3 Study the grammar section on **pero** and **sino** on page 185, and listen again to 5.7 *Mónica – forofa del fútbol*.

A Complete the following sentences with 'pero', 'sino' or 'sino que', as appropriate.

1 No es que a las mujeres no nos guste el fútbol, _____ la mayoría no conocemos las reglas del juego.
2 No voy muy a menudo al fútbol, _____ cuando voy me lo paso muy bien.
3 Mi pasión no es por el fútbol en sí, _____ por el Real Madrid.
4 Hay algunos que se comportan de forma violenta en el estadio, _____ son pocos.
5 No sé si mi afición por el fútbol es exagerada, _____ con ella no hago daño a nadie.
6 Algunos de mis amigos no comprenden mi afición _____ la respetan.
7 Me desahogo de las tensiones de la vida cotidiana no en casa, _____ en las gradas.
8 Soy una entusiasta seguidora del Real Madrid, _____ ello no afecta a mi amistad con seguidores del Barcelona.

B Translate into English the sentences you completed in exercise A.

4 Study the grammar section on the **position of adjectives** on page 162 and re-read 5.8 *La rivalidad entre el Real Madrid y el Barcelona FC*.

A Write down the Spanish for the following phrases.

1 the famous nickname
2 both clubs
3 a clear advantage
4 the sporting supremacy
5 many Barcelonans
6 each sporting banner
7 nationalist pride
8 an unshakeable loyalty
9 Catalan flags
10 Spanish football

B   Translate into Spanish.

1 many advantages
2 a nationalist banner
3 Catalan supremacy
4 a Spanish club
5 many nationalist flags
6 the unshakeable compatriots
7 both nicknames
8 each championship
9 a deep–seated reason
10 the national anthem

5   Study the grammar section on **the demonstrative adjective** on page 168, and re-read 5.8 *La rivalidad entre el Real Madrid y el Barcelona FC.*

Write down the Spanish for the following phrases.

1 this club
2 that (remote) nickname
3 those (nearby) teams
4 that (nearby) loyalty
5 those (remote) regions
6 this league
7 those (remote) banners
8 this fan
9 these victories

6   Study the grammar section on **possessive pronouns** on page 168.

A   Write out these short sentences, choosing the correct possessive pronoun, and translate the complete sentences into English.

1 El libro es (tuyos / mío / suya).
2 La bandera es (suya / nuestros / vuestro).
3 Los aficionados son (suyas / mío / nuestros).
4 Las razones son (tuya / vuestras / nuestra).
5 La victoria es (suyo / míos / nuestra).
6 El campeonato es (vuestro / suyas / mía).

B   Translate these sentences into Spanish.

1 It's not his club, it's mine.
2 It's not her flag, it's his.
3 It's my nickname, not yours (fam sing.)
4 They are our motives, not theirs.
5 They are your reasons, not ours.
6 They're our victories, not theirs.

7   Revise the grammar sections on the **imperfect tense** and the **preterite tense**, and re–read 5.10 *El ciclismo – herido de muerte.*

A   For each gap in the following passage, choose the appropriate tense for the verb given in brackets, and give briefly the reason for your choice.

Por razones de droga (**1**) (fue / era) imposible para Alberto Contador participar en el Tour de Francia. Su equipo no (**2**) (pudo / podía) reunir bastante corredores, puesto que muchos de ellos (**3**) (estuvieron / estaban) bajo sospecha. Por eso Contador (**4**) (fue / era) obligado a abandonar la carrera. (**5**) (Escribía / Escribió) una carta a una revista en la cual sus ideas sobre su deporte (**6**) (se hacían / se hicieron) claras. Esto es lo que (**7**) (explicó / explicaba). Hace algún tiempo, cuando su vida (**8**) (estaba / estuvo) en peligro, sus aficionados le (**9**) (ayudaban / ayudaron) a recuperarse. (**10**) (Se sentía / Se sintió) decepcionado de no haber podido participar en la carrera.

B   Translate into English the whole passage from exercise A, including the verb forms you chose.

8   Revise the grammar section on **interrogatives**, on page 170, and re-read 5.13 *Los campos de golf – ¿para quién?*

A   Fill the gap in each of these sentences with an appropriate interrogative. You do not need to answer the questions!

1 ¿ _____ campos de golf hay en la región?
2 ¿ _____ son la mayoría de los que juegan?
3 ¿ _____ juegan estas personas?
4 ¿ _____ cuesta alquilar los palos?
5 ¿ _____ hay casi seis mil jugadores federados?
6 ¿ _____ es Torre Pacheco económico?
7 ¿ _____ organización nota lo caro del mantenimiento de los campos de golf?
8 ¿ _____ se sabe que el gasto de agua es enorme?
9 ¿ _____ de los dos campos, Torre Pacheco o los Alcazares, cuesta menos?
10 ¿ _____ estadísticas son las más alarmantes?

B   Translate into English the completed questions from exercise A.

9 Revise the grammar section on **reflexive constructions**, on page 181, and re-read 5.14 *La sangre de la Fórmula 1*.

A Note down all the instances of reflexive constructions in the passage.

B Use the expressions you have noted in exercise A as a basis for translating the following sentences into Spanish.

1 The cars can be seen.
2 Different tyres are used.
3 The engines are kept in a garage.
4 The driver is spoiled.
5 It is not permitted to smoke.
6 The liquids are filtered ten times.
7 Many languages are spoken.
8 It's not possible to do it.
9 The particles are equivalent to a strand of hair.
10 The drivers introduce themselves to the public.

10 Study the grammar section on **verbs followed directly by an infinitive, or by a preposition before an infinitive** on page 171–2.

A Copy out the following sentences, adding the appropriate preposition where necessary.

1 Empezamos comprender lo que quieren nuestros profesores.
2 Suelen estudiar hasta muy tarde.
3 No me acuerdo nunca donde he dejado mis libros.
4 ¿Intentarás obtener un puesto durante las vacaciones?
5 Mi abuela siempre olvida mi cumpleaños.
6 Estoy tratando concentrarme pero es muy difícil.
7 He decidido ir al extranjero para trabajar.
8 No se atrevía salir después de las diez de la tarde.
9 Mi hermano no se esfuerza levantarse por la mañana.
10 ¿Vas tratar persuadir a tus padres comprar un coche nuevo?
11 El padre de Nuria no consiente dejar a su hija salir conmigo.
12 Los jugadores de rugby nunca se cansan cantar.

B Translate into English the sentences from exercise A.

Unidad 6

Problemas sociales

6.1 El 60% de los adolescentes reconoce que bebe alcohol

El alcohol puede tener una imagen sofisticada, pero ¿puede separar los hechos de las ficciones?

A ¿Qué sabes tú de los efectos del alcohol? Empareja cada mito con la realidad que corresponde.

Ejemplo: 1, e

Los mitos:

1 El alcohol da energía.
2 Quien está más acostumbrado a beber se emborracha menos.
3 Una ducha fría o un café bien cargado te despejan.
4 El alcohol se elimina más rápido haciendo ejercicio o vomitando.
5 Tomar dos cucharadas de aceite hacen que la bebida no siente tan mal.
6 Mezclar cerveza, vino y licores emborracha más que sólo un tipo de bebida.

Las realidades:

a No emborracha más, pero puede provocar más malestar en el estómago.

b Recubre una mínima parte del estómago y permite el paso del alcohol.

c Por estas vías sólo se expulsa el 2%, insuficiente para una borrachera.

d Muestra menos los efectos de la embriaguez, aunque se emborracha igual.

e Reduce las capacidades

f Se está igual de ebrio, aunque más despierto.

Para saber más sobre los bebedores jóvenes, lee este artículo en que se trata de un problema creciente.

Los chavales madrileños se inician en la bebida a los 14 años. Un 10% de ellos consume de forma excesiva todos los fines de semana.

El 60% de los jóvenes madrileños entre 12 y 18 años reconoce que bebe alcohol de forma esporádica y la mitad de éstos lo consume de forma habitual, según un estudio presentado ayer por la Fundación Alcohol y Sociedad. No obstante, sólo el 10% toma más de diez consumiciones durante los fines de semana y son los que desarrollan conductas problemáticas.

De este informe – en el que han participado 47.000 alumnos de 200 centros de secundaria – se deduce que tres de cada cinco muchachos se han emborrachado en alguna ocasión y el 15% lo hace al menos dos veces al mes. Los chicos – que se inician en el alcohol a los 14 años de media – suelen beber los viernes, sábados y días festivos. La mayoría dicen que consumen cuando están con sus parejas o amigos. Las bebidas de iniciación son

las que toman en el botellón, seguidas de cava, sidra, champán, cerveza, cubatas y, en menos cantidad, el vino de mesa.

B 📄 En el artículo, ¿cómo se dice?

1 habitantes de la capital
2 de vez en cuando
3 50%
4 con regularidad
5 se comportan mal más tarde
6 bebidas
7 han bebido demasiado
8 que consumen al principio

C 📄 Aquí tienes una 'traducción al inglés' del tercer párrafo del artículo. Se hizo por un programa de traducción automática en Internet. ¡Es incomprensible! Escríbela correctamente.

Of this shapeless – in the which have participated alumnae of 200 centres of secondary – himself deducts which three of each five lads itself have drunken in some occasion and the 15% it makes, to the less, two times to the month. The boys – which himself they initiate in the alcohol to the 14 years of half – are wont to drink the Fridays, Saturdays and days festive. The major part say which they consume when they are with his couples or friends. The drinks of initiation are the that take in the botellón, followed of wine-cellar, cider, champagne, Cubans and, in minus quantity, the wine of table.

6.2 El macrobotellón

Cuando centenares de jóvenes se reúnen para beber, se pueden provocar problemas. Afortunadamente, hay soluciones.

A 🎧 Escucha la noticia sobre el fenómeno del macrobotellón, luego lee las frases siguientes. Para cada una, escribe V (= verdad), M (= mentira) o N (no se menciona).

1 Muchos jóvenes se emborracharon en Granada.
2 Acudieron únicamente los participantes de la región granadina.
3 Las festividades tuvieron lugar con la aprobación del Ayuntamiento.
4 El macrobotellón es una fiesta que tiene lugar durante la misma época cada año.
5 Aunque beban los jóvenes, tienen respeto por las tradiciones religiosas.
6 A mediodía no había tanta gente como se esperaba.
7 La policía prohibió a los coches pasar por el lugar por temor de atascos.
8 Los jóvenes criticaron a los comerciantes por no servirles alcohol.
9 No había ningún problema porque había más policías que jóvenes.
10 La policía sevillana tomó medidas semejantes a las de sus colegas granadinos.

B 💬 🗣 ¿Qué te parece la idea de un botellón organizado? ¿Estás de acuerdo o no?

1 Escribe unas 180 palabras en español.

2 Presenta tus ideas al grupo y discutid vuestras opiniones.

6.3 Un cumpleaños inolvidable

A Miguel le gustaba beber una copa con amigos, hasta un día de cumpleaños que nunca va a olvidar.

Miguel Sánchez y sus amigos bajaron de su coche (1) _____ y entraron para celebrar su cumpleaños. Miguel bebió una cerveza pues sus compañeros bebieron a su salud, (2) _____. Las bebió todas de un trago.

No se podía decir que Miguel estaba verdaderamente borracho. Sí, claro, estaba un poco ruidoso, como ocurre frecuentemente cuando alguien ha bebido demasiado alcohol. No, Miguel estaba solamente achispado, (3) _____.

El tabernero estaba muy contento – (4) _____. ¿Por qué decirles que no quería servirles más bebidas? Después de todo, no se trataba de gamberros de litrona (5) _____, sino de unos

chicos respetables (6) _____. A la mañana siguiente, tendrían resaca, pero (7) _____ y espabilarían la borrachera sin problema. No se morirían prematuramente por haber bebido en exceso una sola vez.

Una hora después, Miguel y sus amigos salieron a la calle, (8) _____. Miguel (9) _____ se puso en marcha con una prudencia exagerada, como si quisiese demostrar que no conducía en estado de embriaguez.

No vieron, (10) _____, al viejo hombre que trataba de cruzar la calle…

Hoy Miguel cumple veintiún años. Cumple también tres años en la cárcel.

A 📄 En el cuento faltan varias frases – las tienes en la casilla. Escoge la frase adecuada para rellenar cada uno de los espacios en blancos.

- a que molestaban a los otros clientes
- b cantando y gritando
- c que se divertían
- d ofreciéndole copas de coñac
- e hasta que era demasiado tarde
- f nada más
- g subió a su coche y
- h delante de la taberna
- i estos jóvenes gastaban mucho dinero
- j se repondrían rápidamente

B 👥 Trabaja con una pareja; uno / a de vosotros es periodista, el otro / la otra es el padre / la madre de Miguel.

Periodista: Haz cinco preguntas con respecto a lo sucedido. Tienes que utilizar una forma interrogativa distinta para cada pregunta.

Padre / Madre: Contesta, cada vez, con tantos informes como sea posible.

Después, cambiad de roles.

C ✍ En unas cien palabras, escribe lo sucedido desde el punto de vista de Miguel.

6.4 Mitos sobre el tabaco

Mucha gente no hace caso de los riesgos de fumar, pero el cuerpo puede detectar los efectos dañinos. Aquí abajo tienes algunos mitos:

b El tabaco me ayuda a relajarme.

a Los cigarrillos light no hacen daño a nadie; no son cancerígenos.

f La nicotina es una droga blanda – no te pasa nada grave por tomarla.

c Todavía tengo que fumar mucho más tiempo para notar los efectos negativos del tabaco.

g Yo no dependo del tabaco. Puedo dejar de fumar cuando quiera.

d Fumar es un signo de libertad y de autoafirmación.

h Conozco a personas muy mayores que fuman mucho.

e Es peor el remedio que la enfermedad.

A 📄 Empareja cada mito (a–h) con la respuesta (1–8) que corresponde.

Ejemplo: a, 4

1 Puede que tú no notes el daño, pero tu organismo sí que lo detecta.
2 ¿Crees que los no fumadores ni se preocupan ni se enfrentan a situaciones difíciles? Lo hacen de otro modo y sin poner en juego su salud.
3 La dependencia física de la nicotina no dura más de una semana. Sin embargo, mejorará tu respiración, la piel, el olfato – ¡y el bolsillo!
4 Los cigarrillos bajos en nicotina y alquitrán son menos nocivos, pero no es verdad que el tabaco rubio es menos dañoso que el negro.
5 Recuerdas sin duda a algún anciano que ha fumado toda su vida y está bien. No olvides que a los que han muerto a causa del tabaco no los ves nunca envejecer.
6 Te das autoexcusas para continuar con tu adicción y tu dependencia. Todo fumador es dependiente aunque fume poco.
7 Es una droga que aumenta el riesgo de muerte súbita por los efectos producidos en el corazón.
8 Este punto de vista es la consecuencia de lo que suelen hacernos creer las grandes compañías tabacaleras a través de la publicidad.

B ✍ Traduce al español el texto siguiente. El vocabulario que necesitas ya está en el artículo.

Smokers don't seem to know that they are putting their lives at risk each time they smoke a cigarette. They don't read the advertisements which mention the harmful effects of tobacco on their health, nor do they think about the risk of serious illnesses or, perhaps, of death.

A friend of my father used to smoke twenty cigarettes a day. He said that smoking helped him to relax. 'I don't need to worry', he used to say. 'I never smoke more than one packet a day, and I buy 'light' cigarettes. There's less tar and it's better for me – and for my pocket!'

He died last week. He was forty–six.

6.5 200.000 trabajadores mueren al año por ser fumadores pasivos

Aún los que no fuman corren los riesgos del tabaquismo.

A 🎧 Escucha la grabación. ¿Cómo se dice en español?

1 as a result of
2 a law was introduced
3 cigarette smoke
4 enclosed public places
5 passive smoking
6 a non-smoker
7 others
8 half of children
9 approximately
10 on a daily basis

B 🎧 Explica en inglés lo que significan los números y los porcentajes siguientes que se citan en la grabación.

1 50%
2 1.000
3 2%
4 20%
5 50
6 42%
7 1.700.000
8 28%
9 5%
10 13

C 🖎 Aquí tienes un resumen de la noticia que acabas de escuchar. Rellena con una palabra apropiada cada uno de los espacios en blanco en el resumen.

(**1**) _____ que se (**2**) _____ al humo de cigarrillos, aunque sean no (**3**) _____, corren el (**4**) _____ de sufrir enfermedades muy (**5**), y aun la (**6**) _____. Las sustancias dañosas (**7**) _____ en el tabaco (**8**) _____ estas posibilidades. Se trata (**9**) _____ todo de chicas, que (**10**) _____ más que los chicos.

6.6 Marihuana: ¿legalizar o no?

Varios países europeos ya han despenalizado el consumo de marihuana, con el objeto de separarla del consumo de drogas duras y lograr así un mejor control de estas últimas.

En los países en que se ha decretado a la marihuana como una droga 'blanda', han reducido o desaparecido las penalizaciones por su uso. ¿Es aconsejable esta medida? ¿Existe con ello el peligro de un incremento en el uso de otras drogas más peligrosas?

Los que apoyan la liberación de la marihuana, sostienen que ello permite a la policía concentrarse en la lucha contra otras drogas realmente peligrosas.

Evaluaciones hechas en Inglaterra señalan que un 40% de los jóvenes entre 16 y 29 años, en algún momento de su vida, han consumido marihuana, pero que sólo el 22% lo han hecho durante el último año.

Según los expertos, el despenalizar del uso de la marihuana, tendría el beneficio de que los jóvenes confiarían más en las informaciones que dan las autoridades acerca del daño y peligro de las drogas. En la actualidad muchos piensan que estas informaciones son exageradas, respecto a las consecuencias de su uso, ya que en su experiencia la marihuana produce pocos efectos. 'Muchos jóvenes serían menos propensos a consumir otras sustancias si tuvieran una información acuciosa de los ricsgos potenciales de cada una', señala Roger Howard, director de la fundación DrugScope.

A

Rellena los espacios en blanco de las frases siguientes según el sentido del artículo. Para cada blanco tienes que escribir tres palabras.

1 En ciertos países los que _____ _____ _____ ya no sufren penalizaciones.
2 No se sabe si habrá _____ _____ _____ usará drogas duras.
3 Si se toma esta medida, la _____ _____ _____ contra otras drogas más peligrosas.
4 En Inglaterra, durante el año pasado, hay _____ _____ _____ han consumido marihuana.
5 Se cree que, de esta manera, las autoridades _____ _____ _____ los jóvenes que las drogas son peligrosas.
6 Muchos jóvencs no _____ _____ _____ autoridades dicen la verdad.

B

Los verbos siguientes se utilizan en el artículo. Busca el sustantivo que corresponde a cada uno. Averigua tus respuestas en el diccionario.

1 apoyar

2 concentrar

3 confiar

4 desaparecer

5 despenalizar

6 permitir

7 reducir

C

1 Usa tus respuestas del ejercicio B para rellenar los espacios en blanco de las frases siguientes.

1 No creo que la _____ de la marihuana sea una buena idea.
2 Hay ciertos padres que no dan ningún _____ a sus hijos.
3 Se ha notado una _____ en el número de drogadictas.
4 Muchos jóvenes no tienen _____ en la policía.
5 La _____ de la patria potestad es de lamentar.
6 No me pidas _____. ¡Habla con tu madre!
7 Se ve que fuma marihuana; ha perdido toda _____.

2 Traduce al inglés las frases enteras del ejercicio 1.

D

Persona A: Eres el padre / la madre – estás contra la legalización de la marihuana.

Persona B: Eres su hijo / a – no estás de acuerdo con tu padre / madre.

Después de cinco minutos, cambiad de roles.

6.7 Caramelos ... con una sorpresa indeseable

Los niños pueden estar en peligro si no conocen la diferencia entre los caramelos y las drogas.

A Aquí tienes un artículo en que, como lo ves, faltan las primeras palabras de cada párrafo. Las palabras que faltan están en la casilla. Busca la primera parte adecuada para cada párrafo.

a A la madre le pareció …

b La pasividad en la que …

c Sin embargo, no fue eso …

d La bolsita de la niña …

e No se sabe …

f Una madre de familia denunció …

g Inmediatamente …

h El martes 7 de febrero …

i El producto lo ofrece una mujer …

1 … que en un paquete de caramelos que compró su hija de seis años afuera de la escuela encontró droga.

2 … no sólo contenía dulces sino también un cilindro de unos 3 centímetros de largo lleno de pegamento.

3 … que desde hace un año vendía dulces para los alumnos.

4 … extraño el objeto que salió de la bolsita, por lo que obligó a la niña a tirarlo inmediatamente.

5 … lo que hizo la niña. Se guardó en su bolsillo uno de los cinco tubos que habían aparecido dentro de los paquetes.

6 … por la tarde transcurría normal para la familia. Pero la conducta de la menor no era la usual.

7 … se mantuvo la niña llamó la atención de su abuela, quien vio que su nieta jugaba con un cilindro similar al que habían tirado.

8 …por cuánto tiempo la menor pudo haber jugado con el tubo e inhalado el pegamento, pero fue suficiente para que pasara el resto de la tarde adormecida.

9 … los familiares alertaron al sistema 911 explicándoles lo sucedido, pero no acudieron al llamado.

B Contesta brevemente en español a las preguntas siguientes.

1 ¿Cuántos años tenía la hija?
2 ¿Dónde compró el paquete de caramelos?
3 ¿Quién se lo vendió?
4 ¿Desde cuánto tiempo lo hace?
5 ¿Dónde encontró la madre el cilindro sorpresa?
6 ¿Qué había en el pequeño cilindro?
7 Al descubrir lo que había dentro del paquete, ¿qué dijo la madre a su hija?
8 ¿Qué hizo la hija con el objeto?
9 ¿Cómo estaba su hija la tarde del 7 de febrero?
10 ¿Quién vio que su hija no estaba bien?

C Prepara y graba un resumen de lo que ha ocurrido. Puedes inventar, si quieres, unos detalles suplementarios. Si quieres, haz el papel de la madre, o de la abuela, o de la niña.

6.8 ¿Por qué tomaban drogas?

¿Cuáles son los motivos para engancharse? Las razones son varias.

Yo tomé drogas durante tres años: los peores de mi vida. ¿Por qué lo hice? Al principio – como muchos – por motivos de curiosidad, y con la ilusión de probar lo prohibido. Después, cuando se separaron mis padres, para olvidar mis problemas. Al final, durante los últimos meses, porque no podía pasarme sin ellas. La adicción es un proceso insidioso: acabas aumentando la dosis para conseguir el mismo placer que antes. *Roxana*

Yo empecé a consumir drogas porque mis amigos solían pincharse, y yo quería ser como los demás. Como muchos, me decía: 'Me quedo con la droga blanda, no tomo la dura' – pero no me daba cuenta de lo que hay en la droga que se está tomando. Cuando cayó enfermo mi mejor amigo y, finalmente, se murió después de tomar éxtasis, dejé de experimentar. *Raúl*

La toxicomanía y el tráfico de drogas eran endémicos en mi barrio. De pequeño, solía esnifar disolventes. Más tarde, fui 'camello', es decir compraba y vendía drogas, hasta que nos pilló la brigada de estupefacientes, y me mandaron a un centro de recuperación. Pagué un precio muy alto a cambio de nada: sólo una adolescencia arruinada. El aburrimiento, el paro, la imposibilidad de encontrar trabajo – todos son factores importantes. *Miguel*

A 📄

1   Las frases siguientes no son completas. Sin mirar los tres textos, busca en la lista a–f las palabras que faltan para completar cada frase.

1 Cuando no se puede _____, resulta inevitable meterse en las drogas.
2 Me influyeron los de mi entorno _____ algo más adictivo.
3 Todos los que vivían _____ en las drogas.
4 Me metí en las drogas _____ que me había enganchado.
5 Cuando eres joven _____ lo que no se permite.
6 No hubiera dejado de tomar drogas _____ no hubiera sucedido.

a por varias razones hasta descubrir por fin
b pasar el tiempo de una manera útil
c si algo trágico
d es normal querer hacer
e y no pude impedir probar
f cerca de mi se metían

2   Escoge cual es la persona a quien cada frase más convenga. Escribe el nombre adecuado.

B 📄 ¿Quién dice…? Escribe el nombre adecuado.

1 Where I lived drugs were widely used.
2 I didn't want to be different.
3 I had too much time on my hands.
4 I wanted to find out what it was all about.
5 I became completely hooked.
6 I was shocked into giving up drugs.

C 📄 Traduce al inglés lo que dice Miguel.

6.9 ¿Mi hijo usa drogas?

Todos los padres alguna vez se preguntan: ¿Mi hijo / a usa drogas? Pero ¿cuáles son los indicadores del uso de drogas?

A 📄 **Aquí tienes diez claves para determinar si alguien está o no inmerso / a en el problema de la drogadicción. Las dos partes de cada clave están separadas. ¡Emparéjalas!**

1 Ausencia con frecuencia de la escuela y …
2 Percepción de cambios radicales …
3 Falta de aseo personal y …
4 Actitud introvertida y …
5 Falta de responsabilidad e indiferencia por …
6 De la casa empiezan a desaparecer …
7 Si dentro de la habitación se encuentran con frecuencia …
8 Si se encuentran en su poder una aguja hipodérmica, o …
9 Si se le notan a veces …
10 Si presenta inquietud, nerviosismo y además la persona …

a …aislamiento dentro de la familia.
b …objetos de valor de forma inexplicable.
c …los ojos vidriosos, enrojecidos y las pupilas dilatadas.
d …baja nota en los estudios.

e …pedacitos de papel de celofán con señales de haber sido doblados.
f …se irrita con facilidad.
g …en su carácter y personalidad.
h …los asuntos cuya realización son de su incumbencia.
i …abandono en su forma de vestir.
j …un gotero y una cuchara.

B 📄 **Se pueden escribir ciertas de estas claves de otra manera. Rellena cada espacio en blanco de las frases alternativas 'b' con una palabra apropiada.**

1a Ausencia con frecuencia de la escuela.
1b Muy _____, está _____ de la escuela.
2a Falta de responsabilidad e indiferencia por …
2b No se siente _____ y se muestra _____ por …
3a Si presenta inquietud, nerviosismo.
3b Si está _____ y _____.
4a Se irrita con facilidad.
4b Se pone _____ muy _____.
5a …los asuntos cuya realización son de su incumbencia.
5b …las _____ que _____ hacer.

6.10 Drogas: cómo mantenerse limpio

Escaparse de las garras de la adicción puede resultar muy difícil. Vas a escuchar un programa en que un psicólogo da consejos para recuperarse de las drogas.

A 🎧 **¿En el programa, cómo se dice en español?**

1 the key
2 to distance
3 to refuse
4 a relapse
5 a failure
6 lasting, long-term
7 unforeseen
8 an uprooting
9 daily
10 essential

B 🎧 **Escucha el programa. Empareja las mitades de las frases en la tabla en la página 95. ¡Cuidado! Hay una segunda mitad que sobra.**

1 Van a asegurar que el paciente …	a … practicar técnicas para evitar las drogas.
2 Lo más importante es …	b … duran más tiempo que otros tipos.
3 Los adictos tienen que …	c … para mantenerse alejado de las drogas.
4 Una recaída no se debe considerar …	d … cambiar la manera en que el adicto vive.
5 Los resultados de este tratamiento …	e … dejar su vida normal.
6 Los pacientes deben aprender …	f … se comporte de una manera diferente.
7 El objetivo del programa es …	g … como un fracaso.
8 El paciente debe …	h … no encontrarse en una situación donde hay drogas.
	i … cómo comportarse en situaciones que no se pueden prever.

C 🎧📄 Escucha el programa otra vez. Rellena los espacios en blanco del resumen siguiente con la palabra adecuada de la casilla.

duran	modifica
evitación	aprender
manera	se reinserta
recae	fracasado
evitar	compensar

Para el drogadicto, el programa representa una nueva (**1**) _____ de comportarse. Es muy importante (**2**) _____ las situaciones en que las drogas están presentes. Si el drogadicto (**3**) _____ es decepcionante, pero no debe considerarse como (**4**) _____. Los beneficios de este programa (**5**) _____ más que otros tratamientos. El drogadicto tiene que (**6**) _____ a manejar las situaciones, y a (**7**) _____ haciendo la (**8**) _____ del uso más atractiva. Así el adicto (**9**) _____ su manera de vivir y (**10**) _____ en la sociedad.

6.11 La gente con SIDA que no sabe que lo tiene

Uno de los retos científicos más importantes de nuestra época es el de descubrir un remedio para curar esta enfermedad catastrófica. ¿Llegamos a una vacuna dentro de poco?

El 'nuevo escenario' que se desea no sería otro que aquel propiciado por el desarrollo de una vacuna contra el VIH lo antes posible, y la inminente aplicación a ciertos enfermos, que son algunos de los retos que se propone toda la investigación que se hace a nivel mundial.

Sin embargo, a pesar de las buenas intenciones del gobierno y las cifras invertidas, se nota que tan insensato es dar una fecha aproximada del descubrimiento de la vacuna contra el sida, como temerario es decir que nunca se obtendrá o que será dentro de cien años.

Una gran cantidad de grupos y los mejores investigadores del mundo trabajan para lograr la vacuna, objetivo en el que además destaca la coordinación de esfuerzos entre instituciones y países.

El 'gran desafío científico' es lograr una vacuna eficaz contra esta enfermedad, dado que el SIDA ha desarrollado unos mecanismos de escape, una estrategia de enmascaramiento, a la acción de los anticuerpos que fabrica nuestro sistema inmunológico. La mayor dificultad es conseguir vacunas nuevas desde el punto de vista tecnológico, nuevos prototipos capaces de romper el escudo defensivo del virus contra los anticuerpos.

A 📄 En el texto, ¿cómo se dice en español?

1 favoured
2 a vaccine
3 the challenges
4 the sums invested
5 foolish
6 reckless
7 stand out
8 a strategy of disguise
9 the antibodies
10 the shield

1 Las autoridades quieren fabricar una vacuna cuanto antes.
2 El número de infectados en España es casi el mismo que el número en los Estados Unidos.
3 Han establecido una fecha aproximada para el descubrimiento de la vacuna contra el sida.
4 No existe cooperación entre los científicos que trabajan para lograr la vacuna.
5 El virus puede disfrazarse para evitar los anticuerpos que fabrica nuestro sistema inmunológico.
6 Hay una vacuna que existe, pero no es eficaz.

B 📄 Lee las frases. ¿Son verdad, mentiras, o no mencionadas en el texto? Escribe V, M o N.

C 📄 Traduce el último párrafo del artículo al inglés.

6.12 SIDA: Se paga un precio alto

El gobierno español se preocupa del aumento en el número de casos de SIDA. Un corresponsal explica en términos generales los iniciativos gubernamentales para enfrentar la situación.

A 📄 En la noticia, se usan las palabras siguientes. ¿Cómo se dicen en inglés?

1 estadísticas
2 han fallecido
3 inquietante
4 la mitad
5 adquieren
6 los portadores
7 los retrasos
8 diagnosticar
9 se destinan
10 los presupuestos

B 🎧 Escucha la noticia sobre el VIH y apunta las cifras pedidas en la tabla.

1 El número de muertos de sida en España
2 La cantidad infectada por portadores del virus que ignoran que lo son
3 El número de personas ignorantes del peligro
4 El número de personas infectadas cada día
5 El número de años que El Plan de Sida va a durar
6 El número de euros anuales destinados al Plan
7 El porcentaje de los presupuestos de investigación asignados al sida
8 El aumento de este porcentaje desde el año 2000

C 🎧 🗣 📄

1 Escucha otra vez y transcribe lo que dice el presentador en español desde el principio hasta '…que lo son.'

2 Verifica lo que has transcrito en el ejercicio 1 con tu profe, luego traduce el párrafo al inglés.

6.13 Las adicciones del siglo XXI

Las adicciones tradicionales existen todavía, pero también se ha producido una gama nueva de conductas adictivas.

A 🎧 Escucha la noticia.
¿Cómo se dice en español?

1 to underestimate
2 fruit machines
3 bets
4 in recent years
5 daily life
6 the family circle
7 just like
8 unlike

B 🎧 Contesta en inglés a las preguntas siguientes.

1 What new addiction is referred to?
2 In what way is this new type of addiction different?
3 What is the effect on the addict's daily life?
4 What impact can this particular addiction have on others?
5 Which two further forms of addiction are mentioned? State, briefly, who are affected and the underlying reason suggested for each form of addiction.

C

1 Escucha otra vez la grabación, luego rellena con una palabra apropiada cada uno de los espacios en blanco del resumen siguiente.

2 Traduce al inglés el resumen completo del ejercicio 1.

Mucha gente (**1**) _____ estas nuevas adicciones que pueden ser muy (**2**) _____. Con Internet, es muy fácil (**3**) _____ online – y perder mucho (**4**) _____. Se han visto casos de (**5**) _____ cuya adicción es tan grave que quedan durante días y noches enteras (**6**) _____ comer nada. Además, el (**7**) _____ sobre la (**8**) _____ del adicto puede ser desastroso. Es lo (**9**) _____, por lo menos en cuanto al dinero, para los que no pueden cesar de (**10**) _____.

6.14 Enganchados al trabajo

Hay algunos / as que están obsesionados / as por el trabajo. ¿Cómo identificar a un 'laboradicto'?

A 📄 En cada frase falta(n) la(s) primera(s) palabra(s). Búscalas en las casillas para completar las descripciones de un 'laboradicto'. ¡Cuidado! Hay una expresión que sobra en la casilla.

Ejemplo: 1, d

1 … más horas de las obligatorias.
2 … trabajo a tu casa después de la jornada laboral.
3 … mucho de lo que has hecho o lo que vas a hacer en el trabajo.
4 … rápidamente para poder seguir con lo que estabas haciendo.
5 … porque crees que nadie será capaz de hacer las cosas tan bien como tú.
6 … las vacaciones ni los puentes que te corresponden.
7 … otra afición que no se ciña a tu trabajo.
8 … y tu vida social para adaptarte a necesidades laborales.
9 …. cumpleaños, aniversarios y otros compromisos familiares.
10 … de forma repetida tu correo electrónico para ver si tienes una reunión y tienes el móvil siempre a mano por si llama tu jefe.

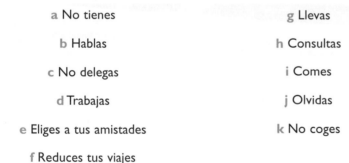

a No tienes	g Llevas
b Hablas	h Consultas
c No delegas	i Comes
d Trabajas	j Olvidas
e Eliges a tus amistades	k No coges
f Reduces tus viajes	

B ✍ Para cada descripción completa del ejercicio A, escribe una frase que tenga el mismo sentido.

Ejemplo: 1, Por la mañana llegas muy temprano y vuelves a casa después de todos los otros.

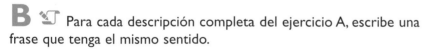

C 👥 Trabaja con una pareja, por turnos. Lee tus frases. Tu pareja debe emparejar cada una con la descripción apropiada del ejercicio A.

Prácticas

1 Study the grammar section on **the passive voice** on page 182 and then listen again to the news item in 6.2 *El macrobotellón*.

A Translate the following sentences into Spanish.

1 The festival was celebrated last week in Málaga.
2 The incident was recorded by the police.
3 The procession was authorised by the Town Hall.
4 The starting time for the festival was set for 2.00pm.
5 Two kilometres of barriers were installed by the fire service.
6 The closing of the roads was criticised by shopkeepers.
7 The crowd was surrounded by a large number of police officers.
8 A report on the festival was broadcast on the radio.

B These sentences are in the active voice. Rewrite them, turning them into the passive voice, then translate the new version of each sentence into English.

1 Firmó el contrato.
2 Los supermercados fijaron los precios.
3 Construyeron la casa cerca del río.
4 Miguel vendió el coche.
5 Roberto fundó la empresa en 1986.
6 Las obras bloquearon la carretera.
7 Alojaron a los estudiantes en un albergue juvenil.
8 La emisora de radio local transmitió la noticia.

2 Study the grammar sections on **the present, imperfect** and **preterite tenses**, then re-read 6.3 *Un cumpleaños inolvidable*.

A Write out each sentence, choosing the correct form of the verb in each case.

1 El viernes pasado, Paco (celebró / celebra / celebraba) su cumpleaños.
2 Aunque había bebido unas cervezas, no (estuvo / está / estaba) borracho.
3 Normalmente, Paco no (bebió / bebe / bebía) mucho.
4 A las dos de la madrugada Paco (sale / salía / salió) de la taberna y (subía / sube / subió) a su coche.
5 (Estaba / Está / Estuvo) lloviendo, y la carretera (está / estuvo / estaba) resbaladiza.
6 Paco (conduce / conducía / condujo) demasiado rápido cuando (chocó / chocaba / choca) contra un árbol.
7 (Se quedaba / Se queda / Se quedó) en el hospital tres semanas, y ahora (pasó / pasaba / pasa) tres años en la cárcel.

B Translate the following sentences into Spanish.

1 I normally go to Spain on holiday with my family.
2 We travel by car.
3 I like the beautiful beaches.
4 I go windsurfing and my dad plays golf.
5 Last year we went to France.
6 I went riding for the first time.
7 Unfortunately the weather was bad.
8 Nevertheless, I always got up at 7.00 to enjoy the day.

3 Study the grammar section on **negatives** on page 171, then re-read 6.4 *Mitos sobre el tabaco*.

A Answer these questions in Spanish using the negative form indicated; write full sentences.

1 ¿Vas al cine? (Never)
2 ¿Qué tienes en el bolso? (Nothing)
3 No quiero ir al partido esta tarde. (Neither do I.)
4 ¿A quién viste en la calle anoche? (Nobody)
5 ¿Te gustan el fútbol y el rugby? (Neither…nor)
6 ¿Conoces a estos chicos? (None of them)
7 ¿Tienes televisor y vídeo? (Neither…nor)
8 ¿Cuál de estas dos películas te gusta más? (Neither)

B Write out this short passage, filling each gap with the appropriate negative expression. Choose from:

no	nadie
nada	ni siquiera
en mi vida	ningún
nunca	ninguna
apenas	tampoco

Los viejos hablan de su juventud

Ernesto: Cuando yo era joven, (**1**) _____ teníamos agua caliente, sólo agua fría.

Enrique: ¿Agua fría? ¡Qué lujo! En mi casa (**2**) _____ podía lavarse sin ir al río.

Francisco: ¿Viviste en una casa? ¡Hombre! (**3**) _____ teníamos una tienda. Éramos unos veintitrés en nuestra familia, y vivíamos en un carrito de supermercado.

Arturo: ¡Qué lujo! Vivíamos en un bolso de papel – (**4**) _____ podía dormir.

José Antonio: ¿Dormir? En mi familia (**5**) _____ teníamos (**6**) _____ así que (**7**) _____ de nosotros podía quedarse en casa. Nos levantábamos antes de acostarnos para ir a la fábrica dónde (**8**) _____ podíamos oír a causa de las máquinas. A mi padre (**9**) _____ le gustaba trabajar veinticinco horas al día, y a mí (**10**) _____, pero (**11**) _____ teníamos (**12**) _____ alternativa.

Manuel: Yo soy de Barcelona. Yo (**13**) _____ sé (**14**) _____ de estas cosas. (**15**) _____ tengo (**16**) _____ interés. Al menos tuviste un empleo. (**17**) _____ he trabajado. Solíamos comer carbón y hierba porque (**18**) _____ había (**19**) _____ más.

Ernesto: ¡Ay! Los jóvenes de hoy – ¡ (**20**) _____ saben (**21**) _____!

4 Revise the grammar section on **negatives** on page 171. Rewrite this paragraph. You will need to:

- choose the correct form of the verb
- insert the appropriate negative expression

Normalmente Javier (coge / cogió / cogía) el metro a eso de las siete y media de la mañana, y (llegaba / llegó / llega) a la oficina a las ocho. Para empezar el día, (tomaba / toma / tomó) un café, y (enciende / encendía / encendió) su ordenador. Pero el otro día (es / fue / era) un desastre. (No / Nadie / Nunca) sonó el despertador, así que (se levanta / se levantó / se levantaba) tarde. No (toma / tomó / tomaba) (nadie / nunca / nada) para el desayuno. (Salió / Sale / Salía) de la casa corriendo. (Llovió / Llueve / Llovía) a cántaros y (hace / hacía / hizo) frío, pero (olvidó / olvida / olvidaba) su abrigo. Cuando (entra / entró / entraba) en el edificio, no había (nadie / nada / jamás) en la recepción. (Tampoco / Ninguno / Nunca) había (nada / ningún / nadie) en la oficina. De repente, (se da / se daba / se dio) cuenta de que (es / fue / era) sábado.

Unidad 7

Los medios de comunicación

7.1 Seis reglas inteligentes

¿Qué pueden hacer los padres de manera práctica para asegurarse de que
la televisión que ven sus niños no sea perjudicial, tanto desde el punto de vista
moral como psicológico? Lee las seis reglas.

1 Seleccione Vd programas que sean instructivos y reveladores y aléjelos de los que sean violentos, con sexo inadecuado para su edad, alarmantes, estúpidos o carentes de gusto. La manera más simple es fijar unas normas claras y explicarles los motivos.

2 Insista en que los deberes y las tareas domésticas se hagan antes de encender el aparato y manténgase inflexible aunque tenga que oír muchas protestas.

3 Acostúmbrelos a pedir un programa concreto en vez de 'ver la televisión' e intente que no hagan zapping.

4 Siéntese con ellos a ver documentales históricos, científicos y sobre la naturaleza. Las buenas comedias también son muy divertidas; aproveche la oportunidad de reír juntos.

5 Si ya es un poco tarde, y los chicos se resisten a sus esfuerzos, utilice las nuevas tecnologías de bloqueo de canales para que su trabajo sea más fácil. De momento, Usted es el / la responsable del uso que sus hijos hagan de la televisión.

6 Si hay un solo televisor en casa, será más fácil que los pequeños cumplan las normas.

A 📄 En el texto, ¿cómo se dice en español?

1 educational and instructive
2 lacking in taste
3 some clear rules
4 try to prevent them from channel-hopping
5 take the chance to have a laugh together
6 the new technologies for blocking channels
7 it will be easier for children to obey the rules

B

Discute con una pareja: ¿De las seis reglas, cuáles son las más importantes y cuáles son las menos importantes?

C 📄

Traduce al inglés el párrafo número uno.

7.2 Violando las normas

Escucha estas personas que dan sus opiniones sobre la televisión.

A 🎧 📄 Mira otra vez las seis reglas en la página 101 (7.1 *Seis reglas inteligentes*). Escucha la grabación. Estas personas están violando las normas, pero ¿cuáles? Empareja cada persona con la norma que está violando.

B 🎧 Escucha otra vez. ¿Cómo se dice en español?

1 soap operas
2 documentaries
3 cop shows
4 whatever I like
5 channels
6 worth the trouble
7 what they're showing

Paco

Ricardo

Dolores

Penélope

Fernando

Patricia

C 🖋 Escribe lo que dice el padre en cada caso.

Ejemplo: 1, ¡Haz los deberes antes de ver la televisión!

1 El padre quiere que el hijo haga los deberes antes de ver la televisión.
2 El padre quiere que el hijo no cambie a otro canal con el mando a distancia.
3 El padre no quiere que el hijo vea la televisión mientras hace los deberes.
4 El padre quiere que el hijo vea un documental interesante con él.
5 El padre no quiere que el hijo vea una película violenta.
6 El padre no quiere que el hijo tenga un televisor en su dormitorio.
7 El padre no quiere que el hijo sea responsable del uso que hace de la televisión.

7.3 Los niños y la tele

La tele puede ser educativa, pero ¿a qué precio?

A 🎧 Escucha la grabación, y empareja las dos partes de cada frase.

1 Los escolares no hacen…	a …es el límite recomendado por los expertos
2 Los niños cada vez llevan…	b …animarles a practicar deporte.
3 Dos horas diarias frente a una pantalla…	c …jugar a la Play y navegar por Internet.
4 Los hijos de Nuria ven la tele…	d …estudia inglés y juega al baloncesto.
5 A los hijos de Nuria les gusta también…	e …una vida más sedentaria
6 Aparte del deporte escolar, suelen…	f …dependiendo de sus deberes.
7 Nuria trata de…	g …suficiente ejercicio físico
8 Jorge ve la tele…	h …jugar al fútbol.
9 Después del colegio Jorge…	i …no más de una hora al día

B 🎧 Escucha otra vez y haz notas en español sobre los detalles pedidos.

1 lo que dicen los expertos
2 el porcentaje de escolares que no hace ninguna actividad física fuera del colegio
3 el porcentaje de escolares euskadis que pasan el límite recomendado de estar frente a una pantalla
4 lo que hacen los hijos de Nuria
5 la actitud de Nuria hacia sus hijos
6 lo que hace Jorge

C 🗨 Haz una presentación de unos dos minutos sobre el tema siguiente.

'La televisión – ¿caja de encantos o herramienta perjudicial?'

D 📝 Escribe unas 150 palabras en español, expresando lo que piensas sobre la siguiente pregunta.

'La televisión: ¿influencia positiva o negativa sobre los jóvenes de hoy?'

7.4 Periódicos sin pagar

En muchos países hay periódicos gratuitos. ¿Para qué sirven estos diarios?

A 🎧 En el programa, se usan las palabras siguientes. ¿Cómo se dicen en inglés?

1 impreso
2 gratis, gratuito
3 una encuesta
4 tirar
5 un ejemplar
6 la tirada

B 🎧 Contesta en español.

1 Anota los tres medios de comunicación gratuitos mencionados por el presentador.
2 Anota el porcentaje de la población española que compra periódicos.
3 Describe el segmento del mercado inexplorado por la prensa de pago.
4 ¿Qué ha pasado con la gente que no compra periódicos?
5 ¿Cómo se sabe?
6 ¿Por qué compran periódicos los fines de semana?
7 Haz una lista de países donde se encuentra la prensa gratuita.
8 Al principio, ¿cuántos ejemplares fueron distribuidos?
9 ¿Qué pasó el año siguiente?
10 ¿Qué preven para este año?

C 🎧 📄 Escucha otra vez y rellena los espacios en blanco.

En España sólo (1) _____ de la población compra periódicos. Los diarios gratuitos de (2) _____ serán los únicos (3) _____ de

llegar a un (4) _____ del público totalmente (5) _____ por la prensa de (6) _____, un público que se (7) _____ por la radio y la televisión, que tiene (8) _____ y consume productos y (9) _____, pero que no compra periódicos. Nuestras (10) _____ indican que muchos (11) _____ que no se habían (12) _____ a los diarios de pago han empezado (13) _____ el nuestro, le han perdido el miedo a la letra (14) _____ y han acabado (15) _____ prensa de pago los sábados y los domingos, cuando nosotros no (16) _____.

D 📄 👥 🗨

¿Existe la prensa gratuita en tu pueblo? ¿Cuáles podrían ser las ventajas de la prensa gratuita, y cuáles serían los inconvenientes, por ejemplo en lo que se refiere al medio ambiente?

Trabaja con una pareja para hacer una lista de ventajas e inconvenientes. Presenta vuestra lista al grupo. ¿Todos estáis de acuerdo?

7.5 El bombardeo publicitario

Hay anuncios por todas partes. ¿Qué influencia tienen?

a En el hábito consumista de los más pequeños juegan una baza fundamental los medios de comunicación, que bombardean a los futuros adultos. Hace dos años, en un estudio sobre la campaña navideña de juguetes en la televisión, unos estudiantes contabilizaron entre doscientos veinte y doscientos cincuenta anuncios emitidos en cuatro horas de programación infantil. En la misma línea, la agencia Media Planning habla de cuarenta y seis mil novecientos setenta y tres 'spots' emitidos durante el pasado mes de septiembre.

b 'Hay que promover valores que contribuyan a racionalizar el consumo de los niños, de lo contrario puede ser peligroso. Y en esto los padres juegan un papel fundamental', señala una psicóloga.

c Ella y su colega advierten de las frustraciones que padecen muchos pequeños al no poder acceder a determinadas marcas y quedar marginados al comparar sus adquisiciones con las de sus amigos.

d Los cambios a la hora de divertirse también repercuten en el bolso familiar. 'Yo cuando era pequeño me pasaba el día en la calle, no necesitaba una peseta para divertirme; y ahora a mis hijas se les ha hecho la boca un fraile'. Miguel recuerda que hace treinta años, él se lo pasaba en grande, jugando a las chapas, o al fútbol o a las canicas e incluso a la comba o a la goma con las niñas. Sin embargo, ahora se queja de las caras que salen sus hijas. Y encima tiene cuatro, de dieciocho, catorce, nueve, y siete años.

A ☐ Empareja los títulos con los párrafos. ¡Cuidado! Hay dos títulos que sobran.

1 El padre compara su juventud con la de sus hijas.
2 Los niños son esclavos de la tele.
3 Los padres deben promover los valores positivos.
4 Los niños están expuestos a mucha publicidad.
5 Quedan marginados si no tienen ciertas marcas.
6 Los tres temas que sensibilizan al mundo que rodea a la infancia.

B ☐ ¿Qué significan estas cifras en el artículo? Explícalas en inglés.

1 220–250
2 4
3 46,973
4 30
5 18, 14, 9, 7

C ☐ Traduce el primer párrafo del artículo al inglés.

D ✍ ☐

¿Qué opinas tú? ¿Hay demasiada publicidad en la programación infantil? Haz la investigación siguiente viendo una hora de programación infantil en la tele:

- Contabiliza los anuncios – ¿cuántos se emiten en una hora?
- Clasifica los anuncios: juguetes, ropa, juegos electrónicos, caramelos, comida basura, etc.. ¿Qué marcas se destacan?

Prepara un reportaje en español de lo que has descubierto. Presenta tu reportaje al grupo.

7.6 La publicidad y los niños

No son sólo los adultos los que gastan dinero. Los niños también son consumidores. Escucha al corresponsal que tiene más detalles.

A 🎧 Antes de escuchar, busca en el diccionario lo que significan las palabras siguientes, si ya no las conoces.

1 los dibujos animados
2 la marca
3 los personajes
4 innato
5 los críos
6 compradores
7 consumidores
8 reemplazado
9 discernir
10 el ahorro

B 🎧 Escucha el reportaje y busca la siguiente información. Apunta en español la información pedida.

1 Cuatro tipos de programa que prefieren los niños.
2 Tres ejemplos de marcas comerciales.
3 Tres segmentos del mercado infantil.
4 Dos tipos de ídolo para los mayores de doce años.
5 El porcentaje de la compra de la familia representado por los niños.
6 Tres elementos del consumidor lúcido.
7 Tres grupos que, según el reportero, son culpables de todos los males.

C 🎧 ✍ Rellena cada espacio en blanco con una palabra adecuada de la grabación.

1 A los niños les gustan sobre todo los _____ _____ .
2 Las _____ comerciales están atentas a las _____ de los niños.
3 Utilizan los _____ cómo _____ de sus productos.
4 Tienen como objetivo los _____ de una edad _____ .
5 Para los adolescentes mayores de doce años, los _____ y los _____ deportivos reemplazan estos personajes.
6 El _____ de compra de los niños representa _____ quintos de las compras de la familia.
7 Los padres deben ayudar a los niños a _____ .
8 También tienen que _____ los límites de su nivel _____ .
9 Es preciso darles una adecuada _____ para el _____ .
10 Hay que enseñarles sobre la _____ de un _____ .

7.7 Internet: reto a la prensa tradicional

El papel de los periódicos está cambiando frente al desarrollo de la tecnología universal.

INTERNET OBLIGA A LA PRENSA TRADICIONAL A REDEFINIR EL PERIODISMO

La prensa tradicional está obligada actualmente a redefinir el periodismo y la relación con sus lectores por el impacto de Internet y las nuevas tecnologías que se han desarrollado tanto.

El número de lectores ha caído paulatinamente, los ingresos por publicidad se han reducido de una manera alarmante, y con la competencia de los nuevos medios también, la prensa se encuentra en un momento crítico. La receta para salir adelante y volver a ser determinante es utilizar en todo lo posible las ventajas que ofrece Internet. Hay que ayudar a los medios tradicionales a utilizar cada vez más las nuevas herramientas de los medios digitales para mantener ese papel relevante de influencia.

Los sistemas democráticos no funcionan bien sin gente educada, formada e informada. Es preciso poner con regularidad en manos del público toda la información posible. Si la prensa pierde esa vinculación con la comunidad, la democracia estará pronto en peligro.

Los foros de debate, que aseguran que los lectores pueden compartir fácilmente sus fotos u opiniones, han demostrado que se puede multiplicar rápidamente el tráfico en sus páginas de Internet y volver a ser medios relevantes entre el público.

A 📄 Pon en orden las frases siguientes, que resumen el artículo. Escribe los números en el orden adecuado.

1 La prensa debe aprovechar la nueva tecnología.
2 Los periódicos no cobran tanto como antes.
3 Se necesitan personas instruidas.
4 ¡Los periódicos sí tienen porvenir!
5 Los periódicos tienen que cambiar.
6 Los lectores deben saber todo
7 La vida de los países occidentales podría verse amenazada.
8 Hay menos gente que lee la prensa.
9 Internet se ha hecho competitivo.

B 📄 Las palabras siguientes se encuentran en el artículo. Copia la tabla y rellena los espacios en blanco 1–12 con la forma indicada.

Sustantivo	Verbo	Adjetivo
lector	1	
caída	2	
reducción	3	
influencia	4	
5		nuevo / a
6		democrático / a
7		educado / a
8		posible
9	utilizar	
10	funcionar	
11	perder	
12	mantener	

C 👥 Trabaja con una pareja; por turnos, escogid un verbo y un sustantivo entre los que habéis escrito. Tu pareja debe construir una frase de al menos ocho palabras, incluyendo las dos que has escogido. ¿Cuántas frases podéis hacer?

D 🗨 ¿Opinas tú que los periódicos tienen porvenir? Da tu opinión en unas 200 palabras.

7.8 Radio a la carta

La tecnología permite a los radioyentes escoger lo que quieren escuchar, cuándo, y dónde.

Antes de hacer los ejercicios, lee el texto rápidamente con una pareja, y anotad todas las palabras que conocéis. ¿De qué se trata el artículo?

>>>>>>>>>>>>>>>>>>>>>>>>>>>>>

Bienvenidos a las radios personalizadas: emisoras que se nutren de tus gustos y de los de otros usuarios para emitir sus contenidos. Los servicios online suponen una nueva forma de escuchar la radio sin interminables cortes publicitarios ni repeticiones de temas comerciales. La Red ofrece soluciones para acabar con el aburrimiento musical y tener siempre a mano la canción que necesitas.

Por ejemplo, un servicio que en una pequeña aplicación ofrece la reproducción y gestión de nuestras emisoras, así como la creación de otras nuevas. Sólo hace falta introducir un artista o una canción, y el sistema deducirá qué otras canciones y qué artistas nos pueden gustar. Podremos ir afinando el comportamiento del sistema de aprendizaje, indicándole si un tema nos gusta o no, mediante iconos flotantes.

Hay otros servicios que van mucho más allá. Su gran valor se encuentra en su red social y que permite que el sistema aprenda qué es lo que nos gusta. Cuando escuchamos una canción, ese plug-in se activa – a no ser que lo desactivemos, claro – para registrar el tema y el artista, de forma que el servidor pueda construir un patrón de recomendación.

Lo mejor es que todos esos patrones se reúnen en una gran red de usuarios, cada uno con su página propia en el servicio, que pueden averiguar así quién tiene gustos afines y, por lo tanto, qué otros grupos que no conoce pueden ser interesantes.

A 📄 En este artículo, ¿cómo se dice en español?

1	radio stations	6	refining
2	endless	7	server
3	commercial breaks	8	pattern
4	boredom	9	users
5	management	10	to ascertain

B 📄 Copia la tabla.

1 Para cada verbo, busca en el texto un sustantivo correspondiente y escríbelos en la segunda columna de la tabla.

2 En la tercera columna, anota lo que significan los sustantivos en inglés.

Verbo	Sustantivo	Significado del sustantivo
1 emitir	*Ejemplo*: la emisora	*Ejemplo*: radio station
2 usar		
3 repetir		
4 aburrirse		
5 cantar		
6 aplicar		
7 reproducir		
8 gestionar		
9 crear		
10 comportarse		
11 aprender		
12 recomendar		

C ✍ Haz un resumen del artículo en inglés. Escribe unas 50 palabras.

7.9 Podcasting: la radio hecha en casa

Con el Podcasting, puedes escoger tus programas favoritos y escucharlos cuando quieras.

A 📄 Antes de escuchar el programa, busca en un diccionario el significado de las palabras siguientes:

1 ancho
2 término
3 descargar
4 portátil
5 un paso
6 periodista
7 alojado
8 la herencia
9 una mezcla
10 encajar

B 🎧 Escucha el programa y rellena los espacios en blanco.

1 El Podcasting tiene unas _____ que son _____.
2 La palabra es la _____ de dos palabras _____.
3 Con Podcasting, el _____ puede escuchar el programa en el momento que _____.
4 Un Podcast es un _____ pero _____.
5 Normalmente es el _____ que acaba hablando de _____temas.
6 Encarna tiene un _____ y una _____.
7 El Podcast es un _____ tan fértil que sus posibilidades son _____.
8 El blog de Encarna es una ____ de exhibicionismo ____ y _____ sentimental.
9 Quiere _____ de lo que le gusta y ___ sin ningún tipo de _____.

C 🎧 Escucha otra vez y anota en inglés tus respuestas.

1 El origen de la palabra 'Podcast'.
2 La definición de Wikipedia.
3 La relación entre un weblog y un podcast.
4 Lo que hace Encarna en la vida.
5 Lo que es su blog.
6 De lo que le gusta hablar.

D 🎧📄 Escucha otra vez. Hay al menos un error en cada una de estas frases. Escribe las frases otra vez, corrigiendo los errores.

1 El Podcasting está revolucionando la radio.
2 El término viene de la suma de dos palabras españolas.
3 Según Wikipedia, consiste en crear imágenes de vídeo y distribuirlas.
4 El podcast es lo mismo que un weblog, pero escrito.
5 Encarna Machado nació en Málaga hace 21 años.
6 Encarna Machado vende periódicos.
7 En una emisora llegas a mil personas y gracias a Internet te escuchan cien.
8 La propiedad intelectual hace daño a la libre difusión de los periódicos.

7.10 Los padres podrán controlar a sus hijos en Internet

Las comunidades virtuales crearán una herramienta para que los padres puedan controlar a sus hijos en Internet.

Las comunidades virtuales planean ofrecer un software gratuito para que los padres controlen más a sus hijos en la web, en un intento por aplacar las críticas que reciben de varios grupos de presión por la supuesta inseguridad de los menores.

Los padres podrán utilizar el programa para ver el nombre, la edad y la dirección que utilizan sus hijos en el portal.

La aplicación no permitiría a los padres leer los correos electrónicos de sus hijos ni ver sus páginas favoritas y avisaría a los chicos en el caso de que su información privada estuviese siendo vista por otra persona.

El anuncio de esta medida llega después de que un grupo de abogados amenazase con tomar acciones legales contra una comunidad virtual en el caso de que la web no subiese la edad mínima para ingresar en la comunidad, de 14 a 16 años, verificando además que esa edad es la real.

Un juicio supondría muy mala publicidad para la comunidad virtual, un negocio muy rentable que no lo sería tanto si los anunciantes comenzasen a marcharse.

El sitio, muy popular entre los adolescentes, tiene que enfrentarse a las continuas críticas que argumentan que muchos usuarios menores de edad dan demasiada información personal, allanándoles el camino a los pedófilos.

A 📄 Lee el texto. ¿Cuáles puntos de los siguientes no se mencionan? Escribe los números.

1 El software ayudará a los padres a saber lo que hacen sus niños en la web.
2 Algunos grupos se quejan de las comunidades virtuales, porque creen que los menores corren riesgos en utilizarlas.
3 El software no permitirá que los padres puedan trasvasar música en forma de MP3.
4 Los chicos sabrán cada vez que otra persona vea sus detalles.
5 Un grupo de abogados quiere una edad mínima más alta para poder ingresar en la comunidad.
6 Los padres necesitarán un nombre de usuario y una contraseña para acceder al software.
7 Si los usuarios dejaran de acceder a la comunidad virtual, ésta empezaría a perder dinero.
8 Las autoridades están monitorizando la comunidad virtual para detectar la presencia de pedófilos.

B 🗨 Elige uno de los temas siguientes.

• Con una pareja, escribe 5 avisos destinados a los jóvenes españoles que usan las comunidades virtuales. Deben tener cuidado, por cierto, pero ¿de qué?

• Eres padre o madre de un adolescente que usa una comunidad virtual. Escribe una carta de unas 150 palabras en español a un periódico explicando tus aprensiones.

7.11 Seis de cada diez trabajadores pierden el tiempo en el trabajo

Internet ayuda en el trabajo, pero al mismo tiempo puede reducir la productividad.

A 🎧 Escucha la grabación y anota los hechos siguientes.

1 El número de encuestados.
2 La proporción de empleados que admiten perder tiempo.
3 El número de horas perdidas sobre una jornada.
4 El porcentaje de tiempo que eso representa.
5 El porcentaje que pierde tiempo utilizando la web.
6 El porcentaje que pasa el tiempo charlando.
7 El porcentaje que hace tareas no asociadas con el trabajo.
8 Las dos razones dadas por algunos encuestados por las que pierden tiempo.

B 🎧 🗨 Escucha otra vez y contesta a las preguntas en español.

1 En vez de trabajar, ¿cuál es la actividad de sustitución más favorecida, según la encuesta?
2 ¿Cuándo se realizó la encuesta?
3 ¿Cuál fue el porcentaje de los encuestados que admitían estar aburridos o no tener demasiado que hacer en el trabajo?

C 🎧 ✍ 📄

1 Escucha otra vez y transcribe lo que dice el presentador.

2 Traduce al inglés la transcripción que acabas de hacer en el ejercicio 1.

D :º

¿Cómo perdéis el tiempo tú y tus compañeros de clase? En vez de trabajar, ¿qué hacéis como actividad de sustitución?

Haz una pequeña encuesta en clase, y presenta los resultados al grupo.

7.12 Internet está matando la cultura

Los 'blogs': ¿libertad de expresión para el individuo, o propagación de mentiras?

La llamada revolución de la Red, saludada generalmente por su potencial para una comunicación democrática, está degenerando en una cacofonía donde todo importa, y por tanto nada importa, y la opinión del aficionado vale tanto como la del profesional.

Esa es la tesis central del libro fuertemente polémico que quiere ser una llamada de atención sobre los peligros de la Red.

Denuncia en especial la obsesión febril de creación de blogs en los que, según dice, con 'simiesca desvergüenza' muchos se dedican a exponer sus vidas privadas, sus vidas sexuales, sus vidas oníricas y sus 'segundas vidas'.

Según el autor, en el momento de escribir su libro había ya 53 millones de blogs en internet, cifra que se duplicaba cada seis meses, por lo que, de seguir al actual ritmo, dentro de unos años habrá más de 500 millones de blogs hablando de todo y confundiéndolo todo.

Para el autor, un efecto perverso de la proliferación de blogs de acceso libre y de la publicidad gratuita es una caída de la circulación y de los beneficios que permiten la de los medios de comunicación tradicionales.

La transformación automática en periodista de cualquier individuo con acceso a un ordenador personal – un 34% de los doce millones de 'bloggers' de EEUU consideran que la suya es una forma de periodismo – crea una maraña en la que es ya imposible distinguir la información de la manipulación o del rumor sin fundamento.

A 📄 Contesta en inglés.

1 What is the central theme of this book about the Internet?
2 What is the author especially concerned about?
3 How does the author see blogs expanding in the future?
4 What is one of the effects of the proliferation of blogs?
5 What is the outcome of this massive expansion in blogging?

B 📄 Traduce el último párrafo al inglés.

7.13   Los MP3 y la pérdida de capacidad auditiva

Las maravillas de la tecnología pueden también provocar problemas.

A 🎧

I   Antes de escuchar, con una pareja haz una lista de palabras que a vuestra opinión podrían ocurrir en la grabación, según el título. Cada pareja debe compartir los resultados con el resto del grupo.

2   Escucha la grabación. ¿Qué palabras de las anticipadas oyes?

B 🎧 Ahora escucha la grabación y empareja las dos partes de las frases siguientes.

I Hay una relación causa-efecto posible entre…
2 La pérdida de la capacidad auditiva…
3 La exposición directa y reiterada del oído a música a volumen elevado…
4 Las ventas de reproductores de MP3…
5 Los niños y los jóvenes…
6 Casi el 50% de los jóvenes encuestados…
7 Uno de los síntomas es…
8 Los 115 decibelios es…

a …han sido más de lo que esperaban.
b …un nivel peligroso de sonido.
c …tienen síntomas de la pérdida de capacidad auditiva.
d …la necesidad de subir el volumen de la televisión.
e …el uso de los reproductores de MP3 y la pérdida de la capacidad auditiva.
f … entrañaría riesgos para el usuario.
g … están más familiarizados con los reproductores de MP3 que sus padres.
h …puede ser irreversible.

C 👥 ¿Estás a favor de o en contra de los reproductores de MP3? Haz un debate con una pareja.

I   Diseña una tabla con dos columnas y los títulos siguientes.

Ventajas	Desventajas

Copia las frases de la casilla en la columna adecuada de la tabla.

> Dañinos a la capacidad auditiva
>
> El contenido de muchos CDs en una máquina pequeña
>
> Escuchar música cuandoquiera y dondequiera
>
> Fomenta una sociedad solitaria
>
> Ligero, pequeño y portátil
>
> Más barato con los trasvases que comprar CDs
>
> Muy molesto en los espacios públicos
>
> Peligrosos en el tráfico – peatones o ciclistas usuarios no pueden oír
>
> Provocan los robos callejeros
>
> Selección personal de bandas favoritas

2   Discute con tu pareja, ¿cuáles son las desventajas más serias? ¿Estáis de acuerdo? Pensad en soluciones y presentad vuestras ideas al grupo.

D ✍ Escribe una carta de unas 150 palabras en español para una revista para jóvenes, o a favor de, o en contra de los MP3.

7.14 La telefonía móvil – el futuro

Cada día aparece un nuevo teléfono móvil que nos ofrece posibilidades cada vez más impresionantes.

Televisión y vídeo, función GPS integrada, servicios de banda ancha, contenidos interactivos, música y nuevos sistemas de pago con el móvil son las estrellas del futuro. Uno de los servicios por los que más apuestan tanto operadores como fabricantes es por la recepción de televisión en el teléfono móvil. Una de las tecnologías que va más unida a la televisión en el móvil y a los servicios interactivos es el HSDPA (High Speed Downlink Packet Access).

Con el despliegue de una buena red HSDPA se pueden estandarizar servicios basados en la velocidad que hasta el momento son impensables. El futuro de la telefonía móvil pasa por la cuarta generación, que podría ofrecer unas velocidades de entre 100 Mb/s y 1 Gb/s.

Los nuevos proyectos de Robert Redford están centrados en la producción de cortometrajes para teléfonos móviles. Como ya anunció en el Festival de Cine de Sundance, el móvil también puede convertirse en una pantalla de cine, por lo

que cinco de sus directores presentarán sus cortos (de entre 3 y 5 minutos) en un congreso de telefonía móvil.

Seguridad en el teléfono móvil, juegos con las mismas licencias que los que ya pueden jugarse en las consolas de nueva generación, una nueva versión del sistema operativo Windows Mobile y avanzados dispositivos que suponen una mezcla entre teléfono móvil y ordenador son otras de las propuestas que podrán verse en este congreso que seguiremos muy atentos.

A 📄 ✍

1 Usando un diccionario si es necesario, lee el texto y anota unas 12 palabras claves que tocan lo esencial del tema.

2 ¿De qué se trata el texto? Contesta con una frase breve en español.

B 📄 En el texto, busca las palabras que corresponden a las definiciones siguientes.

1 Una tecnología que permite el uso del teléfono y el ordenador al mismo tiempo.
2 La gente que manufactura los teléfonos.
3 El desdoblar de un servicio.
4 Hacer que los servicios sean conciliables.
5 Que no se puede concebir.
6 Una película que no dura mucho tiempo.
7 La superficie en que se proyecta una película.
8 Mecanismos futurísticos.

C 📄 🗪

1 Haz una lista de las nuevas posibilidades para el teléfono móvil.

2 Contesta a las siguientes preguntas en español.

1 ¿Quál es el servicio más investigado tanto por operadores como fabricantes?
2 ¿Cuál es la ventaja principal de una red HSDPA?
3 ¿Qué ha anunciado Robert Redford?
4 Haz una lista de las cuatro propuestas que se podrán ver en el congreso.

D 📄 Escribe un resumen del artículo en inglés. Escribe unas 50 palabras.

E 🔅

Haz una encuesta en tu grupo para determinar cuál es la característica más popular de un teléfono móvil. Por ejemplo, sacar fotos y videos, juegos electrónicos, acceso al Internet, etc.

Presenta los resultados al grupo, dando al mismo tiempo tu opinión sobre el futuro del teléfono móvil. ¿Es una buena cosa, o no?

Prácticas

1 Study the grammar section on **the polite imperative** on page 181, and then re-read 7.1 *Seis reglas inteligentes*.

A Rewrite this recipe, changing the verbs shown in bold from the familiar form of the imperative to the polite form.

Pescado relleno

Limpia los mejillones y **pon**los en un cazo con un poco de agua y sal. **Pon**los a fuego vivo hasta que se abran. **Sáca**los de sus conchas y **píca**los. **Cuela** el caldo que haya soltado por un colador de tela metálica donde habrás puesto una gasa. **Reserva** este caldo. **Lava, seca** bien y **sala** el pescado. **Haz**le en el lomo unos tajos que rellenarás con láminas de ajo.

En una besuguera, **pon** el aceite de manera que cubra bien el fondo. **Corta** las cebollas en rodajas y **pon**las de manera que formen un lecho para el pescado. **Pon** encima el pescado con la tripa rellena con el picado de mejillones. **Coloca** por encima del lomo una avellana de mantequilla y **méte**lo en el horno, previamente calentado, unos 20 ó 25 minutos.

Mientras **prepara** una bechamel más bien clarita y cuando haya cocido ocho minutos, **añáde**le el caldo de los mejillones y el curry. **Sala** con cuidado y **agrega** los mejillones que no hayan cabido en la tripa. **Sirve** el pescado en la misma fuente y la salsa aparte.

B Translate these instructions into Spanish, using the polite form of the imperative.

1 Choose instructive programmes.
2 Fix clear rules.
3 Explain your motives.
4 Sit down with them to watch a good comedy.
5 Insist that they do their homework.
6 Try not to 'channel-hop'.
7 Stay resolute when they protest.
8 Use the new technologies.

2 Study the grammar section on the **present continuous tense** on page 174.

A Rewrite each sentence, changing the verb in bold into the present continuous tense:

1 Javier **lee** una revista.
2 Mis padres **construyen** una casa en España.
3 Paco **juega** al fútbol.
4 ¿Qué **comes**?
5 Pedro **busca** un empleo.
6 Baja la televisión un poquito – los niños **duermen**.
7 ¿Qué me **dices**?
8 ¿Dónde está mi abrigo? **Nieva**.
9 ¡Más despacio! ¡**Conduces** demasiado rápido!
10 ¿Qué te pasa? **Te pones** muy delgado.

B You are describing a film première for a radio station, so you need to make the listeners aware of what is happening at any given moment. Write out the script of your broadcast, as given below but changing the infinitives in brackets into the present continuous tense.

Estamos aquí en el gran cine en el centro de la ciudad. (Llover) un poco, pero hay una muchedumbre bastante grande. La policía (acordonar) las calles alrededor del cine. Todo el mundo (charlar) y (gritar) a las estrellas de la pantalla, que (llegar) en grandes limusinas de lujo.

Y ahora la estrella de la película (llegar). Los periodistas (acercarse) con sus micrófonos, y (hacer) preguntas. La chica es muy guapa, y (llevar) un vestido de diseño, de un color azul iridiscente. La multitud (volverse) loca. Todo el mundo (sacar) fotos, y la estrella (firmar) autógrafos. El director de la película (hablar) con el alcalde del pueblo, y ahora los personajes VIP (andar) por la alfombra roja, y (entrar) en el cine. La gente (aplaudir), y la estrella (saludar) a la multitud.

C Now translate into English the completed script from exercise B.

3 Study the grammar section on **radical-changing verbs** on page 188.

A You are emailing your Spanish penfriend to arrange a visit to the UK. Complete the text of the email below, by putting the infinitives in brackets into the appropriate form of the verb.

¿(Preferir) visitar Inglaterra en abril o en julio? ¿Cuánto (costar) un billete de avión? Si (querer) ayuda, se lo (pedir) yo a mi profe de español, porque sé que tú no (entender) bien el inglés. Si (venir) en julio, ¿cuándo (empezar) las vacaciones de verano? (Poder) irnos juntos al polideportivo. ¿(Jugar) al voleibol? Yo soy miembro de un equipo, y (soler) practicar los martes por la tarde. ¿Qué hacen tus amigos el año que (venir)? ¿(Seguir) con los estudios? Bueno tengo que ir al médico, porque me (doler) la cabeza y no (dormir) bien. No (poder) continuar así.

B Translate the following sentences into Spanish.

1 The children show great interest in the programme.
2 Water boils at 100 degrees.
3 I do not deny that I don't want to do it.
4 Have they got their tickets?
5 Good nurses never lose patience.
6 Do you understand what I mean?
7 What time do you have lunch normally?
8 The doors close at 7.00pm.
9 My mother always feels tired.
10 I always enjoy myself at the gym.

4 Study the grammar section on **adverbs** and **adverbial phrases** on page 164, and then re-read 7.7 *Internet: reto a la prensa tradicional*.

A Make a list of all the adverbs and adverbial phrases contained in the article in section 7.1, and translate them into English.

B   Translate the following sentences into Spanish.

1 She looked at me sadly.
2 We often saw mice in the kitchen.
3 I'll do it willingly.
4 The crowd listened attentively to the speech.
5 She went to the theatre occasionally.
6 He opened the parcel carefully.
7 He spoke aloud without realizing.
8 They tried in vain to get tickets for the concert.
9 He looked at her affectionately.
10 The children were sleeping soundly.

5   Study the grammar section on *por* and *para* on page 185 and then re-read 7.10 *Los padres podrán controlar a sus hijos en Internet.*

A   Complete these sentences with either *por* or *para*:

1 Lo hice _____ ese motivo.
2 Ya ha salido el autobus _____ Toledo.
3 ¿Estarás listo _____ las siete?
4 He venido _____ mi dinero.
5 Todo el mundo tiene gran respeto _____ Carmen.
6 Viví en Salamanca _____ un año.
7 Esta carta es _____ ti.
8 Necesitamos una habitación _____ tres noches.
9 Hay que pasar _____ el parque.
10 La comida basura es mala _____ la salud.

B   Translate the following sentences into Spanish:

1 I almost died.
2 There's still a lot to be done.
3 Unfortunately, I can't go to the match this Saturday.
4 Children eat more junk food and take less exercise, so childhood obesity is a big problem.
5 Finally, I've sent off the manuscript.
6 It was a dark blue BMW or something like that.
7 El Coto Doñana, for example, is a very famous national park.
8 It seems to me that you are annoyed.
9 There's nothing more to do for now.
10 I need at least 1,000 euros.

Unidad 8

El mundo de trabajo

8.1 ¿Cómo andas de ambición?

¿La ambición es un estímulo que te ayuda a conseguir tus objetivos,
o un impulso obsesivo?

A Responde 'sí' o 'no' a las siguientes
preguntas para descubrir aspectos nuevos de una
faceta importante de tu personalidad. Después, tu
profe va a decirte la puntuación.

1 ¿Piensas que el deporte y los hobbys son pérdidas
de tiempo inútiles?

2 Si haces alguna cosa, ¿te es esencial hacerla bien o
si no, no la haces?

3 ¿Estás de acuerdo con el refrán 'no dejes para
mañana lo que puedas hacer hoy'?

4 ¿A menudo haces comparaciones entre los
resultados de tu trabajo y los obtenidos por los
demás?

5 ¿Piensas que la ropa y el aspecto externo de una
persona no influyen para nada en su éxito personal?

6 ¿Piensas que para evitar desilusiones es preferible
no apuntar muy alto?

7 Según tú, ¿hacer siempre lo que se debe es lo que
cuenta en la vida?

8 Si te dan a elegir entre un puesto de trabajo que te
guste y otro que te guste menos pero que tenga más
prestigio y esté mejor remunerado, ¿optas por el
primero?

9 En Navidad, si pudieras escoger, ¿preferirías recibir
una cantidad de dinero apreciable, en vez del
habitual regalo?

10 ¿Para ti es más importante el amor que una carrera
profesional?

B Tienes aquí una parte de la puntuación del
test. Hay varias palabras que faltan; escoge una
palabra de las de la lista para rellenar cada uno de
los espacios en blanco.

Eres una persona extremadamente (**1**) _____.
Dedicas todas tus energías a (**2**) _____ a ser
alguien. La vida, (**3**) _____ ti, es una
competición en la que siempre (**4**) _____ el
mejor. Una buena posición, una (**5**) _____
elevada y un (**6**) _____ de prestigio son tu
(**7**) _____.

agresiva	pareja
ambiciosa	por
competición	puesto
dedicas	querer
llegar	renta
meta	vence
para	

C

1 En el cuestionario se utilizan las palabras de la
casilla. Complétala con las formas que faltan.

Sustantivo	Verbo	Adjetivo
1	2	satisfecha
3	dedicar	4
5	6	importante
el trabajo	7	8
9	10	libre

2 Rellena cada uno de los espacios en blanco de las frases siguientes con una de las palabras que acabas de escribir en la tabla.

1 Mi trabajo me da mucha _____. Estoy muy contento.

2 Mi jefe es muy _____; no piensa en nadie excepto en sí mismo.

3 Es indiferente a todo; no le _____ si lo logra o no.

4 La motivación y la _____ son las calidades que destacan.

5 Espera ganar lo suficiente para _____ a su familia de la pobreza.

D 📄 He aquí la puntuación para los que han apuntado entre 3 y 0 'sí'. Tradúcela al inglés.

Tus metas son distintas: una vida tranquila, en paz contigo mismo / a con las personas que quieres, una actividad que te deje expresar tu creatividad, o te permita ganar el mínimo indispensable para dedicarte a tus cosas. Eres de esas personas que cuando les sobra algo de dinero piensan en hacer un viaje o comprar libros.

E 👥

¿Cuál es tu ambición? ¿Cómo vas a conseguirla?

Prepara un pequeño discurso de un minuto y léeselo a un / una compañero(a), o grábalo y pásaselo. Él / Ella tomará notas y luego te contará en español lo que le has dicho. A continuación, cambiaréis de papeles (tú pasarás a ser el / la oyente).

8.2 ¡Mi hermano es perezoso!

María se queja de su hermano.

A 📄 En los dos primeros párrafos del texto, ¿cómo se dice en español?

1 he's never been keen on
2 a steady job
3 he's always complaining
4 he is contemptuous of
5 worried
6 he refused
7 a salary
8 bills

B 📄 Ahora, traduce al inglés el último párrafo, desde 'No hay que preocuparse' hasta el final del artículo.

C 🗨 ¿Estás de acuerdo con la actitud de Juan, o no? Explica por qué. Escribe unas 150–180 palabras. Puedes mencionar, por ejemplo:

- la responsabilidad
- la seguridad a largo plazo
- el espíritu de la aventura
- pagar su parte

Después compara tus ideas con las de una pareja.

A mi hermano Juan nunca le ha apetecido tener un trabajo fijo. Siempre se está quejando de la sociedad, que ve como demasiado materialista. Menosprecia a los empleados que trabajan en la misma empresa toda su vida.

Mis padres estaban muy preocupados ya que se negaba encontrar un empleo que le aportara seguridad y un sueldo con el que pagar sus facturas al final del mes. Según él sólo se vive una vez y por lo tanto hay que disfrutar la vida al máximo.

No hay que preocuparse, solía decir, de las pequeñeces del día a día como el tener un trabajo para poder comprar comida, pagar el alquiler del piso y los gastos diarios. Así que Juan no quiso seguir estudiando y le obsesionó viajar por el mundo con sólo 18 años. Claro está que mis padres tuvieron que pagar todo mientras él viajaba por los cinco continentes.

8.3 'No tengo ganas de trabajar.'

¡El trabajo puede ser un obstáculo para la creatividad!

A 🎧 Después de escuchar la grabación, escoge el título que más convenga a la historia entera.

- Ningún deseo de trabajar
- Problema y solución
- Trabajando por el sueldo mínimo

B 🎧 Tienes aquí una 'traducción al inglés', hecha por un programa de traducción en internet, de la primera parte de la grabación. Escucha la grabación y reescribe la traducción correctamente.

> More late, when all the world was believing that finally it was going to normalise his situation, itself dedicated to read and to write. The day was passing itself in house of my fathers closed in his habitation. Was saying that an employment it would distract and so was holding that to subsist asking for money borrowed to my family. No itself was giving bill who was holding that to maintain to my sons. Him I said who was holding to encounter a work, the what it caused a big disgust.

C 🎧 ✍ Escucha la grabación otra vez. Lee esta versión alternativa de la segunda parte. Complétala, rellenando cada uno de los espacios en blanco con una palabra apropiada.

Juan (**1**) _____ lo que yo sugerí. Para empezar, obtuvo empleos (**2**) _____ pagados. Por ejemplo, (**3**) _____ entradas en un cine. Abandonó cada empleo muy (**4**) _____. No era rico, claro, pero por lo menos (**5**) _____ bastante (**6**) _____ para pagar su parte. Después de la (**7**) _____ de nuestra abuela Juan descubrió que ésta le había dejado (**8**) _____ dinero.

D ✍ Basando tus ideas sobre lo que sabes de Juan, cuenta en unas 200 palabras lo que hizo con el dinero que había heredado.

8.4 Fórmulas infalibles para encontrar empleo

Conseguir trabajo puede ser difícil, ya que muchas persons solicitan el mismo puesto.
¿Cómo llegar a destacar sobre los demás?

Cuando estás buscando trabajo, tendrás que planificarte y dedicar varias horas a hacer llamadas telefónicas, preparar las entrevistas, etc.. Pero, sobre todo, es importante que no te desesperes ante la llegada de los primeros fracasos.

Confeccionar un buen currículo es el primer paso. Va a ser tu tarjeta de visita ante personas que no te conocen. En cuanto a la forma, lo indicado es escribirlo con ordenador, nunca a mano. Debe dar una impresión de orden y claridad a primera vista. El texto debe quedar centrado para facilitar su lectura. Evita la información inútil. Procura que sea breve, para que la persona que lo lea no pierda el tiempo.

Adjunta una breve carta escrita a mano para dar un tono más personal. En la carta expondrás tu motivación

para solicitar el empleo. Es importante hacerlo con buena letra, ya que algunas empresas realizan un examen grafológico para conocer la personalidad del candidato.

Si envías el currículo a una multinacional, lo mejor es que lo escribas en español e inglés. Si lo quieres enviar a varias empresas, no hagas fotocopias; puede dar la impresión de que tienes poco interés.

A 📄 Las frases siguientes hacen el resumen del texto, pero están mal ordenadas. Ponlas en el orden correcto.

1 No escribe demasiado.
2 Si la empresa tiene sucursales en otros países, escribe en los idiomas apropiados.
3 Tu escritura será examinada por expertos.
4 Para cada solicitud, escribe una carta distinta.
5 No incluyas lo que no importa.
6 ¡Ojo! Escribes para personas desconocidas
7 Explica por qué buscas el puesto.
8 Escribe algo con tu letra.

B 📄 Aquí tienes el último párrafo del artículo, en que se ofrecen más consejos en cuanto a la carta. Hay ciertas palabras que faltan. Escoge de las casillas la palabra adecuada de la casilla para rellenar cada espacio en blanco.

> En cuanto al (**1**) _____ de la carta, deben constar todos tus datos (**2**) _____. También has de señalar qué (**3**) _____ sabes, especificando el (**4**) _____. A continuación, la experiencia (**5**) _____, enumerando el tipo de (**6**) _____ realizado y la (**7**) _____ del contrato. No pongas datos (**8**) _____, pues sería bastante (**9**) _____ si te pidieran un (**10**) _____ que los avalara.

aburridos	certificado
colegio	comprometido
contenido	cosas
destino	duración
embarazoso	empleo
falsos	idiomas
laboral	mayoría
nacionales	nivel
pago	personales
política	trabajo

C 🎧

Escucha la grabación y contesta a las preguntas. Utiliza las siguientes indicaciones en inglés para prepararte.

- You want to work abroad using your Spanish and this company has branches in many countries.
- You want to find out about hours of work, and salary.

8.5 Cientos de alumnos acuden a la caza de un trabajo

La mayoría de la gente joven sí quiere buscar un puesto de trabajo, como lo confirma este reportaje.

A 🎧 Escucha la grabación. ¿Cómo se dice en español?

1 somewhat easier
2 job offers
3 as up to date as possible
4 company director
5 they don't need to have experience
6 with regard to

B 🎧 Escucha otra vez. Para cada una de las frases siguientes, apunta V (= verdadera), M (= mentira) o N (no se menciona).

1 Muchos estudiantes tienen miedo al trabajo.
2 En el Foro de Empleo, es fácil encontrar un puesto.
3 El Foro dura tres días.
4 El año pasado hubo setenta empresas que participaron.
5 Los alumnos pueden enterarse de las posibilidades laborales.
6 Si ya tienes un empleo no puedes pedir entrevista.
7 Jaime tiene un buen currículo pero no está disponible actualmente.
8 Amparo está finalizando su carrera universitaria.
9 Rodrigo acaba de cumplir sus estudios.
10 No es la primera vez que Rodrigo ha acudido al Foro.

C 📄 **I** En esta versión de un artículo de periódico sobre el mismo Foro de Empleo, hay ciertas palabras que faltan. Escoge en la casilla las palabras adecuadas para completar el artículo

aprueban	bastante
empleos	estudiantes
más	muestran
muchas	muy
organizado	participado
pasado	personas
piensan	primer
próximo	según
siete	tanto
todos	varias

Muchos (**1**) _____ que buscan su (**2**) _____ puesto han acudido al Foro de Empleo, (**3**) _____ por la Universidad Politécnica y abierto (**4**) _____ horas cada día. Este año, (**5**) _____ empresas han (**6**) _____ en el Foro que el año pasado y se declaran (**7**) _____ satisfechas con nivel de interés que (**8**) _____ los jóvenes. El Foro, (**9**) _____ los organizadores, ha tenido (**10**) _____ éxito que ya (**11**) _____ en organizar otro el año (**12**) _____.

2 Traduce al inglés el texto que acabas de completar en el ejercicio 1.

8.6 La mujer da impulso al trabajo

En los últimos años España se ha consolidado como el motor de creación de empleo en Europa.
La mayoría de estos puestos los han conseguido las mujeres.

De los más de 4 millones de nuevos empleos en Europa, un millón y medio se han creado en España. Nos encontramos ante una fase excepcional del crecimiento de la población activa española. España, que aportaba el 10% de la ocupación europea, genera el 40% de los nuevos empleos.

Aunque no ha sido un periodo especialmente dinámico para el mercado de trabajo europeo, este avance de la ocupación es el más elevado del conjunto de los países de la UE, seguido por el Reino Unido. Sin embargo, las naciones que concentran las dos terceras partes de los efectivos laborales (Alemania, Francia e Italia) no han llegado a crear ni un millón de empleos.

Esta tendencia al alza en la creación de empleos se ha visto incrementada en el último trimestre del año también gracias al aumento de la ocupación femenina, de la ocupación a tiempo completo y del crecimiento de los sectores de la construcción.

La gran mayoría de los nuevos puestos de trabajo ha sido ocupada por las mujeres. Unas 600.000 españolas consiguieron un puesto de trabajo – la mayoría a jornada completa – lo que supone el doble de la cantidad de hombres que accedieron al empleo. Se ve claramente también que la ocupación entre las mujeres se ha doblado y ha pasado de tres millones de empleadas a unas 7 millones. La aportación de mujeres y hombres al total de ocupados es casi idéntica.

Se opina que España aún está lejos de la media europea en lo que se refiere al empleo femenino, pero destaca el enorme esfuerzo de la mujer española por incorporarse al mundo laboral.

A 📄 **Para cada una de las frases siguientes, responde 'V' (verdad), 'M' (mentira) o 'N' (no se menciona), según el artículo.**

1 La mayoría de los nuevos empleos de la UE no han sido creados en España.
2 Los españoles son muy enérgicos.
3 España genera más empleos que otros países europeos.
4 La Gran Bretaña ha experimentado un crecimiento casi igual que el de España.
5 En la UE, dos países sobre tres han creado un millón de empleos.
6 Cada vez más mujeres trabajan en el sector de la construcción.
7 Pocos de los nuevos puestos de trabajo han sido ocupados por los hombres.
8 Muchas mujeres ocupan dos empleos.
9 Hay tantos hombres que trabajan como mujeres.
10 A pesar del progreso en cuanto al trabajo femenino, todavía queda mucho que hacer.

B 🖉 **Traduce este texto al español.**

The Spanish economy is very dynamic and, within the last ten years, there has been a growth in the working population of more than 1.5 million. Although there are increasing numbers of Spanish women who work, many do not have full–time jobs. However, most new jobs are occupied by women, who have integrated into the world of work. Today, in Spain, there are almost as many women as men who have jobs.

8.7 El techo de vidrio

Es cierto que las mujeres españolas han penetrado el mundo masculino del trabajo, pero ¿todavía quedan injusticias?

A 🎧 **Escucha la noticia. ¿Cómo se dice en español?**

1 in relation to levels of responsibility
2 They work outside the home.
3 despite working longer
4 doing the same job
5 give up work at a greater rate
6 the management of large companies

B 🎧 **Escucha otra vez, después empareja las dos partes de las frases siguientes. ¡Cuidado! Hay una segunda parte que sobra.**

1 Por lo general las mujeres ocupan …
2 Cada día las españolas se ocupan de …
3 Hay una desigualdad destacada entre el trabajo que hacen …
4 Por hacer el mismo trabajo, los hombres ganan …
5 Al cumplir los 45 años en término medio, los hombres ganan …
6 Por cada tres hombres gerentes, hay sólo …

a … un cuarto más que las mujeres.
b … sus jefes durante muchas horas.
c … su sueldo máximo.
d … una mujer que hace lo mismo.
e … puestos de menor responsabilidad.
f … las mujeres y lo que poseen.
g … sus niños durante más de una hora.

C 🖉

'Es lógico que las mujeres no tengan tanta responsabilidad como los hombres en el mundo del trabajo. No tienen la misma ambición.'

¿Estás de acuerdo? Escribe unas 200 palabras.

8.8 Trabajo por mi propia cuenta

No todo el mundo tiene su jefe – hay gente que prefiere ser independiente.

Entrevista con Linda, jefe de su propia guardería

Bueno, durante 20 años fui maestra en una escuela primaria. Desde hacía mucho tiempo, me frustraban las pocas oportunidades (**1**) _____ para la creatividad, y así decidí establecer una guardería privada.

Pero (**2**) _____ resultó más difícil que lo esperaba. Primero, cuando pedí prestado dinero al banco, ¡el gerente insistió en que mi marido garantizara el préstamo!

Cuando abrí por fin la guardería, todo iba a maravilla – hasta el día, (**3**) _____ que otra guardería, (**4**) _____ que tenía sitio para doscientos niños, se estableció muy cerca de la mía. (**5**) _____.

Tenía miedo de que nuestros clientes cambiaran de guardería. Afortunadamente, no lo hizo ni una sola familia. (**6**) _____.

Para mí la guardería es tanto una pasión como un negocio. El trabajo es duro, claro. A menudo vuelvo a casa a las diez de la tarde (**7**) _____. Y después hay tanto papeleo (**8**) _____. ¡Mi marido se queja de que tiene que pedir una cita para hablarme!

Al fin y al cabo es un trabajo que me da mucho placer (**9**) _____. Y lo que me hace sonreír ¡es que el gran grupo internacional (**10**) _____ acaba de pedirme que haga unos cursillos de formación para sus propios empleados!

A

En el artículo, faltan varias frases. Rellena los espacios en blanco, escogiendo la frase apropiada en cada caso.

a que era parte de un grupo internacional y
b Parecía que teníamos una buena reputación.
c después de estar de pie durante quince horas
d que había en el currículo
e a pesar de los problemas
f que ya he mencionado
g al principio, ponerla en marcha
h y muchas horas al teléfono.
i Puedes imaginar mi reacción.
j dos años más tarde

B

Aquí tienes el resumen de esta historia, del punto de vista del marido. Rellena cada espacio en blanco con una palabra apropiada.

Después de (**1**) _____ como maestra mi mujer, que es muy (**2**) _____, tuvo la idea de (**3**) _____ empresaria. Al principio encontró una (**4**) _____ cuando el banco rehusó (**5**) _____ dinero a menos que yo actuara de fiador para ella. A pesar de ver (**6**) _____ otra guardería no (**7**) _____ de la suya, sus (**8**) _____ permanecieron fieles. Lo irónico es que su competidor le (**9**) _____ que entrene a su (**10**) _____ efectivo.

C

1 Eres tú el periodista que hizo el entrevista con Linda. ¿Qué preguntas hiciste? Inventa seis preguntas utilizando cada vez una forma interrogativa distinta.

2 Trabaja con una pareja. Tenéis que jugar los roles de Linda y del entrevistador.

Persona A haz una pregunta a Persona B, que debe contestar. Luego cambiad de roles.

8.9 Cuando ella gana más que él

El papel tradicional del hombre como sostén de la familia se ha ido erosionando poco a poco durante los últimos años. ¿Cuál puede ser la reacción de un hombre si su mujer gana más que él?

A 🎧 Escucha lo que cuentan Paloma, Marisol y Julia. ¿Cómo se dice en español?

1 I got the promotion
2 to earn more money
3 I am well regarded
4 until now
5 he doesn't mind
6 sometimes
7 at the moment
8 before long

B 🎧 Escucha otra vez. ¿Quién es? Apunta Paloma, Marisol o Julia.

1 Conoció a su futuro marido en la oficina.
2 Tenía mucha ambición.
3 Tuvo que casarse antes de lo que esperaba.
4 Se valora en su compañía.
5 Tiene una pareja que no gana nada.
6 No ha experimentado ninguna dificultad con su pareja.
7 Vio un cambio en la actitud de su pareja.
8 Es optimista.

C 📄 Lee ahora lo que opina una cuarta mujer. Escoge en la casilla la palabra más apropiada para rellenar cada espacio en blanco en el texto.

El año pasado, Carlos, mi novio, (**1**) _____ el título de (**2**) _____ en Derecho pero no quiere encontrar trabajo (**3**) _____. No quiero que (**4**) _____ el resto de su vida con los brazos (**5**) _____. Toda persona necesita dedicarse a alguna (**6**) _____ para sentirse (**7**) _____. Él ha tenido varias (**8**) _____ de trabajo, pero casi siempre (**9**) _____ por decir que no, ya que asegura que no le (**10**) _____ económicamente.

acaba	actividad
bachiller	compensan
cruzados	dan
difícil	estable
gastó	llenos
licenciado	obtuvo
ofertas	otra
pasa	pase
real	realizada
tentaciones	se esfuerza

8.10 Empleos tradicionales: días contados

¿Hay empleos que están en peligro de extinción?

a Más previsible, ya que las máquinas lo hacen mejor y con más rapidez.

b Van a aumentar algunas variedades de compras. Seguimos comprando la ropa en tiendas, pero no los libros y las películas.

c Algunas profesiones desaparecerán en parte. Seguirá habiendo fotógrafos de moda y paisajes, pero los de boda por ejemplo se quedarán sin clientes gracias a las cámaras digitales.

d El abaratamiento de los precios reduce las reparaciones de muchos artículos.

e La educación a distancia y las clases impartidas por Internet conducirán a la sustitución de la clase magistral por una consulta del alumno a un tutor o guía.

f Unos oficios nos gustan más que otros, y cuando desaparecen, nos causan nostalgia, por ejemplo el de sereno.

g La microespecialización es la tendencia de la nueva época.

A Mira las descripciones a–g de unos oficios que quizás no existan dentro de poco. Entre los títulos 1–8 elige el que convenga más para cada descripción. ¡Cuidado! Hay un título que sobra.

1 la Red
2 desapariciones parciales
3 agencias inmobiliarias
4 el pasado
5 usar y tirar
6 el futuro
7 artesanías y oficios manuales
8 la enseñanza cara a cara

B Las frases siguientes corresponden a las siete descripciones del ejercicio A. Completa cada una con una palabra adecuada.

1 Las máquinas harán ciertos empleos tradicionales mejor y más _____.
2 Resultará más _____ comprar ciertos artículos nuevos.
3 Habrá un _____ en las maneras de comprar.
4 Los ordenadores _____ a los profesores.
5 Cuando dos personas se _____ no habrá fotógrafo.
6 La _____ de ciertos oficios tradicionales nos causa nostalgia.
7 Será preciso _____ en el empleo cada vez más.

C

En tu opinión ¿qué otros oficios van a desaparecer a causa de la tecnología?

Apunta al menos dos oficios y, para cada oficio, explica tus razones al grupo. ¿Estáis todos de acuerdo? ¡Discutid!

8.11 Los paseadores de perros

No todos los empleos son tradicionales. Amparo nos cuenta como gana dinero ella.

A 🎧 Antes de escuchar, busca el significado en inglés de las palabras siguientes.

1 minoritario	6 el dueño
2 la pauta	7 los ingresos
3 abarcar	8 la mascota
4 una correa	9 encerrado
5 el recorrido	10 extranjero

B 🎧 Escucha la entrevista. Corrige los errores en las frases 1–9, que hacen un resumen de la entrevista con Amparo.

Ejemplo: 1, En España hay pocos paseadores de perros.

1 En España hay muchos paseadores de perros.
2 Los paseadores típicamente trabajan en las regiones rurales.
3 El periodo de adaptación dura normalmente 15 semanas.
4 Al principio es muy importante dejar los perros andar sueltos.
5 Un paseo dura un cuarto de hora.
6 Algunos salen cada tres semanas.
7 Un buen paseador llevará al dueño de paseo también.
8 La mayoría de los paseadores en España hacen de esta actividad su principal fuente de ingresos.
9 Un cliente típico tiene mucho tiempo para cuidar su mascota.

C 🎧 ✍ Escucha otra vez y escribe notas en español sobre los puntos siguientes.

1 Los lugares en que se puede encontrar un paseador.
2 La duración y la frecuencia de los paseos.
3 Lo que se espera de un buen paseador.
4 Las características de un paseador típico.
5 Las características de un cliente típico.

8.12 Puntos de vista

Tres entrevistados cuentan lo que significa para ellos el trabajo.

Alonso

Estoy jubilado con sólo cincuenta años. Así que ahora vivo de mis ahorros, pero tengo que apretarme el cinturón ya que mis otras fuentes de ingreso no dan para mucho. Aparte de mi pensión de jubilación, tengo una pequeña pensión profesional. ¡No es probable que pueda hacer un crucero por todo el mundo!

Beatríz

Hace tres años gané la lotería europea. Abandoné de prisa mi trabajo en correos. Pero al cabo de poco sentía que me faltaba algo en la vida. Así que decidí hacerme voluntaria social – quería ayudar a los que eran menos afortunados que yo. Mis amigos no me entendían, pero yo sé que hacer algo útil es lo que importa más que correr por el mundo gastando mi dinero en caprichos.'

Carlos

Yo vivo el día al día. Trabajo a tiempo parcial en un Macdonalds cerca de mi apartamento y gano lo justo para sobrevivir. Claro que tengo proyectos para el futuro, así que por las tardes me dedico a tocar la guitarra en cafés y por las calles turísticas de mi ciudad. Aunque no gano mucho dinero, mi audiencia es generosa y me anima diciéndome que toco muy bien. ¡Algún día … quizás!

A 📝 Busca en los tres textos una palabra que tiene el mismo sentido que cada una de las definiciones siguientes.

1 dinero que no se ha gastado
2 lo que intentas hacer
3 alguien que trabaja sin recompensa
4 cosas que no son necesarias
5 dinero que se recibe del Estado

B 📝 Lee otra vez los puntos de vista, y para cada descripción 1–8 apunta la letra apropiada: A (= Alonso), B (= Beatríz), C (= Carlos) o N (= nadie).

1 Tuvo mucha suerte.
2 Dejó de trabajar temprano.
3 No trabaja a jornada completa.
4 Se ocupaba de cartas.
5 Quiso hacer algo útil.
6 No puede gastar su dinero en caprichos.
7 Ha viajado alrededor del mundo.
8 Esta bien considerado por los otros.

C 🖊 Escribe, en unas 180–200 palabras, la historia de una persona, verdadera o imaginaria, incluyendo las ideas siguientes.

- fortuna heredada
- trabajo abandonado
- amigos nuevos
- fiestas
- vacaciones
- catástrofe
- pobreza
- amigos desaparecidos
- conclusión

8.13 El trabajo voluntario

Puede ser que te interese hacer trabajo voluntario para devolver algo a la sociedad o a la humanidad. Escucha la conversación entre Ramón y Elsita que hablan de sus motivos para hacer este trabajo.

A 🎧 **Escucha la conversación. ¿Cómo se dice en español?**

1 when I'm looking for a permanent job
2 what motivates me
3 there's nothing more boring
4 I discovered things I never dreamt I could do
5 I taught children to count

B 🎧 **Escucha otra vez. ¿Cuál persona menciona cuáles motivos? Para cada motivo apunta Ramón, Elsita, o nadie.**

1 por diversión
2 para ganar experiencia laboral
3 por la satisfacción de hacer algo bueno y hacerlo bien
4 para compartir un conocimiento o una habilidad
5 por el reconocimiento que el ser voluntario trae consigo
6 para romper la rutina
7 para conocer gente con intereses como los tuyos
8 para aprender en el más amplio sentido de la expresión
9 para sentirse orgulloso
10 para ser y sentirse útil

C ✍ **Como preparación para hacer una solicitud para trabajar como voluntario, escribe una declaración personal en español, explicando tus motivos para hacer este tipo de trabajo. Escribe unas 300 palabras.**

8.14 El rechazo laboral – ¿calle ciega o trampolín?

Cuando se pierde el empleo, no se debe desesperar.

CÓMO ENCAJARLO

El rechazo laboral es el momento de la inevitable frustración. No eres el único al que le ha sucedido esto. Para no sufrir en exceso, conviene hacerse algunos razonamientos. Aquí tienes seis consejos para encajarlo.

1 Los rechazos son habituales. En el mundo laboral se cuentan por cientos de miles cada día. Hay que evitar tomárselo de forma personal. Aprovecha la experiencia para mejorar como candidato a lo que aspires.

2 Busca un grupo que te anime. Nos apartamos de nuestro círculo habitual y disfrutamos sintiéndonos injustamente tratados e incomprendidos. Es un error. Debemos apoyarnos en los que nos quieren, compartir con ellos nuestro enfado y, a poder ser, bromear sobre ello.

3 Considera la posibilidad de que estés aspirando a algo equivocado, que no sea el trabajo en el que puedes destacar. No intentes conseguir el primer empleo que aparezca y pide consejo para orientar tus esfuerzos hacia los más adecuados.

4 Hay que averiguar lo que hemos hecho mal: corrige tu currículo y tu carta de presentación, si fuera necesario, repasa tus respuestas en la entrevista y los otros aspectos del proceso. Pregunta a amigos y conocidos cuáles son tus puntos débiles, profesionalmente hablando, y procura mejorarlos.

5 Que no te hayan elegido para un puesto no significa que debas cortar contacto con una empresa. Una carta en donde indiques que, pese a no haber sido contratado, no pierdes la esperanza en el futuro causa una impresión inmejorable.

6 Procura mantenerte informado. Intenta contactar con alguien que trabaje allí, ya que puede tener información interna sobre nuevos puestos. Esta insistencia puede dar buenos resultados, pues, de cualquier modo, tiempo y paciencia son dos de las claves esenciales en la búsqueda de empleo.

A Lee el texto, y elige uno de los siguientes títulos para cada párrafo.

Asesoramiento	Seguimiento
Ánimo	Vínculos
Aceptación	Análisis

B Contesta a las preguntas en inglés.

1 If rejected, what should you avoid doing?
2 In what way should you take advantage of the experience?
3 What is a common reaction to rejection?
4 What should we do instead?
5 What possibility should we be aware of?
6 What else should we avoid?
7 What positive line should we follow?
8 In reviewing our application and performance at interview, what 3 steps should we take?
9 What should you try to maintain despite being rejected for a job?
10 What are the two essential factors in job hunting?

C Traduce el párrafo siguiente al español.

There are thousands of rejections every day. Take advantage of the experience. It's wrong to see yourself as unjustly treated. We should make light of it. Seek advice about the most suitable jobs, revise your CV and review your interview answers. What are your weak points? Try to improve upon them. Stay in contact with someone who works at the firm – he or she could have inside information about new jobs. Don't forget – time and patience are very important in looking for work.

Prácticas

1 Study the grammar section on **adjective agreement** on page 161, then listen again to the interview in 8.5 *Cientos de alumnos acuden a la caza de un trabajo.*

A Write down the Spanish for the following phrases.

1 first job
2 these tasks
3 last year
4 different offers
5 only requirements
6 different companies
7 this year
8 many firms

B Choosing from the list below, write a description of a criminal you saw snatch a handbag from a woman in the street. Choose from among the words listed and use them in your description. Adapt the adjectives as necessary for correct agreement.

Tenía / Llevaba… la cabeza, el pelo, los ojos, las orejas, la nariz, una chaqueta, un abrigo, una camisa, unos pantalones, unas zapatillas, unas gafas

Adjectives:

grande, pequeño, de tamaño mediano, alto, bajo, largo, corto, rizado, liso, redondo, azul, blanco, negro, amarillo, verde, gris, puntiagudo, grande, moderno, de lana, de algodón, de cuero, de plástico, de piel

2 Study the grammar section on **indirect object pronouns** on page 166, then listen again to the interview with Manolo in Unidad 8 Supplementary exercise 2 (*Fue mi mujer quien me dio la idea*), as far as '…cambió de opinión.'

A How does Manolo say the following in Spanish?

1 gave me the idea
2 I said to her
3 it didn't appeal to her
4 I explained to her

B Translate the following sentences into Spanish.

1 I sent the money to him.
2 He gave a ring to his girlfriend.
3 She sent me a postcard from Seville.
4 I'll give it to both of you tomorrow.
5 My father gave them some fruit.
6 You like this film, but I don't.
7 Give me your overcoat.
8 You don't send me flowers any more.

3 Study the grammar section on the **imperfect subjunctive** on page 179 and listen again to the interviews in 8.9 *Cuando ella gana más que él.*

A Rewrite these sentences, changing the infinitive in brackets into the appropriate form of the imperfect subjunctive.

1 No era importante que yo (ganar) más que mi marido.
2 Yo quería esperar hasta que (terminar) mis estudios.
3 ¿Querías que yo (abrir) la ventana?
4 Era posible que las chicas (llegar) tarde.
5 Era probable que yo (ir) a España de vacaciones.
6 Su madre preferiría que Blanca no (salir) por la tarde.
7 Amparo dudaba que su novio la (querer).
8 Era como si él no (hacer) nada.
9 Si (tener) bastante dinero, compraría una casa en el campo.
10 No era probable que el tiempo (cambiar).

B Now translate the sentences in exercise A into English.

El transporte

9.1 Cómo llegar a Madrid

Hay varias maneras de alcanzar la capital de España. Escucha a los presentadores que dan más información.

www.softdoc.es/guia_madrid/transporte

A 🎧 Escucha la noticia y apunta en inglés los detalles pedidos. Se da en paréntesis el número de puntos para cada respuesta.

● **airport**
1 number of terminals (1)
2 telephone number (1)
3 location of left luggage offices (1)
4 maximum duration for left luggage (1)
5 additional information about left luggage (2)

● **cars**
1 car park info (3)
2 parking facilities in T2 (3)
3 method of payment (2)
4 additional details about payment (2)

● **taxis**
1 cost of taxi between airport and city centre (1)
2 advice offered and reason (2)
3 additional info about cars (1)

B 🎧 📝 En la versión siguiente de la última parte de la grabación hay varios errores. Escribe la versión correcta.

Pero la forma más eficaz, y en general la más barata, de llegar al aeropuerto, es el metro. Abre a las cinco y media de la mañana y cierra a la una y media. La línea que os lleva al aeropuerto es la línea 7 – la roja. Tiene una parada en la Terminal 1 – que conecta por ascensor con las Terminales 2 y 4 – y otra en la Terminal 3.

C 👥 Trabaja con un(a) pareja. Cada uno / a prepara ocho preguntas pidiendo información que se dio en la grabación. Hay que utilizar todas las formas interrogativas que ves en la casilla. Luego haz tus preguntas a tu pareja – ¿puede contestar correctamente?

¿quién?	¿cuándo?
¿qué?	¿cómo?
¿por qué?	¿dónde?
¿cuánto?	¿a qué hora?

9.2 El transporte en la ciudad

Desplazarse en el centro puede ser difícil, pero afortunadamente hay soluciones.

Es cierto que la congestión en las ciudades, no sólo en España sino que también en la mayoría de las grandes ciudades del mundo, es un problema que se hace cada vez más grave. Cuando se acercan las vacaciones, nos bombardean con campañas publicitarias para concienciar a la gente de una conducción prudente: usar el cinturón de seguridad, tener en cuenta los límites de velocidad, etc.. Pero, cuando las vacaciones terminan, se ven grandes congestiones de tráfico en las entradas de las ciudades.

El tranvía en Valencia

En España, recientemente, ha habido alternativas para mejorar el problema del uso diario del automóvil, que se basan en el transporte público colectivo. Por ejemplo, el retorno del tranvía en Valencia. En Barcelona, también, hay una fantástica red de metros y autobuses que llegan a todos los puntos de la ciudad. Además, si se desea ir a la costa o a la montaña se puede coger los trenes de cercanía. Hay un tren cada media hora. Y me pregunto ¿para qué utilizar el coche? Hay gente que incluso utiliza el coche para ir a la vuelta de la esquina para comprar un periódico, cuando lo lógico sería ir caminando.

A 📄 **¿En el artículo, ¿cómo se dice en español?**

1 increasingly serious
2 to make people aware of
3 safe driving
4 to bear in mind
5 it would be sensible

B 📄 **Las frases siguientes, divididas en tres partes, hacen el resumen del artículo. Completa cada frase 1–6 eligiendo dos otras partes entre las frases a–l.**

1 Hay demasiados coches…
2 A la llegada de las vacaciones…
3 Al volver…
4 Ciertas ciudades españolas…
5 En Barcelona se puede desplazar…
6 Si se desea ir más lejos…

a …utilizando el transporte público
b …comportarse de una manera inteligente
c …más de treinta minutos
d …para disminuir este problema
e …sino en las de muchos países
f …por todas partes
g …se aconseja a los chóferes
h …han tomado medidas
i …no hay que esperar
j …no sólo en las ciudades españolas
k …todavía hay congestión
l …está claro que

C 📄 Traduce al inglés las frases completadas del ejercicio B.

D ✍ Escribe un comentario de unas 200 palabras sobre el transporte público en la ciudad, el pueblo o la región donde vives tú.

9.3 Cómo desplazarse en la ciudad

Enrique creía que no necesitaba un coche hasta el día en que le sucedió algo que cambió su punto de vista.

A 🎧 Escucha a Enrique que cuenta como cambió su actitud en cuanto a los coches. Escribe frases completas en español para contestar a cada pregunta.

1 ¿Por qué cambió Enrique su opinión en cuanto a los coches?

2 ¿Cómo se sabe que todavía no sabía conducir?

3 ¿Es casado, Enrique?

4 Imagina que eres Enrique; ¿cuáles son tres ventajas de tener un coche?

5 ¿En qué situación le enoja a Enrique tener coche?

6 ¿Qué no le gusta hacer cuando quiere aparcar, y por qué?

7 ¿Por qué quisiera Enrique una bicicleta en vez de un coche? Escribe tres razones.

B 👥 Prepara tantos argumentos como sea posible a favor de y en contra de la bicicleta. Después, haz lo mismo en cuanto al coche.

Presenta tus argumentos a una pareja o al grupo – ¿con cuáles de tus razones están de acuerdo? ¡Discutid!

9.4 Barcelona en bicicleta

A menudo dos ruedas son preferibles a cuatro.

Creado en 1995, 'Un Cotxe Menys' – un coche de menos – ofrece una manera diferente de descubrir nuestra ciudad a través de rutas en bicicleta, por los mejores rincones de Barcelona, tanto de día como de noche, y acompañados por un monitor-guía y un monitor-mecánico.

Una manera íntima, original y privilegiada de descubrir Barcelona, sus plazas, sus monumentos, sus playas, su gente … ya que la bicicleta permite saborear el entorno de una manera muy directa y cautivadora.

El buen clima de nuestro país nos permite realizar las rutas durante todo el año. Los tours nocturnos durante la época navideña, por ejemplo, nos permiten disfrutar de la transformación luminosa de la ciudad.

Mi compañía, 'Un Cotxe Menys', emplea personal multilingüe experimentado, que diseña y realiza la ruta, que es totalmente plana, sin ninguna dificultad, apta para gente de todas las edades (desde niños a mayores) y no es necesario estar habituado a ir en bicicleta. La ruta tiene aproximadamente 12 km, que transcurren por zonas peatonales y carriles bicicleta.

'Un Cotxe Menys' ofrece la posibilidad de alquilar bicicletas sin monitor. Nuestro local está abierto todos los días laborables (lunes a viernes) de 10 a 14 horas. Puede ofrecer también otras actividades combinadas con los itinerarios en bicicleta. Haced vuestra propuesta y os diremos si es factible.

A 📄 Empareja las dos partes de las frases siguientes, para hacer el resumen de esta publicidad.

1 La compañia Un Cotxe Menys existe desde hace...
2 No hay ningún peligro porque...
3 Nunca se interrumpe nuestra oferta porque...
4 En diciembre se puede percibir...
5 Nuestros guías...
6 Las rutas son apropiadas...
7 Si ya no has paseado en bicicleta...
8 Vas a viajar por lugares...
9 Se puede alquilar una bicicleta...
10 Si hay otra cosa que te interesa...

a ...lo encantador que es la ciudad.
b ...haznos saber.
c ...tanto para los mayores como para los jóvenes.
d ...a la hora que más te convenga.
e ...no hay ningún problema.
f ...donde no hay ningún coche.
g ...más de doce años.
h ...te acompañarán nuestros expertos.
i ...siempre hace buen tiempo.
j ...hablan varios idiomas.

B 📄 La compañía 'Un Cotxe Menys' ofrece otras posibilidades de viaje en bicicleta. Para saber más, lee el párrafo siguiente.

Para cada espacio en blanco, escoge entre las opciones dadas a–c.

1 (a) sólo (b) sola (c) misma
2 (a) lejos (b) tarde (c) temprano
3 (a) ven (b) organizan (c) destacan
4 (a) grupos (b) partidas (c) partidos
5 (a) gente (b) personal (c) personas
6 (a) monitor (b) alquiler (c) propietario
7 (a) confort (b) alimento (c) traslado
8 (a) se requiere (b) se para (c) se interesa
9 (a) borrachera (b) comida (c) mujer
10 (a) película (b) atmósfera (c) visita

Además de descubrir Barcelona (1) _____, se puede viajar más (2) _____ en bicicleta con 'Un Cotxe Menys'. Otras rutas se (3) _____ exclusivamente para (4) _____ de entre 20 a 50 (5) _____. Se incluye en el precio el (6) _____ de las bicicletas, el (7) _____ de las bicicletas y de las personas y, si (8) _____ también, una buena (9) _____, típica de la zona, y una (10) _____ cultural por la tarde.

C 👥

Persona A: Te apetece mucho la idea de descubrir Barcelona en bicicleta. Trata de convencerle a tu pareja para que te acompañe.

Persona B: No te gusta mucho lo que propone tu pareja. Responde de una manera muy negativa a lo que dice, dando cada vez tus razones.

Después de tres minutos, cambiad de roles.

9.5 Razones a favor de la bicicleta

La bicicleta, ¿es el futuro del transporte urbano? Muchas personas creen que los días del coche ya están contados. Ésta es la opinión de Manolo.

A 🎧 En cuanto a la bicicleta, ¿cuáles de los puntos siguientes no se hacen en la grabación?

1 ideas preconcebidas
2 ruido disminuido
3 ventajas económicas
4 temor de accidente
5 aceptación extensa
6 ciclistas migratorios
7 urbanistas influidos
8 medio ambiente mejorado
9 máquina muy eficaz
10 opción cada vez más popular

B 🎧 🖉 Prepara seis preguntas, basadas en lo que has entendido; puedes escuchar la grabación tantas veces como quieras. Tienes que utilizar al menos cuatro de las formas interrogativas indicadas.

¿Por qué?   ¿Dónde?

¿Cuánto(s)/Cuánta(s)?   ¿Qué?

¿Quién? / ¿Quiénes?   ¿Cómo?

C 👥

Persona A: Haz a tu pareja preguntas sobre la grabación. Tus preguntas tienen que comenzar con

- ¿Por qué?
- ¿Cuánto(s)? / ¿Cuánta(s)?
- ¿Quién? / ¿Quiénes?

Persona B: Haz lo mismo, pero tus preguntas tienen que comenzar en:

- ¿Dónde?
- ¿Qué?
- ¿Cómo?

Tenéis que contestaros con frases completas.

9.6 Trixi llega a Bilbao

¿Conoces a Trixi? Permítenos de presentártela.

A 🎧 Haz corresponder las dos partes de las frases siguientes. ¡Cuidado! Hay una segunda parte que sobra.

1 Este tipo de taxi se llama 'Trixi' porque...
2 La segunda ciudad española donde apareció Trixi...
3 Trixi es muy ligero pero...
4 En su interior...
5 No se pueden recorrer...
6 Trixi no cuesta tanto...
7 Se puede alquilar...

a ...no caben más de tres personas.
b ...como un taxi normal.
c ...pero no es muy cómodo.
d ....tiene tres ruedas.
e ...ocho horas por día.
f ...era la capital.
g ...no camina muy rápidamente.
h ...largas distancias.

www.trixi.com

B 📄 ✍️ Al día siguiente, apareció este artículo tocante a Trixi en un periódico municipal. Como lo ves, faltan varias palabras. Rellena cada espacio en blanco con una palabra apropiada.

Se vio por primera (**1**) _____ en Barcelona; entonces, en (**2**) _____. Y hoy, vemos la (**3**) _____ en Bilbao de Trixi, que va seguramente hacer tornar las (**4**) _____. Ni coche ni (**5**) _____, sino una mezcla de los dos, Trixi (**6**) _____ a los que visitan nuestra (**7**) _____ una manera algo original de (**8**) _____ por Bilbao. Una ventaja: Trixi es pequeño y ligero pero hay también una (**9**) _____: caben a su interior (**10**) _____ dos personas, además del conductor.

C ✍️ ¿Qué te parece Trixi? Escribe un Correo electrónico a un forum internet y da razones, por las que estás a favor de Trixi. Menciona también las desventajas, si crees que hay algunas, de esta forma de transporte.

Escribe unas 100 palabras.

9.7 El ISIC

Si eres estudiante, el ISIC (International Student Identity Card) te será muy útil. Pero ¿cómo funciona el ISIC? Escucha para saber más.

A 🎧 ¿En cuáles de las siguientes situaciones no se puede utilizar el ISIC?

1 Has olvidado tu pasaporte.
2 Estás de visita en Granada, y quieres ver la Alhambra.
3 Después de sufrir un accidente en América del Sur, muestras tu ISIC para pagar la nota del hospital.
4 Pasas un día en Barcelona; con tantos monumentos para ver, decides ahorrar tiempo y dinero yendo en taxi.
5 Quieres comprar un regalo para tu novio/a, pero has olvidado tu tarjeta de crédito.
6 Los aduaneros sospechan que llevas drogas. Te falta un abogado.
7 Compras un regalo para tu novio/a en un almacén.
8 Haces cinco horas por semana de enseñanza a distancia.

C 📄 Traduce al inglés el párrafo completado del ejercicio B.

B ✍️ Para sacar el ISIC hay que cumplir ciertos requisitos. Rellena cada uno de los espacios en blanco del párrafo siguiente con una palabra apropiada.

Si (**1**) _____ sacar el ISIC, tienes que (**2**) _____ más de 12 años. Si tienes noventa años, (**3**) _____ problema, ¡porque no hay (**4**) _____ máxima! Hay que (**5**) _____ pruebas que (**6**) _____ estudiante a (**7**) _____ completo, matriculado en un (**8**) _____ académico reconocido oficialmente. Será necesaria también una (**9**) _____ tamaño pasaporte. Otra cosa más: el ISIC (**10**) _____ actualmente 8€.

9.8 ¡Vamos a Granada!

Esta ciudad histórica se visita cada vez más gracias a los vuelos baratos.

A 🎧 Escucha la grabación. Cada 'ping' señala un trozo de la grabación donde faltan algunas palabras.

Aquí tienes las frases que faltan en la grabación. Ponlas en orden: escribe los números 1–10 en el orden apropiado. Puedes escuchar la grabación tantas veces como quieras.

1 el horario y
2 sin tener que andar
3 cuesta nueve euros
4 partiendo de varios aeropuertos
5 que te llevarán al centro
6 desde las siete
7 muchos vuelos
8 si se retrasa
9 desde el aeropuerto
10 hasta la estación de autobuses

B 🎧 Escucha otra vez. ¿Cómo se dice en español?

1 until recently
2 a low-cost flight
3 you can go by plane
4 twelve kilometres from the city centre
5 when you arrive
6 about fifteen euros
7 first, you have to take a taxi
8 on the outskirts of the city
9 and you can even choose your own seat
10 after 9 p.m

C 👣 Utiliza el vocabulario que has anotado en el ejercicio B para explicar a un(a) turista español(a) cómo llegar de Granada a tu ciudad o a tu pueblo.

9.9 Inter-rail: guía básica para novatos

¿Te interesa descubrir otros países por un medido de transporte poco dañino para el medio ambiente? Infórmate sobre Inter-rail.

A 📄 Cada una de las preguntas 1–6 corresponde a dos de los informes a–l. Haz corresponder cada pregunta con los dos informes adecuados.

1 ¿Cuál es la idea del billete Inter–rail?
2 ¿Quién lo puede usar?
3 ¿Durante cuánto tiempo es válido el billete?
4 ¿Dónde puedo viajar?
5 ¿Cuánto cuesta?
6 ¿Hay trenes que no están incluidos?

a Aquellos que demuestren una residencia en estos países de al menos seis meses.
b Con el pase global, no hay límite de zonas.
c Los de alta velocidad.
d No trae ningún recorrido prefijado – el recorrido lo haces tú, al elegir los trenes en que te montas.
e Por eso no se puede usar en tu propio país.
f Algunos que enlazan algunas ciudades importantes.
g Se distingue entre menores de 12 años, de 12 a 25 años, y a partir de 26 años.
h Todos los nacidos en los países que componen la oferta.
i Entre 16, 22 y 30 días.
j El sentido del Inter–rail es que conozcamos otros paises.
k Depiende del número de zonas elegidas.
l El tiempo que dure el billete es fijado.

B 📄 En cada una de las frases siguientes, hay una palabra que falta. Rellena los espacios en blanco con una palabra apropiada.

1 Con el billete puedes viajar, sin _____ nada más, en casi todos los _____ que quieras.

2 El billete es _____ durante un periodo de _____ para unos determinados países.

3 No se recuperan ni se rembolsan los _____ en los que no has _____.

4 Tú _____ tu billete por zonas, incrementándose el _____ cuantas más zonas elijas.

5 Puedes comprar la zona que incluya a tu _____, pero no puedes usar el billete _____.

C 📄 Traduce al inglés las frases completadas del ejercicio B.

D 🗣️ ❔ Trabajando solo o con una pareja, planifica un viaje de sueño por Inter-rail. Hay que decidir: fechas, duración del viaje, países a visitar, cómo pagarlo, etc..

Presentad tus ideas al grupo, y está listo para contestar a sus preguntas.

9.10 Test del examen de conducir

Antes de obtener un permiso, los ciudadanos españoles tienen que pasar la prueba teórica de control de conocimientos de la DGT (Dirección General de Tráfico). Vas a ver que tipo de preguntas se ponen.

A 📄 Las preguntas 1–5 son típicas de las que utiliza la DGT en sus cuestionarios. Lee las preguntas y las respuestas a–g. Empareja cada pregunta con la respuesta adecuada. ¡Cuidado! Hay dos respuestas que sobran.

1 Si, de noche, circula Vd. por una vía insuficientemente iluminada a más de 40 kilómetros por hora, ¿está obligado a llevar encendida la luz de largo alcance en su vehículo?

2 ¿Cuál medida cree Vd. es conveniente aplicar, como norma general, a los heridos en un accidente de circulación?

3 En poblado, ¿le está permitido a Vd. adelantar con su turismo por la derecha a otro vehículo si para ello tiene que invadir un carril reservado para autobuses?

4 ¿Cree Vd. que el consumo de combustible es más bajo si el equipaje se transporta en el maletero y no en la baca de un turismo?

5 Circulando con su turismo en un día de niebla, ¿qué precaución, entre otras, debe Vd. tomar?

a No, porque está prohibido.

b Sí, porque la resistencia aerodinámica es menor.

c Únicamente cuando no venga ningún vehículo en sentido contrario.

d Aflojarles las prendas y ropas que puedan oprimir el cuello o las vías respiratorias.

e No, si Vd. lleva su cinturón de seguridad.

f Fuera de poblado, sí; dentro de poblado, no, porque está prohibido.

g Adaptar la velocidad de mi vehículo a la visibilidad de la vía.

B ✍️ Utiliza el vocabulario de las preguntas y las respuestas para ayudarte a traducir al español el corto párrafo siguiente.

One foggy day, Jaime was driving his father's car in the city on a badly lit road. He had obtained his driving licence three days earlier. In front of him was another car which was going along very slowly. As there wasn't a lot of traffic, Jaime decided to overtake, but hadn't turned on the headlights. The driver of the vehicle in front of him didn't see Jaime who, what's more, wasn't wearing his seat belt. There was a collision and Jaime was seriously injured.

9.11 Mi examen de conducir

Si la primera vez no tienes éxito… Antonia cuenta lo que sucedió cuando aprendió a conducir.

A 🎧 Escucha a Antonia. Cada 'ping' señala un trozo de la grabación donde faltan algunas palabras.

Aquí tienes las frases que faltan en la grabación. Ponlas en orden. Puedes escuchar la grabación tantas veces como quieras.

1 se me hizo
2 me temblaba
3 Explicó
4 Fui a examinarme

5 y todo iba
6 que no pasaba
7 sin dificultad
8 ¡Aprobada!
9 Me desanimé
10 pare ahí

B 🎧 Escucha otra vez la grabación. ¿Cómo se dice en español?

1 the theory lessons
2 (It) was very easy.
3 I came to a 'stop' sign.

4 a major mistake
5 Failed!
6 I returned to the attack.
7 I started to drive.
8 He told me to stop.
9 I had to wait.
10 They announced the results.

C 🗣️ Cuenta al grupo lo sucedido cuando pasaste tú el examen de conducir. Si todavía no lo has pasado, ¡imagina la historia!

9.12 Cómo conducir un coche sin carné

Hay vehículos que tienen muchas de las ventajas de un coche, pero sin las desventajas.

En España existen los microcoches. Son vehículos de baja potencia y pequeño tamaño, autorizados a circular por cualquier vía excepto las autopistas, y que pueden ser conducidos por personas a partir de los 14 años, ya que para hacerlo basta con tener el carné de ciclomotor. En realidad son una especie de ciclomotores con carrocería, en cuanto a prestaciones, pero seamos realistas, la diferencia en estética, seguridad y confort, es incomparable.

Según datos que se dan a conocer, en España está incrementando la venta de estas unidades, seguramente por su fácil estacionamiento y algunos ahorros como el no pago de parkings de zonas azules, a pesar de ocupar un lugar como otros coches.

Este "invento" no es de hoy, existen hace años y la oferta es permanente tanto en usados como en 0 kilómetro. Las formas son diversas y algunas más "agraciadas" que otras, estéticamente hablando. En cuanto a prestaciones, se descuenta que no son para nada significativas, pero sin duda con la tecnología actual puede haber alguna que otra sorpresa.

A 📄 Busca en el artículo cómo se dicen las frases siguientes.

1 no muy poderosos
2 todos los caminos
3 aumenta
4 nuevo
5 ni que decir

B 📄 🖅 A tu parecer, ¿cuáles son las ventajas y las desventajas de los 'microcoches'? Haz una lista en español. Si crees que hay otras que no se mencionan en el artículo, apúntalas también.

C 👥 Con una pareja, discutid lo que has anotado. La persona A está a favor, y la persona B está en contra. Después de tres minutos, cambiad de roles.

9.13 Conductores infractores: ¡tengan cuidado!

En la guerra de las carreteras, la policía emplea nuevas tácticas.

La división de tráfico de Barcelona inició ayer la campaña de control sobre el uso de los sistemas de seguridad en distintos puntos de las carreteras catalanas.

La Policía, con patrullas en vehículos sin distintivos policiales pero con agentes uniformados en su interior, controlará el uso de los cinturones de seguridad, especialmente los de los asientos traseros y, en el caso de las motocicletas, el uso del casco.

La campaña se impone ya que, según admitieron ayer fuentes del cuerpo policial, 'no se ha detectado un incremento significativo del uso de elementos de seguridad'.

La campaña contará con el apoyo informativo de los paneles luminosos de las carreteras, donde se leerán frases como 'control policial' u otras más aleccionadoras como 'también en los asientos posteriores'.

La multa por viajar en coche sin llevar abrochado el cinturón de seguridad puede llegar a los 150 euros, mientras que si se trata de los acompañantes, la sanción superará los 90 euros.

La Policía ha confirmado que, junto a la Dirección General de Tráfico, incidirán en sancionar actitudes de distracción, como evitar despistes al volante con el uso de dispositivos de localización GPS.

A 📄 Aquí tienes un título para cada párrafo del artículo. Ponlos en orden: escribe los números en el orden apropiado, pero ¡cuidado! Hay un título que sobra.

1 Identidad oculta
2 Atención al volante
3 Avisos a conductores
4 Menos accidentes
5 Nueva iniciativa
6 Tendrán que pagar
7 Medidas ineficaces

B

1 Haz una lista de las frases en el artículo tocante a las medidas para prevenir los accidentes de circulación.

2 Traduce al inglés las frases que has apuntado en el ejercicio 1.

C

Apareció en otro periódico otra versión del mismo informe, pero hay varias palabras que faltan. Lee otra vez el artículo para ayudarte a rellenar los espacios en blanco de la versión siguiente.

(**1**) _____ ayer en Barcelona una
(**2**) _____ campaña policial para inducir a los automovilistas a conducir de una (**3**) _____ más prudente. La misión de los agentes, en coches (**4**) _____, es de velar por que todos los (**5**) _____ lleven abrochado su cinturón. En (**6**) _____ de infracción, los conductores que no lo lleven pagarán una multa de 150 euros, (**7**) _____ euros más que los que les (**8**) _____.

9.14 El 'carsharing'

Tras más de dos meses y medio de pruebas, este sistema ha entrado plenamente en servicio en Barcelona.

Esta modalidad, (**1**) _____, ofrece la posibilidad de disponer del vehículo que se escoja en el momento que sea necesario, (**2**) _____.

A diferencia del alquiler tradicional de coches, los usuarios (**3**) _____; pagan una cuota – además del precio por los kilómetros recorridos – y pueden recoger el vehículo en diferentes aparcamientos públicos (**4**) _____.

Para poder utilizar el 'carsharing' es necesario registrarse como usuario en la web, (**5**) _____. Cuando se necesita un vehículo, el usuario puede reservar (**6**) _____ la fecha, la hora de inicio y de finalización.

Una vez confirmada, podrá pasar a buscar el coche (**7**) _____, abrirlo con tarjeta electrónica y utilizar las llaves que están en la guantera. El único requisito es un carné de conducir (**8**) _____.

El sistema permite utilizar un vehículo privado (**9**) _____, sin tener que afrontar gastos (**10**) _____. Está pensado especialmente para situaciones en las que el transporte público no es útil, como compras en grandes superficies, desplazamientos a polígonos o visitas de empresa.

repartidos por el territorio

por Internet o por teléfono

que funciona en varios países de la UE

como el seguro o el aparcamiento

por el aparcamiento

son socios de la entidad

cuando sea necesario

previa reserva

con una antigüedad de dos años

tras lo cual se recibe una tarjeta electrónica

A

En el artículo, faltan las frases siguientes. Elige la frase apropiada para cada espacio en blanco.

B 🖙 Se encuentran en el artículo los verbos y sustantivos siguientes. Copia y rellena las casillas con la forma que falta.

Sustantivo	Verbo
1	disponer
alquiler	2
3	utilizar
usuario	4
5	necesitar
aparcamiento	6
7	reservar
gastos	8
9	conducir
desplazamiento	10

C 🖙 Traduce al español el párrafo siguiente.

In Barcelona, if you have held a driver's licence for more than two years, there's a new system you can use if you have to hire a car. After registering online as a user, you will receive an electronic card, which you'll need in order to be able to open the vehicle. It's very easy: reserve the car for the date you require, go to a car park and pick up your car. You will find the car key in the glove compartment.

Prácticas

1 Study the grammar section on **impersonal and reflexive verbs** on page 183 and 181, then re-read 9.2 *El transporte en la ciudad*.

A Translate the following sentences into Spanish.

1 I'm going away next Saturday.
2 We became good friends.
3 The door opened.
4 Spanish is spoken in Argentina.
5 That can be seen clearly.
6 It's not known why the train didn't leave.
7 They eat a lot of fruit in the south.
8 Photographs developed here.
9 It's not easy to learn Japanese.
10 I forgot my glasses.

B Write out the paragraph, filling in the gaps with the correct reflexive verb chosen from the list.

La paella española

La paella española (**1**) _____ con arroz, pollo y mariscos. Pero no (**2**) _____ olvidar el ingrediente más importante – el aceite. Mucha de la comida españól (**3**) _____ en el aceite, pero (**4**) _____ que puede causar malestares turísticos. Si (**5**) _____ al sabor del aceite, es más fácil probar los alimentos como la paella. Normalmente (**6**) _____ en grupo. (**7**) _____ un plato muy grande que (**8**) _____ una paellera en el centro de la mesa, y todo el mundo (**9**) _____. Además de acostumbrar a la dieta española, ¡(**10**) _____ que acostumbrarse a la hora española de comer!

tenerse	hacerse	servirse
deberse	notarse	acostumbrarse
comerse	llamarse	basarse
ponerse		

2 Study the grammar section on *si and* **conditional clauses** on page 180 then listen again to Enrique talking about his attitude to cars in 9.3 *Cómo desplazarse en la ciudad.*

A Match up the halves of these sentences.

1 Si supiera…
2 Si pudiera…
3 Si él viniera…
4 Si fuera más largo…
5 Si estuviera aquí…
6 Si ganáramos este partido…
7 Si realmente tuvieras hambre…
8 Si se lo dijera yo…
9 Si fueras tú…
10 Si ella quisiera…

a …sería inaguantable.
b …seríamos campeones.
c …él se pondría muy contento.
d …no me creerían.
e …se lo diría.
f …podría ganar.
g …no pasaría nada.
h …lo haría.
i …comerías más
j …sabríamos lo que ha pasado.

B Now translate the sentences into English.

3 Study the grammar section on **possessive adjectives** on page 167 then re-read the article in section 9.4 *Barcelona en bicicleta.*

A Can you find all nine examples of the possessive adjective in the article?

• Note them down.
• Translate them into English.

B Write out the following sentences correctly, choosing the correct possessive adjective in each case.

1 Le presento a (mis / vuestros / mi) hijos.
2 ¿Antonio es (nuestros / tu / tus) amigo?
3 ¿Dónde está (mi / mis / sus) corbata?
4 Amparo – ¿es (tu / tus / mis) mochila?
5 No tenemos (nuestras / nuestros / nuestro) raquetas de tenis.
6 Tengo que hablar con (mis / sus / su) padre.

7 ¡Hola chicos! ¿Es éste (vuestros / sus / vuestro) coche?
8 (Mis / Mi / Su) padres viven aquí – es (sus / su / vuestro) casa.
9 No es (mi / mis / tus) CD – es de Miguel.
10 Descubrimos que Federico iba a asistir a (nuestra / nuestros / nuestro) colegio.

4 Read the grammar section on **order of pronouns** on page 166 then listen to the radio programme in 9.5 *Razones a favor de la bicicleta.*

A Translate the following sentences into English.

1 Se le ocurre también que trasladarse en bicicleta en las ciudades es peligroso.
2 En países desarrollados se les toma en cuenta como medio de transporte.
3 Se les da más prioridad en planificación.
4 No se le da a la bicicleta un lugar seguro para transitar.
5 No les apetece soportar embotellamientos.

B Translate the following into Spanish.

1 Have you written the letter to your mother? Yes, I have written it to her.
2 Have you given the gift to your brother? Yes, I have given it to him.
3 Will you lend me your biro? Yes, I will lend it to you.
4 Will you send us the leaflets? Yes, we'll send them to you.
5 Did they lend you the money? Yes, they lent it to us.
6 Did the chambermaid bring you the towels? Yes, she brought them to me.

5

A Write out this paragraph, putting the infinitives in brackets into the future tense.

En muchas grandes ciudades, (haber) que dar a la bicicleta más prioridad en la planificación y un lugar seguro para transitar. Así las personas (tener) la opción de usar la bicicleta, y (tomar) la bicicleta en cuenta como medio de transporte. El uso (incrementarse). La gente no (estar) harta de tener que pasar dentro de su automóvil una gran parte de su vida, y los embotellamientos (reducirse).

B   Translate the following sentences into Spanish.

1 What time will he leave?
2 We'll do it tomorrow.
3 What will you (*tú*) say?
4 You'll both be able to go.
5 They will want to go to the cinema.
6 How will we know?
7 I'll come as soon as I can.
8 How much will it be worth?

6   Study the grammar section on **interrogatives** on page 170, then re-read 9.9 *Inter-rail: guía básica para novatos.*

A   Complete these questions with an appropriate interrogative word.

1 ¿_____ manzanas quieres?
2 ¿_____ es esta chica?
3 ¿_____ vas a viajar?
4 ¿_____ de estas revistas prefieres?
5 ¿_____ está el polideportivo?
6 ¿_____ vas de vacaciones normalmente?
7 ¿_____ llegará el tren?
8 ¿_____ necesitas tanta ropa, cariño?
9 ¿_____ marca de coche prefieres?

B   Here are the answers to some questions. Write an appropriate question for each answer.

1 Montse llegará mañana.
2 La sopa está caliente.
3 No puedo ir porque tengo otra cita.
4 El Señor González ha llamado.
5 Mi coche es el azul.
6 Marta tiene dos hermanos.
7 Mi padre tiene un Mercedes.
8 El Ayuntamiento está en la Plaza Mayor.

Las vacaciones

10.1 España – imán turístico

¿Por qué España atrae a tantos turistas? Hay más razones de las que quizás se pueda pensar.

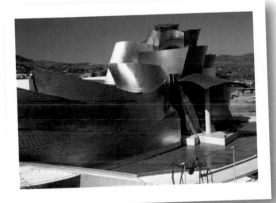

España, (**1**) _____ es el tercer destino turístico en el mundo, después de Estados Unidos y Francia.

Su variedad geográfica, cultural, lingüística y climatológica (**2**) _____ hacen de España un destino atractivo para todo tipo de preferencias.

Las costas del mar mediterráneo y del océano atlántico (**3**) _____ son el principal atractivo para los turistas de Alemania, de los países nórdicos y sobre todo del Reino Unido.

Excelentes playas, servicios, instalaciones hoteleras y abundante oferta gastronómica (**4**) _____ – todo eso avala su posición en el turismo mundial.

España es además un destino muy importante (**5**) _____ con sus cientos de museos, monumentos prehistóricos, romanos, árabes y medievales.

Ciudades como Toledo, Córdoba, Granada, Sevilla, Salamanca, Segovia y Santiago de Compostela son una atracción para (**6**) _____ los interesados por la historia de todos los países del mundo.

De la artesanía española variadísima (**7**) _____ destaca por su belleza y perfección el arte de Toledo y la cerámica andaluza.

A 📄 En cada párrafo de este artículo hay una frase que falta. Escoge de la casilla la frase que mas convenga a cada espacio en blanco del texto. Puedes utilizar cada frase sólo una vez. ¡Cuidado! Hay una frase que sobra.

a para el turismo cultural

b y sobre todo los archipiélagos canario y balear

c según los jóvenes europeos

d los amantes de la arquitectura y

e de norte a sur y de este a oeste

f cuyos materiales incluyen bronce y madera

g con entre 50 y 60 millones de turistas al año

h y precios atractivos para el turista europeo

B ⭐ Presenta al grupo tus ideas para hacer destacar tu propia región a los visitantes hispanohablantes. Podrías mencionar, por ejemplo:

- la diversidad cultural
- el paisaje variado
- la gastronomía
- los deportes
- y ¡no olvides las ventajas de un clima imprevisible!

Cada persona del grupo debe hacerte por lo menos dos preguntas: ¡responde de una manera positiva!

10.2 Los españoles y las vacaciones

Los españoles – ¿tienen la misma actitud hacia las vacaciones que otras nacionalidades?

A 🎧 Escucha el informe. Para cada una de las frases siguientes, apunta V (= verdad), M (= mentira), o N (no se menciona).

1 Los otros europeos gastan más que los españoles.
2 Los españoles aumentaron su gasto respeto el año pasado.
3 Menos españoles que los otros europeos planean viajar.
4 Los británicos van a gastar más que los españoles.
5 Casi dos españoles de cada tres pasan sus vacaciones a orillas del mar.
6 A los españoles les gusta pasar sus vacaciones en su residencia secundaria.
7 Casi el 40% de los europeos van a alquilar un coche.
8 Cada vez más gente toma un vuelo.
9 Por lo general, los españoles preparan con antelación sus vacaciones.
10 La mitad de los españoles ya han planificado sus vacaciones para este verano.

B 🎧 Escucha otra vez. ¿Cómo se dice en español?

1 a seven per cent increase
2 are top of the list
3 in their own country
4 package holidays
5 to rent a flat
6 independently
7 they will travel in their own car
8 at the last minute

C ✍ Utiliza el vocabulario que has entendido y leído para describir unas vacaciones (verdaderas o imaginarias) que has hecho. Escribe unas 200 palabras.

10.3 Las vacaciones y la familia

Ir de vacaciones con la familia puede costar menos, pero ¿hay inconvenientes? Escucha a Amparo, a los 16 años, que describe las vacaciones pasadas con su familia.

A 🎧 **¿Cómo dice Amparo las frases siguientes?**

1 I can't wait for the summer holidays to arrive.
2 my parents start to complain
3 if we aren't with our friends… we get bored
4 who are about the same age as I am
5 there are times when I feel a bit lost
6 this year he didn't come on holiday with us

B 📄 🗨 Amparo se acuerda de aquellas vacaciones. Para cada espacio en blanco del resumen siguiente, escribe el verbo adecuado en el tiempo imperfecto.

Durante las vacaciones, mi hermano y yo (**1**) _____ muy contentos porque no (**2**) _____ que quedar en casa. Sin embargo, mis padres se (**3**) _____ porque nosotros no (**4**) _____ quedarnos tiempo con ellos. Yo (**5**) _____ estar con otros jóvenes. Cuando nosotros (**6**) _____ de vacaciones con los amigos de nuestros padres, nos (**7**) _____ bien con sus hijos, pero lo que me (**8**) _____ era la compañía de mis amigas del colegio.

C 🗨 Cuenta en unas 200 palabras unas vacaciones de verano que pasaste con tu familia cuando eras más joven.

10.4 Los jóvenes españoles: ¿no tienen ningún espíritu de aventura?

Algunos dicen que los jóvenes españoles se niegan la oportunidad de desarrollarse viajando.

Según los datos de Eurostat, a España le falta muy poco para ser el país comunitario donde los jóvenes salen menos del país (un 70% de los encuestados no había cruzado las fronteras durante los dos años anteriores a la realización del sondeo). Solo los griegos resultaban más caseros. En conjunto, más de la mitad de los jóvenes comunitarios había viajado a algún país de la UE durante este periodo de tiempo.

Son contados los que se apuntan a ir de vacaciones solos y aún menos los que se lanzan a la aventura. El sociólogo Domingo Comas lo entiende así: 'Ahora una de las mayores aventuras que puede vivir un joven es irse durante un fin de semana a practicar un deporte de riesgo, pero sin pasar más de un par de noches alejado de casa. Antes, el viaje tenía para los jóvenes un gran valor iniciativo, bastaba que se presentara la mínima oportunidad para poner tierra de por medio, y cuanto más lejos, mejor.

Ahora la idea de la aventura se ha quedado obsoleta y es posible que sean los viajes de idiomas los que hayan heredado ese papel de iniciación. A los jóvenes hay que ponerles las cosas en bandeja para que salgan y, aún así, es probable que prefieran irse de vacaciones con sus padres a un buen hotel.'

A 📄 **Las frases siguientes hacen el resumen del artículo, pero están mal ordenadas. Ponlas en el orden adecuado.**

1 Raros son los que viajan sin compañeros.
2 Ha sucedido en el viaje de iniciación a los cursos al extranjero.
3 Otros europeos cruzan mucho más sus fronteras.
4 Pocos jóvenes españoles van al extranjero.
5 Ha desaparecido el concepto de la aventura.
6 No les gusta pasar un buen rato lejos de su familia.

According to a survey, you can count on the fingers of one hand the number of young Spaniards who go on holiday on their own. They are home-birds, who are unwilling to risk spending more than a couple of nights away from their home and family. In times gone by, when the opportunity presented itself, many young people would go away from their parents, and the further, the better. Today, they want everything on a plate. They prefer to stay in a hotel rather than embark on an adventure.

B ✍ Traduce este texto al español.

C ✍ Y tú: ¿eres como los jóvenes de quienes se trata en este artículo? Escribe una respuesta de unas 200 palabras a lo que dice el sociólogo.

10.5 Vacaciones de los hijos, preocupaciones de los padres

Cuando la rutina diaria del trimestre está ausente, muchos niños se olvidan de los peligros del verano.

Cuando se acaba un curso escolar todo se disloca en casa, pues los padres deben ingeniárselas para continuar cumpliendo sus deberes laborales y cuidar a los hijos en la etapa vacacional.

No es para menos si se tiene en cuenta que los pequeñines desean la llegada de los meses de julio y agosto para disfrutar del juego sin límite de hora y sin la presión de madrugar al otro día para ir a la escuela.

Son una verdadera locura esos dos meses en cualquier hogar cubano, pues muchos piensan que se les debe dar libertad para hacer lo que quieran y alegan como defensa que han estudiado todo el curso.

Otros violan el horario de almuerzo, no tienen en cuenta el daño irreparable de los rayos del sol cuando emprenden a punto del mediodía largas carreras en bicicleta. Cuántas veces se observa a niños jugando a la pelota en plena calle sin mirar a su alrededor.

En estos meses de tanto calor, son pocos los infantes que prefieren quedarse frente al televisor y salen en busca de aire fresco para gastar cuanta energía tengan acumulada, y es entonces cuando pueden ocurrir accidentes lamentables.

A 📄 Haz corresponder las dos partes de las frases siguientes para hacer el resumen del artículo. ¡Cuidado! Hay dos segundas partes que sobran.

1 Cuando los niños no tienen clase …
2 En verano los niños se divierten …
3 En verano los niños no tienen que preocuparse …
4 Algunos aprueban …

5 Es en verano cuando ocurren accidentes …
a lo que hacen los jóvenes.
b y ponen en riesgo su salud.
c la vida es más difícil para los padres.
d los padres pueden descansar.
e hasta muy tarde.
f porque los jóvenes no se quedan en casa.
g por levantarse temprano al día siguiente.

B ✍️ Traduce al inglés los dos últimos párrafos del artículo, desde: 'Otros violan el horario'.

10.6 Primeras vacaciones sin padres

¿Has ido de vacaciones sin familia ya? Escucha a tres personas que hablan de la primera vez que fueron de vacaciones sin sus padres.

A 🎧 Escucha a Miguel, a Jaime y a Alicia y lee las descripciónes siguientes. ¿Quién es?

1 Tenía razones secretas para no salir.
2 Viajó solo.
3 No tenía ganas de acompañar a sus amigos.
4 Se sentía molesto.
5 Había enseñado español.
6 Había olvidado algo.

B 🎧 Escucha otra vez. ¿Cómo se dice en español?

1 We camped rough.
2 We ended up phoning our parents.
3 That didn't appeal to me at all.
4 They had had a really great time.
5 enough to buy a tent

C 🎙️ Graba una presentación oral de unos 3–5 minutos para describir tus primeras vacaciones – verdaderas o imaginarias – sin padres.

10.7 Vacaciones con amigos: aprendiendo a convivir

La libertad de veranear sin padres puede ser seductora, pero ¿cómo te entiendes con tus amigos de verdad?

Compartir unas vacaciones con nuestros amigos puede ser una idea brillante, a condición de que se tengan en cuenta los pormenores de la convivencia. Éstos en general son tres: el dinero, el orden y las responsabilidades.

El dinero puede ser la causa de variadas discusiones cuando las personas no comparten el mismo criterio a la hora de hacer compras. Lo mejor es hacer un pozo común para los gastos grupales y acordar cuánto va a llevar cada uno para gastos personales.

Otro problema muy habitual es el orden. Cuando el espacio común se ve invadido por la ropa sucia de alguno de nuestros amigos, las peleas comienzan de inmediato. Una solución fácil es disponer de ciertos lugares para colocar la ropa sucia e intentar dejar todas las pertenencias dentro de la maleta.

Cuando se viaja en grupo – y la primera vez se aconseja no pasar más de tres o cuatro días - lo más común es alquilar una cabaña o un departamento. Aunque esto resulta más económico, hay una desventaja: estos lugares no incluyen servicio de limpieza ni tampoco comida – y alguien tendrá que hacerse cargo de estas tareas diarias que son a la vez incómodas y aburridas.

Encontrar un equilibrio es parte de la aventura de viajar con amigos. No encontrarlo puede resultar desastroso para la amistad entre los participantes.

A Busca en el artículo la(s) palabra(s) que son las equivalentes de las siguientes.

1 hacer juntos
2 detalles
3 punto de vista
4 corriente
5 en seguida
6 tratar de
7 es recomendado
8 alquilar
9 ser responsable
10 al mismo tiempo

B

1 Las preguntas siguientes se refieren al artículo, pero falta cada vez la forma interrogativa. Para completar cada frase hay que utilizar una forma distinta.

1 ¿_____ hay que tener en cuenta antes de ir de vacaciones con amigos?

2 ¿_____ el dinero puede ser un problema?

3 ¿_____ es una buena idea hacer un pozo común?

4 ¿_____, normalmente, es un miembro del grupo?

5 ¿_____ se debe colocar su ropa sucia?

6 ¿_____ tiempo se recomienda pasar en grupo, la primera vez?

2 Traduce al inglés las frases completas del ejercicio A.

C ¿Te apetece la idea de ir de vacaciones con amigos/as? Explica las ventajas y las desventajas en unas 200 palabras en español.

10.8 Sierra Nevada

Lee esta publicidad sobre un destino de vacaciones español cada vez más popular – Sierra Nevada.

La ciudad histórica de Málaga es la puerta de la Costa de Sol, que conoce todo el mundo. Durante todo el año acuden de todas partes para broncearse millones de turistas.

Pero sólo a una hora y media de Málaga, las altas montañas de la Sierra Nevada ofrecen muchas posibilidades para los amantes del esquí, desde finales de noviembre hasta pasada la Semana Santa.

La oferta de restaurantes, ocio y hoteles es muy amplia tanto en Sierra Nevada como en Granada, ya que dada la cercanía de esta ciudad, existen muchos paquetes y viajes que te ofrecen la mejor relación calidad / precio.

A 📄 🗣️ Tienes aquí otra versión de la primera parte de la publicidad. Léela y rellena cada uno de los espacios en blanco con una palabra apropiada.

La Costa del Sol es (**1**) _____ por todos y en cada
(**2**) _____ del año viene allí mucha (**3**) _____ en busca
del buen (**4**) _____ que les falta en su propio país. Sin embargo,
no muy (**5**) _____ de Málaga está la región (**6**) _____ de
la Sierra Nevada, donde los que (**7**) _____ el esquí pueden
pasar unas vacaciones estupendas durante el (**8**) _____. En
Granada, que está muy (**9**) _____, hay muchos restaurantes y
hoteles que no son demasiado (**10**) _____.

B 📄 A continuación, lee la segunda parte de esta publicidad. Anota en inglés:

- las actividades que se pueden practicar;
- lo que se necesita para hacerlas.

C 🗣 'Las vacaciones de invierno tienen un atractivo mayor que las de verano.' Escribe tu opinión en unas 300 palabras.

Se ofrecen paseos en trineos tirados por perros, paseos a caballo, servicios de guardería, escuela de esquí para niños y todos los servicios necesarios para que disfrutes de la nieve.

Cuando llega el invierno podemos experimentar una forma diferente de conocer el entorno del Parque Nacional de Sierra Nevada. Unas botas para hacer senderismo y unas raquetas son suficientes para continuar disfrutando al llegar a la nieve.

Desde diciembre a mayo se puede practicar esquí de montaña en el Parque Nacional de Sierra Nevada. La primavera ofrece unas mejores condiciones climáticas y mayor homogeneidad de la calidad de la nieve, siendo la idónea para el esquí de travesía de varios días.

10.9 Ir de camping

Carlos va de camping desde hace muchos años. Para él, no es simplemente una cuestión de poner la tienda.

A 🎧 Carlos cuenta su pasión por el camping. Escucha y después contesta en inglés a las preguntas siguientes.

1 How long has Carlos been camping?
2 How many people does his family comprise?
3 Why, in the early years of his marriage, might camping have been quite challenging?
4 When does Carlos prefer to go camping?
5 How does Carlos regard campers who visit Granada during Holy Week and August, and why?
6 What does camping mean to Carlos, and what does he say it is not?

7 What does he say about the type of people who go camping out of season? What evidence is there?

8 What question does Carlos ask and what is his reply?
9 What does Carlos say about the relations between campers?

B

Persona A: Trata de convencer a tu pareja para ir de camping contigo. Dile todas las ventajas – precio, libertad, naturaleza, vida social, etc.

Persona B: No estás convencido / a con los argumentos de tu pareja. Dile por qué no estás de acuerdo, y propone ideas alternativas – hotel, albergue de jóvenes, alquilar apartamento.

Después de cinco minutos, cambiad de roles.

C

'Ir de camping: turismo barato o filosofía de la vida'.

Escribe tu opinión y tus razones en unas 300 palabras.

10.10 ¡Mi casa es tu casa!

Cuesta menos que un hotel o que alquilar un apartamento. ¿Por qué no practicar intercambio de casa?

A

Haz en inglés una lista de las ventajas y las desventajas del intercambio de casas que son mencionadas en el artículo.

Ya hace medio siglo que comenzó en Europa el intercambio de viviendas entre particulares para pasar sus periodos de vacaciones.

Sin embargo, se ha popularizado en España solamente desde hace poco gracias al boca a boca y a numerosos portales de Internet – gratuitos y de pago – que facilitan a sus usuarios la tarea de anunciarse e iniciar la búsqueda.

Nuestro país es uno de los más solicitados por los extranjeros, por ello son también los españoles quienes más pueden beneficiarse de esta modalidad de vacaciones que suprime los gastos de alojamiento.

Cuando has estado en contacto con la persona con la que vas a hacer el intercambio, puedes conocer lugares de la localidad de destino que en los paquetes turísticos no aparecen.

También existe la posibilidad de intercambiar los vehículos para poder moverte con una mayor facilidad, aunque esto comporte un incremento en los riesgos.

El mayor de los problemas que tiene este método de vacaciones es que sólo se basa en la confianza. Al realizarse por Internet, nadie te da una seguridad absoluta sobre lo que vas a encontrar cuando llegues.

Las principales quejas se dan en torno a la limpieza y a la orden, pero generalmente los que participan son muy cuidadosos con los enseres del otro miembro, y también esperan lo mismo en su propia casa.

B

Traduce este texto al español.

C

Como preparación para un intercambio de casas con una familia española, escribe para un portal Internet una descripción de tu casa y de tu región. Puedes utilizar toda tu imaginación.

Last year my parents decided they didn't want to go on a package holiday. They said that it would be more interesting to exchange houses with a family from Madrid. I thought it would be very helpful to spend a month there because I was going to be taking a Spanish exam a few months later.

My mother looked at lots of sites on the Internet before finally finding an ideal property. I asked her if we'd be able to exchange cars, too, but my father, who is very careful, said that it was too risky.

10.11 Diez consejos para hacer intercambio

Escucha la grabación en que se habla de hacer intercambio de casas.

A 🎧 Completa en inglés los consejos según lo que has entendido.

1 First-time prospective house-swappers are advised to… .
2 Make an inventory of… so that… .
3 Check that the other party doesn't require you, for example, to… or… .
4 As for valuables, …, especially… .
5 Provide details of…, …, and …; written information … .
6 If your family members are non-smokers, you can … .
7 You can also agree to…, but make sure that you ask your insurer for… .
8 As a courtesy, leave details of… (5 things).

B 🎧 🗣

Después de escoger una familia con la que intercambiar, tienes que hablar con ella por teléfono.

1 Escucha la grabación y habla con la Señora Rojo, la madre de la familia española, haciendo preguntas y respuestas apropiadas.

Prepara lo que vas a decir sobre los puntos siguientes:

- Introduce yourself: you've found their details on the Internet; say that your family would like to exchange houses with them.
- Your family details: how many people. How many children does the exchange family have; how old?
- Where your house is and what it is like; you can email her a photo.
- Will it be possible to exchange cars? – your parents are very careful drivers.
- Ask if anyone in her house is a smoker.
- Ask if she can email you details of local attractions and facilities; you'll do the same – give a couple of examples.

2 Apunta en inglés lo esencial de lo que te dice la Sra Rojo. Escucha otras veces si necesario.

10.12 Los Paradores: hoteles históricos – y del siglo XXI

Un fenómeno turístico que no tiene ningún otro país, los paradores ofrecen una oportunidad de descubrir la cultura de España.

¿Qué significa la palabra parador? Hace siglos, era un alojamiento superior donde podía pararse para descansar la gente 'respetable' después de pasar el día de caza. Pero desde 1926 se establecieron los primeros paradores modernos, construidos a distancias que correspondían a una jornada fácil para los coches de aquella época.

Sin embargo, el concepto tiene otro aspecto, el de aprovechar tanto como sea posible monumentos, conventos y otros edificios históricos para convertirlos en paradores. Castillos, palacios, monasterios – todos hacen parte de la tradición y de la arquitectura española. Hoy en día, muchos de estos edificios antiguos se llaman 'paradores' – una red de hoteles lujosos dirigidos por el Estado.

El concepto fundamental de los Paradores era – y lo es hoy – el que el Estado proporcionara alojamiento hotelero en aquellos lugares donde construir no sería rentable para la industria hotelera.

Cuando está en un parador, el viajante puede descubrir que duerme en la misma habitación que el Rey Carlos Quinto, o que pasa unos días en un castillo que logró resistir a un cerco ya hace tres siglos.

Actualmente, existen en España unos cien paradores, con una oferta de más de 10.000 plazas hoteleras. Se programan numerosas actividades de ocio durante todo el año. Sea cual sea su edad y sus aficiones, seguro que encuentra una propuesta a su medida.

A 📄 Nota si, según el artículo, cada una de las frases siguientes es verdad (escribe 'V'), mentira (escribe 'M'), o si no se menciona (escribe 'N').

Ejemplo: 1, V

1 En el pasado utilizaba los paradores la gente acomodada.
2 Los primeros paradores de nuestra época vendían gasolina.

3 No se escogieron por casualidad los lugares donde se construyeron.
4 Los paradores pertenecen a una gran empresa privada nacional.
5 Se han convertido en paradores muchos edificios arruinados.
6 Para el sector privado, no valía la pena construir hoteles en tales lugares.
7 Los paradores hacen vivir la vida de antemano.
8 Los paradores tienen capacidad para unos cien mil clientes.

B ✍ Traduce al español este 'travelblog', escrito por un turista inglés.

After driving all day, my family and I discovered a parador near the city of Salamanca. As we were very tired, we decided to spend the night there. The old building was beautiful; it had been a monastery but was developed, like many others in the network, into a luxury hotel. We discovered that our bedroom was the same one that King Charles V had slept in five centuries earlier.

10.13 El turismo cultural

A muchos no les apetecen las vacaciones tradicionales de las costas. Prefieren profundizar su conocimiento del carácter del país.

El turismo nacional e internacional es uno de los medios más importantes para el intercambio cultural, al ofrecer una experiencia personal no sólo sobre lo que pervive del pasado, sino también acerca de la vida actual de otras sociedades.

El turismo es cada vez más apreciado como una fuerza positiva para la conservación de la Naturaleza y de la Cultura, es un factor esencial para muchas economías nacionales y regionales y puede ser un importante factor de desarrollo cuando se gestiona adecuadamente.

La riqueza del patrimonio artístico, histórico y cultural de los países iberoamericanos hace que el turismo de motivación cultural tenga en ellos enormes posibilidades de desarrollo. El turismo cultural pone en contacto la historia, el patrimonio y las identidades de los pueblos.

Pero, para que este proceso sea efectivo, se debe concebir una experiencia de diálogo, contacto y aprendizaje intercultural, que implique valorar nuestras culturas en su diversidad, conocerlas, reconocerlas y saber que el turismo cultural y todo lo relacionado con el mismo incumbe a toda la sociedad.

A 📄 El artículo da las respuestas a las preguntas siguientes, pero éstas están mal ordenadas. Ponlas en el orden correcto.

1 ¿Qué hay que hacer para realizar sus objetivos?
2 ¿Qué nos enseña tocante al pasado el turismo cultural?
3 ¿Qué aspectos culturales están reunidos?
4 ¿Se puede ver como vive otra gente?
5 ¿Qué influencia económica tiene el turismo cultural?

B ✒ Los sustantivos de las casillas se utilizan en este artículo. Para cada uno, escribe el adjetivo correspondiente.

Sustantivo	Adjetivo
turismo	1
vida	2
sociedad	3
fuerza	4
riqueza	5
artesanía	6
historia	7
diversidad	8

C ✒ Rellena cada espacio en blanco de las frases siguientes con uno de los adjetivos que has escrito en el ejercicio B. Cambia la forma del adjetivo si es necesario.

1 Hoy en día se pueden tomar _____ formas de vacaciones.
2 No es solamente la gente _____ la que suele ir de vacaciones.
3 Se han construido muchos paradores en lugares _____.
4 Las atracciones _____ cuestan menos en España que en otros países.
5 A muchos turistas les gusta comprar artículos_____ en los mercados.

6 Los habitantes de Andalucía tienen un acento muy _____.

D 📄 Traduce al inglés el último párrafo del artículo.

10.14 Cambiar para escapar del estrés

Las vacaciones no siempre son beneficiosas. Eduardo cuenta lo que le sucedió cuando decidió ir de vacaciones para escaparse del estrés de su trabajo.

A 🎧 ✒ 📄

1 Las frases siguientes contienen errores. Copia y corrige las frases.

1 Eduardo es agente de viajes en Barcelona.
2 A los franceses les gustan los cigarillos baratos.
3 Eduardo olvidó una cita con su novia.
4 Decidió pasar unas semanas en Menorca.
5 Su avión estaba retrasado porque no había piloto.
6 Cuando llegó a su destino, tuvo que esperar un gran rato antes de recoger su equipaje.
7 En su habitación no había agua caliente.
8 Pasó sólo una noche en el hotel antes de volver a su casa.

2 Traduce al inglés las frases correctas del ejercicio A.

B 🎧 ✒ Escucha lo que dice Eduardo para ayudarte a traducir al español las frases siguientes.

1 He realised he needed some peace and quiet for a while.
2 When he arrived at his destination he was very tired and in a bad mood.
3 The hotel was still being built and the lights in his room didn't work.
4 When he complained, the receptionist said that he couldn't do anything.

C ✒ Eres Eduardo / la novia de Eduardo. Escribe una carta o un email para quejarte al director del hotel, utilizando todos los datos del artículo.

Prácticas

1 Study the grammar section on **the pluperfect tense** on page 177, then listen again to the interviews in 10.6 *Primeras vacaciones sin padres*.

A Note down the five examples of the pluperfect tense in the interview, and write down their meanings.

B Translate the following sentences into Spanish.

1 When we arrived we discovered that the others had already left.
2 She was nervous because it was the first time she had flown.
3 When he arrived at the office, he realized that he had left the keys at home.
4 They didn't prepare a meal because we had already eaten.
5 They sacked him because he hadn't worked enough.
6 When I got up they had already washed the dishes.
7 I don't eat meat, but fortunately they had cooked something vegetarian.
8 We went back to the same place where we had spent our honeymoon.
9 We searched the field where he had lost his watch.
10 Their father was annoyed because they had spent all the money.

2 Study the grammar section on **ser and estar** on page 182, and complete these sentences with the appropriate part of *ser* or *estar*.

1 Tu hermana _____ muy simpática.
2 Cuando llegó al hotel _____ muy cansada.
3 Durante los años cincuenta, su abuelo _____ médico.
4 No puedo salir porque _____ enfermo.
5 La habitación _____ en el cuarto piso.
6 La semana pasada _____ en Madrid por dos días.
7 Nosotros _____ de Salamanca.
8 Es una lástima. Mi bisabuelo _____ muerto.
9 João y Cristiano vienen de Lisboa. _____ portugueses.
10 ¿De dónde _____ vosotros de origen?

3 Study the grammar section on **por and para** on page 185, and complete these sentences with the appropriate preposition.

1 Andaba _____ la calle cuando el coche chocó contra el autobús.
2 Hay que trabajar _____ aprobar el examen.
3 _____ ir al puerto, siga todo derecho.
4 Tendrás que pedir una cita _____ ver al dentista.
5 Viajé a Francia _____ avión.
6 Le reconocí _____ su voz.
7 Compré un reloj _____ mi hermana.
8 El traje estará listo _____ el viernes.
9 Pasamos las vacaciones viajando _____ toda Escocia.
10 El 8 _____ ciento de los alumnos prefieren comer en la cantina.

4 Indicative or subjunctive? Study the grammar section on **using the subjunctive** on page 179, then complete these sentences with the appropriate form of the verb indicated in brackets. Choose between:

- an infinitive, or
- a verb in the indicative, or
- a verb in the subjunctive.

1 ¿Quieres _____ la ventana por favor? (cerrar)
2 Prefiero que tú _____ en casa esta tarde. (quedarse)
3 María quiere _____ al supermercado. (ir)
4 Dile a Marta que _____ mañana. (venir)
5 No creía que Paco _____ éxito. (tener)
6 No cabe duda de que _____ a ganar. (ir)
7 Hasta que _____ el vídeo, no podremos comentar. (ver)
8 Quisiera _____ una casa en la costa. (encontrar)
9 Busco un hombre que _____ romántico. (ser)
10 Quienquiera que lo _____ puede quedarse con él. (hallar)

5 Study the grammar section on **cuyo** on page 169, and complete these sentences with the appropriate form of the linking word *cuyo*.

1 Almodóvar, _____ películas son un poco extrañas, es muy popular como director.

2 La señora de Benítez, _____ marido es abogado, nos ha invitado a cenar.

3 Joaquín Rodrigo, _____ música para la guitarra es muy famosa, nació en Valencia en 1901.

4 Benito Pérez Galdós, _____ libros se tratan de la vida de la gente ordinaria, se compara con el escritor inglés Charles Dickens.

Grammar reference

1 Nouns

1.1 Gender

1.1.1 Nouns naming people and animals

All nouns in Spanish are either feminine or masculine. With nouns naming people or animals it is usually easy to get the gender right, because it matches the gender of the animal or person to which the noun refers.

el gato   la gata
el rey   la reina

A basic rule is that Spanish nouns ending in *-o* or in *-e* are masculine and nouns ending in *-a*, feminine. However, there are some exceptions to this rule: a few feminine nouns end in *-e* or *-o*, and a few masculine ones end in *-a*.

la madre, el futbolista, el poeta

Many nouns referring to animals often have just one gender, whatever the sex of the animal in question.

la abeja, la serpiente, el pez

Nouns related to professions do not always change according to the gender of the person. Sometimes there is one form which is used for both sexes.

el/la cantante, el/la periodista, el/la artista, el/la juez

Note that all nouns ending in *-ista* (equivalent to English '-ist') can be either masculine or feminine, depending on the gender of the person referred to. Also, some professions (those ending in *-or*) form the feminine by adding *-iz*.

el actor/la actriz, el emperador/la emperatriz

1.1.2 Endings and gender

For most nouns, however, the gender is less obvious than when referring to people or animals. Fortunately, there are certain rules which help to determine the gender of any kind of noun. It is the ending of the noun which usually gives the clue.

Feminine noun endings
-a
la pereza, la belleza, la puerta

There are quite a number of exceptions: *día* is a very common one, and many words ending in *-ma* are masculine: *el pijama, el tema, el clima, el problema.* (See also Section 1.1.1 about nouns ending in *-ista*.)

-ión

Exceptions: *el avión, el camión*
-dad, -idad
-tud
-z

Exceptions: *el pez, el arroz*
-sis

Exceptions: *el análisis, el énfasis*
-itis (all nouns referring to diseases, such as bronquitis)
-umbre

Masculine noun endings
-o
Exceptions: *la mano, la radio* and abbreviations such as *la foto* (short for *la fotografía*)
-i, -u, -e

Exceptions: many, e.g. *la madre, la calle*
-j, -l
-n – except most ending in *-ión*
-r, -s

Exceptions: *la flor* (and see *-sis, -itis*, above)
-t, -x

1.1.3 Further guidelines on gender
Some nouns have two genders with different meanings:

el cólera – cholera	*la cólera* – anger
el corte – cut	*la corte* – (royal) court
la capital – city	*el capital* – money or assets
el cometa – comet	*la cometa* – kite (toy)
el frente – front	*la frente* – forehead
la policía – the police	*el policía* – policeman
el pendiente – earring	*la pendiente* – slope

Grammar reference

Names of countries, cities and towns are usually, but not always, feminine (*el Japón; el Canadá*).

Rivers, lakes, mountains, volcanoes and seas are usually masculine. Islands, however, are feminine.

Letters of the alphabet are always feminine. Days of the week and months are masculine.

Names of associations, international bodies, companies, etc. take their gender from that of the institution whether it is part of the name or just understood. So those referring to a company (*la empresa*) or an organisation (*la organización*) are feminine:

la OTAN = la Organización ... (= NATO)
la IBM = la empresa IBM (*empresa* is understood)

while those referring to a team (*el equipo*) or a commercial store (*el almacén*) are masculine:

el Real Madrid   el Corte Inglés

1.2 The plural of nouns

Most nouns form their plural by adding either *-s* or *-es* according to their ending. There may be other changes, as detailed below.

Add -s to nouns ending in ...	**Add -es to nouns ending in ...**
any unstressed vowel stressed -é (*café*), -á	stressed -í (*rubí, magrebí*), any consonant except -s, where the stress is on the last syllable

(*mamá*) and -ó (*dominó*)

Nouns ending in a stressed -*ú* can have their plural in either -*s* or -*es* (*tabú* – *tabúes/tabús*).

Nouns ending in -*s* which are not stressed on the last syllable do not change in the plural (e.g. *el jueves* – *los jueves, la crisis* – *las crisis*). This rule therefore affects all the days of the week except *sábado* and *domingo* which simply add an *s*.

Words ending in -*z* change to -*ces* in the plural.

la voz – *las voces*

Words ending in -*ión* lose their accent in the plural, because a syllable has been added:
la asociación – *las asociaciones*

In contrast, some words gain an accent in the plural:

el examen – *los exámenes*

See also 6.5 on stress and accents.

Some nouns are used only in the plural:

los modales	manners
los bienes	assets, property
los deberes	homework
las gafas glasses	
las vacaciones	holidays

Surnames do not change in the plural (*los Sánchez* = the Sánchez family).

1.3 Articles

These are the equivalent of 'the' (the definite article), 'a' and 'some' (indefinite articles) in English. In Spanish their gender changes to match that of the noun to which they refer.

Feminine nouns beginning with a stressed *a-* or *ha-* use the masculine article in the singular because it makes them easier to pronounce, but they remain feminine.

el habla, el agua, un arma

This does not apply when there is an adjective in front of the noun:

la limpia agua

1.3.1 Use of the definite article

When *el* is preceded by *de* or *a*, it becomes *del* or *al*:

Voy al cine.

El reloj del campanario

The definite article is used when the noun refers to a general group:

Los melocotones y los higos son frutas de verano	Peaches and figs are summer fruits.

but not when it refers to part of a group:

En verano comemos melocotones y higos.	In summer we eat peaches and figs.

We do not eat all the peaches and figs that there are, only some of them.

As in English, the definite article is also used when a noun refers to a specific object, or to something that has already been defined.

Mañana comeremos los melocotones y los higos.	Tomorrow we'll eat the peaches and the figs.

The reference is to particular peaches and figs, not peaches and figs in general.

The definite article is used with the names of languages:

El español es una lengua muy antigua.

except when using *saber, hablar, aprender*:

Estoy aprendiendo español en mi tiempo libre.

La gente (people) is singular in Spanish:

La gente no quiere eso.   People don't want that.

The definite article appears before titles (*señor, doctor, profesor*), but not when addressing the person directly:

El señor López está en la sala.

but:

¡Buenos días, Señor López!

The definite article is needed with people's official titles:

el rey, el rey don Juan Carlos I, el papa Juan Pablo II

1.3.2 The article *lo*

In addition to the masculine and feminine definite articles studied already, there is a neuter definite article lo. It is used with an adjective which is acting as an abstract noun, and is often translated into English by 'that', 'what', 'the thing(s)' etc.

Lo bueno dura poco.	Good things do not last long.
Estás aquí y eso es lo importante.	You are here and that's what matters.
No entiendo lo que dices.	I don't understand what you are saying.

1.3.3 Use of the indefinite article

Basic usage is the same as for 'a' and 'some' in English. However, there are some important differences.
The indefinite article is not used to express someone's profession, nationality, position or religion.

Ella es maestra de escuela.	She is a primary school teacher.
Mi amigo es irlandés.	My friend is an Irishman.
Su padre es diputado.	Her father is an MP.
Ella es católica.	She is a Catholic.

But it is used when an adjective accompanies the profession, nationality, position or religion:

Ella es una maestra muy buena.	She is a very good teacher.
Mi dentista es un italiano muy alto.	My dentist is a very tall Italian.

When certain words are used, the indefinite article is usually omitted. These include *sin, otro, tal, medio, cierto* and *qué* (*¡qué …!* – what a …!).

Subió al tren sin billete.	He got on the train without a ticket
Pregunta a otra mujer.	Ask a different woman.

2 Adjectives

Adjectives are words which describe nouns.

2.1 Agreement of adjectives

In Spanish, adjectives have to agree in gender and number with the noun they describe. An adjective accompanying a feminine plural noun, for example, must have a feminine plural ending:

las adicciones peligrosas

Adjectives form their plural in the same way as nouns:

sincero – sinceros
leal – leales

The formation of feminine adjectives is as follows:

Adjectives ending in …	Masculine form	Feminine form
-ón	*mirón*	*mirona*
-án	*holgazán*	*holgazana*
-or	*trabajador**	*trabajadora*
-ete	*tragoncete*	*tragonceta*
-ote	*grandote*	*grandota*
-ín	*pequeñín*	*pequeñina*
consonants (only applies to adjectives of nationality and geographical origin)	*inglés*	*inglesa*
	andaluz	*andaluza*

* *Exceptions are: interior, exterior, superior, inferior, anterior, posterior, ulterior, which do not change in the feminine.*

All other endings follow the rules for nouns:

masc. sing.	fem. sing.	masc. pl.	fem. pl.
feliz	*feliz*	*felices*	*felices*
elegante	*elegante*	*elegantes*	*elegantes*
belga	*belga*	*belgas*	*belgas*

Remember that adjectives ending in *-z* will change to *-ces* in forming the plural.

Some adjectives of colour, which are really nouns, like *naranja* or *rosa*, never change:

el papel rosa, la carpeta rosa, los pantalones rosa, las cortinas rosa

If an adjective is used to describe two or more masculine nouns (or a combination of masculine and feminine nouns), the masculine plural form is used:

Un perro y un gato muy gordos
Colecciona libros y revistas antiguos.

However, an adjective placed before the nouns tends to agree with the nearest one:

Su encantadora prima y tío	Her charming cousin and uncle

2.2 Shortened adjectives

In certain cases a shortened form of the adjective is used when it precedes the noun. Some adjectives shorten before masculine singular nouns by dropping their final *-o*:

Es un mal perdedor. (= *malo*)	He's a bad loser.
Algún hombre nos lo dirá. (= *alguno*)	Someone will tell us.

These are the adjectives which behave in this way:

Standing alone	Before a masculine singular noun
uno	*un*
alguno	*algún*
ninguno	*ningún*
bueno	*buen*
malo	*mal*
primero	*primer*
tercero	*tercer*

Compounds of *-un* shorten too:

Hay veintiún premios ganar	There are twenty-one a prizes to be won.

Other adjectives which shorten before nouns:

Santo becomes *San*, except before names beginning with *Do-* or *To-*:

San Antonio, San Cristóbal, San Pedro

but:

Santo Domingo, Santo Tomás

The feminine form, *Santa*, never changes.

Two adjectives, *grande* and *cualquiera*, shorten before a masculine or a feminine singular noun:

una gran manera de viajar

cualquier muchacho del pueblo

Ciento shortens to *cien* before all nouns:

Hay cien empleados en empresa.	There are one hundred la employees in the company.

See 6.3.1 for the use of *ciento* with other numbers.

2.3 Position of adjectives

Most adjectives follow the noun they describe:

una comida típica, un chico travieso

Some adjectives are usually found before the noun. These include ordinary (cardinal) numbers, ordinal numbers (1st, 2nd etc.) and a few others such as *último, otro, cada, poco, tanto, mucho*:

Dame cuatro caramelos.	Give me four sweets.

La primera vez que visité Valencia	The first time I visited Valencia	
El último examen del curso	The final exam of the course	
Hay muchos tipos de pájaros en este bosque.	There are many kinds of birds in this forest.	

Some adjectives have different meanings depending on whether they are placed before or after the noun they describe. Here is a list of the most common ones:

Adjective	Before the noun	After the noun
gran/grande	great *Suiza es un gran país*	big/large *Suiza no es un país grande.*
antiguo	former *el antiguo director*	old/ancient *una colección de arte antiguo*
diferente	various *diferentes libros*	differing/different *personas diferentes*
medio	half *Dame media botella de vino.*	average *Mi novia es de estatura media.*
mismo	same/very *Lo confirmó el mismo día*	-self *Yo mismo te lo daré.*
nuevo	fresh/another *un nuevo coche*	newly made/brand new *zapatos nuevos*
pobre	poor (pitiful, miserable) *¡el pobre chico!*	poor (impoverished) *mi familia era muy pobre*
puro	pure *Lo hallé por pura coincidencia.*	fresh *el aire puro del campo*
varios	several *varios caminos*	different, various *artículos varios*

Some adjectives vary in meaning according to the context. For example:

extraño	unusual rare/strange, weird
falso	untrue/counterfeit
original	primary/creative or eccentric
simple	only/of low intelligence
verdadero	true/real

2.4 Comparatives and superlatives

2.4.1 Comparatives

To form a comparison between two or more things or people, i.e., to say that something or someone is 'more ... than' or 'less ... than', Spanish uses *más ... que* and *menos ... que*.

Raquel es más guapa que Ana Ana pero menos simpática que Jaime	Raquel is prettier than Ana but not as nice as Jaime.

To form a comparison using figures or quantities, use *más ... del* or *más ... de la*:

Más de la mitad de la población española se concentra en las grandes ciudades.	More than half of the Spanish population is concentrated in the big cities.
Menos de la mitad vive en el campo.	Fewer than half live in the countryside.

To compare two similar things ('as ... as'), use *tan ... como*:

Antonio es tan alto como Arturo.	Antonio is as tall as Arturo.

To compare two similar things ('as much ... as'), use *tanto/a(s) ... como*:

No tienen tanto dinero como piensas.	They don't have as much money as you think.

To say 'the more/less ... the more/less ...', use *cuanto más/menos ..., (tanto) más/menos*:

Cuanto más pienso en ello, menos me convenzo	The more I think about it, the less convinced I am.

2.4.2 Superlatives

The superlative is formed just like the comparative, but you usually add a definite article (el/la/los/las).

Vive en la casa más antigua de la aldea.	He lives in the oldest house in the village.

Note that *de* is always used after the superlative. The absolute superlative is formed by removing the final vowel from the adjective and adding *-ísimo*. The ending then changes to agree in gender and number as you would expect:

mucho – muchísimo (muchísima, muchísimos, muchísimas)
elegante – elegantísimo (etc.)
azul – azulísimo (etc.)
feliz – felicísimo (etc.)

This superlative form always has an accent.
The absolute superlative can be used to indicate an extreme example of some quality, not necessarily in comparison with anything else.

El chino es un idioma dificilísimo.	Chinese is an extremely difficult language.

2.4.3 Irregular comparatives and superlatives of adjectives

Some adjectives have irregular forms of the comparative and superlative:

Adjective	Comparative	Superlative
bueno/a	*mejor* (masc. & fem.)	*el mejor/la mejor*
malo/a	*peor* (masc. & fem.)	*el peor/la peor*

José es un buen futbolista.	José is a good footballer.
José es el mejor futbolista del equipo.	José is the best footballer in the team.

Other adjectives have both regular and irregular forms with slightly different meanings:

Adjective	Comparative	Superlative
grande	*mayor* (masc. & fem.) *más grande*	*el mayor/la mayor* *el/la más grande*
pequeño	*menor* (masc. & fem.) *más pequeño/a*	*el menor/la menor* *el/la más pequeño/a*

The regular forms tend to be used for physical size:

una casa más pequeña	a smaller house
un árbol más grande	a bigger tree

while the irregular ones are used for age and seniority (after the noun):

Mi hermana mayor es más pequeña que yo.	My older sister is smaller than me.

for abstract size (before the noun):

el menor ruido	the slightest sound

and in some set expressions (after the noun):

la plaza mayor	the main square

The irregular comparative adjectives do not have a different masculine and feminine form.

3 Adverbs

An adverb is used to describe a verb, an adjective or another adverb. Study these examples:

Ven de prisa a la cocina.	Come quickly to the kitchen.

(adverb describes verb)

Es muy urgente.	It's very urgent.

(adverb describes adjective)

Demasiado tarde. Me he quemado.	Too late. I've burnt myself.

(adverb describes another adverb)

The adverb usually follows the word it modifies although if this word is a verb, the adverb may precede it instead for extra emphasis.

3.1 Types of adverbs

There are several groups of adverbs.

Of place – where?
aquí, ahí, allí, allá, cerca, lejos, debajo, encima, arriba, dentro, fuera, delante, enfrente, detrás, donde, adonde, junto

El libro está allí, encima de . mesa junto al televisor	The book is there, on the *la* table beside the television.

Of time – when?
hoy, ayer, mañana, pasado mañana, antes (de), ahora, antaño, después (de), luego, ya, mientras, nunca, jamás, todavía, aún

Mañana, después del trabajo, hablaremos del asunto.	We'll talk about the matter tomorrow after work.

Modal – how?
bien, mal, mejor, peor, como, tal, cual, así, despacio, de prisa, sólo, solamente

Also, most adverbs ending in *-mente* (formed by

adding *-mente* to the feminine singular form of the adjective: *tranquilamente, lentamente, alegremente*).

| *Me siento mal, peor que ayer – desgraciadamente.* | I'm feeling bad, worse than yesterday – unfortunately. |

An adjective, such as *duro* ('hard'), is often used as an adverb rather than its grammatically correct form (*duramente*).

| *Trabaja duro para mantener su familia.* | He works hard to support a his family. |

A preposition and noun are sometimes used instead of an adverb, especially if the adverb is long. For example, *con cuidado* (= *cuidadosamente*), *con frecuencia* (= *frecuentemente*).

Of order – in which position?
primeramente, finalmente, sucesivamente, últimamente

Of quantity – how much?
mucho, muy, poco, nada, algo, todo, más, menos, demasiado, bastante, casi, tan, tanto, cuanto

| *¿Han dejado algo de vino para nosotros? Muy poco, casi nada.* | Have they left any wine for us? A little, hardly any. |

Of affirmation, negation or doubt – yes, no, perhaps …?
sí, no, ni, también, tampoco, ciertamente, claro, seguro, seguramente, posiblemente, quizá, tal vez

3.2 Notes on the use of adverbs

It is better not to start a Spanish sentence with an adverb. Exceptions are *sólo, solamente* and *seguramente*.

Adverbs of time must be placed next to the verb:

| *El ministro se ha dirigido hoy a la nación.* | The minister has addressed the nation today. |

When two or more adverbs normally ending in *-mente* are used together, all but the last lose this adverbial ending:

| *Te amo tierna, apasionada locamente.* | I love you tenderly, *y* passionately and madly. |

3.3 Comparatives and superlatives of adverbs

Comparatives and superlatives of adverbs follow the same rules as those for adjectives.

Él corre más de prisa que yo. He runs faster than I do.

If a superlative adverb is used and there is extra

information (as fast as he could, as fast as possible) then you must add *lo*:

| *Quiero ir a casa lo más rápidamente posible.* | I want to go home as fast as possible. |

Pronouns

4.1 Personal pronouns

The purpose of the personal pronoun is to replace a noun. Personal pronouns have different forms depending on the role of the noun they replace.

	Subject	Direct	Indirect	Preposi-tional
I	*yo*	*me*	*me*	*mí*
you	*tú*	*te*	*te*	*ti*
he	*él*	*le, lo*	*le*	*él*
she	*ella*	*la*	*le*	*ella*
it (neuter)	*ello*	*lo*	*le*	*ello*
you (polite singular)	*usted*	*le, lo, la*	*le*	*usted*
we (masc.)	*nosotros*	*nos*	*nos*	*nosotros*
we (fem.)	*nosotras*	*nos*	*nos*	*nosotras*
you (familiar plural masc.)	*vosotros*	*os*	*os*	*vosotros*
you (familiar plural fem.)	*vosotras*	*os*	*os*	*vosotras*
they (masc.)	*ellos*	*los*	*les*	*ellos*
they (fem.)	*ellas*	*los*	*les*	*ellas*
you (polite plural)	*ustedes*	*los, las*	*les*	*ustedes*

Grammar reference

Reflexive pronouns – direct and indirect
These are the same as the indirect object forms given above except that le and les are replaced by se.

Reflexive pronouns – prepositional
These are the same as the ordinary prepositional pronouns given above except that all the 3rd person forms (*él, ella, usted, ellos, ellas, ustedes*) are replaced by *sí* (note the accent).

4.1.1 Subject pronouns

These pronouns replace a noun which is the subject of the sentence. However, they are often omitted in Spanish because the ending of the verb is usually enough to indicate the subject.

Pensamos mucho en ella.   We think about her a lot.

They are used, however, in the following cases:

To avoid ambiguity
Comía una manzana.

could mean 'I was eating an apple'. But it could also mean he or she was eating it, or you (*usted*) were. So if the context does not make this clear, the personal pronoun should be used:

Yo comía una manzana.

To add emphasis
Yo estoy trabajando duro y vosotros no hacéis nada.   I am working hard and you are doing nothing at all.

To be polite – with usted
¿Qué desea usted? What would you like?

4.1.2 Object pronouns

These replace nouns which are the direct or indirect object in a sentence. They usually precede the verb.

Te odio.   I hate you.

An indirect object always precedes a direct one.

Me dio el regalo.   He gave the present to me.
(*me* = indirect object, *el regalo* = direct object)
Me lo dio.   He gave it to me.
(*me* = indirect object, *lo* = direct object)

In three cases they are joined to the end of the verb.

1 Always with a positive imperative (a command):
   ¡Dámelo!   Give it to me!

though never with a negative command:

¡No lo hagas!   Don't do it!

2 With the infinitive:
   Quieren comprármelo.   They want to buy it for me.

3 With the gerund (-ing form) in continuous tenses:
   Estoy leyéndolo.   I am reading it.

In the last two cases, it is also possible to place the pronoun(s) before the first verb:

Me lo quieren comprar.   Lo estoy leyendo.

Notice that the addition of a pronoun or pronouns may make a written accent necessary (see 6.5).

Use of se instead of *le* or *les*

When two object pronouns beginning with l are used together in Spanish, the indirect one always changes to se. Study the following sentence:

Quieren comprar un perro a Pepe.   They want to buy a dog for Pepe.

If both objects are replaced by pronouns, this sentence becomes:

Se lo quieren comprar.   They want to buy it for him.

Redundant *le*
The pronoun le is often added purely for emphasis, when it is not grammatically necessary:

Le dí el recado a Marisa.   I gave the message to Marisa.

le* and *lo
You may sometimes see le used instead of lo as a direct object pronoun, but only when it refers to a person, not a thing:

Pepe llegó. Lo/Le vi llegar.

but:

El tren llegó. Lo vi llegar.

4.1.3 Prepositional (disjunctive) pronouns

These are used after a preposition (e.g. *por, para, de, en*). The forms are the same as the subject pronouns except for the 1st and 2nd person singular, which are *mí* (note the accent to distinguish it from the possessive pronoun *mi* = my) and *ti*.

De ti depende que me quede o me vaya.	It's up to you whether I stay or go.	
Puso su confianza en mí.	He put his trust in me.	

A few prepositions are followed by the subject pronoun instead. These include entre (between, among) and según (according to):

según tú	according to you
entre tú y yo	between you and me

With the preposition con, the 1st and 2nd person singular are joined on to give the forms *conmigo* and *contigo*.

Iré contigo al cine.	I'll go to the cinema with you.

Often, a prepositional pronoun is added for emphasis:

Nos escogieron a nosotros para el papel de los dos para el papel de los dos hermanos.	It was us they chose for the role of the two brothers.

4.1.4 Reflexive pronouns

These are used with reflexive verbs such as lavarse, or with ordinary verbs when they are used reflexively. Their forms are the same as the object pronouns (see the table in 4.1), except throughout the 3rd person where the forms are as follows: *se, sí* or *consigo*.

La niña se lava en el río.	The little girl washes herself in the river.
Se fue de la fiesta sin despedirse.	He left the party without saying goodbye.

For reflexive verbs see Section 5.6.

4.1.5 *Ello* – the neuter pronoun

This pronoun is so called not because it refers to a noun without gender (as you already know, all nouns are either feminine or masculine) but because it refers to something unspecific, such as a fact or an idea.

¡Olvídalo! No pienses en ello.	Forget it! Don't think about it.

4.2 Possessive adjectives and pronouns

Possessive pronouns and adjectives are used to indicate that something belongs to someone. The adjectives ('my', 'your'. etc.) are used with a noun while the pronouns ('mine', 'yours', etc.) stand alone.

Possessive adjectives

	Single thing		Plural things	
	mascu-line	femin-ine	mascu-line	femin-ine
yo	*mi*	*mi*	*mis*	*mis*
tú	*tu*	*tu*	*tus*	*tus*
él/ella/ usted	*su*	*su*	*sus*	*sus*
nosotros/ as	*nuestro*	*nuestra*	*nuestros*	*nuestras*
vosotros/ as	*vuestro*	*vuestra*	*vuestros*	*vuestras*
ellos/ellas /ustedes	*su*	*su*	*sus*	*sus*

Possessive pronouns

	Single thing		Plural things	
	mascu-line	femin-ine	mascu-line	femin-ine
yo	*mío*	*mía*	*míos*	*mías*
tú	*tuyo*	*tuya*	*tuyos*	*tuyas*
él/ella/ust ed	*suyo*	*suya*	*suyos*	*suyas*
nosotros/ as	*nuestro*	*nuestra*	*nuestros*	*nuestras*
vosotros/ as	*vuestro*	*vuestra*	*vuestros*	*vuestras*
ellos/ellas /ustedes	*suyo*	*suya*	*suyos*	*suyas*

4.2.1 Agreement of possessive adjectives

Possessive adjectives tell us who or what something belongs to or is connected with. Like all adjectives, they agree in gender and number with the noun, but they also agree in person with the possessor. Thus, tus refers to several objects possessed by a single person (you) while su may refer to one object possessed either by one person (he or she) or by several people (they). Spanish possessive adjectives are translated by 'my', 'your', 'her', etc.

Tus padres son muy amables.	Your parents are very kind.
Su amiga es muy parlanchina.	Their friend is very talkative.

Note that in Spanish the definite article, not the possessive adjective, is used to refer to parts of the body, clothes etc. Often, a reflexive verb is used to express the idea of possession or self where English uses 'my', 'your', etc.

Se lavó las manos.   S/he washed her/his hands.

4.2.2 Use of possessive pronouns

Like other pronouns, possessive pronouns are used instead of a noun when the meaning is clear or has already been defined. They are preceded by the definite article. Their English equivalents are 'mine', 'yours', 'ours', etc.

Mi perro tiene ocho años.   My dog is eight years old.
Y el tuyo?   What about yours?
(*mi* = possessive adjective, *el tuyo* = possessive pronoun)

The masculine singular form is used, preceded by the neuter pronoun *lo*, to refer to a fact or idea rather than a specific noun:

Lo mío son los deportes al libre.   Outdoor sports are my *aire* thing.

The possessive pronouns are also used occasionally as adjectives. In this case, they are placed after the noun and the definite article is not used:

Un tío mío ganó la lotería.   An uncle of mine won the lottery.

4.3 Demonstrative adjectives and pronouns

These are the equivalents of 'this/these', 'that/those'.

Demonstrative adjectives

	near	far	further
masculine singular	este	ese	aquel
feminine singular	esta	esa	aquella
masculine plural	estos	esos	aquellos
feminine plural	estas	esas	aquellas

Demonstrative pronouns

	near	far	further
masculine singular	éste	ése	aquél
feminine singular	ésta	ésa	aquélla
masculine plural	éstos	ésos	aquéllos
feminine plural	éstas	ésas	aquéllas
neuter	esto	eso	aquello

Note that the pronoun forms (not neater) have an accent to distinguish them from the adjectives.
Both ese and aquel can translate 'that' although ese is more common, being used to contrast with este. Ese can also be used to indicate an object which is relatively distant from the speaker but near to the listener whereas aquel would indicate an object which is distant from both the speaker and the listener. Demonstrative adjectives always precede the noun.

Esta alumna es muy inteligente.   This pupil is very intelligent.
Aquel coche parece nuevo.   That car (over there) looks new.

Demonstrative pronouns refer to something or someone already defined or understood. They are never followed by a noun and they are never preceded by a definite or indefinite article:

Me gusta ésa.   I like that one.
Aquella medicina no me hacía ningún efecto, pero ésta es maravillosa.   That medicine didn't make me feel any better, but this one is wonderful.
(*aquella* = demonstrative adjective, *ésta* = demonstrative pronoun)

The neuter demonstrative pronouns eso, esto and aquello are used to refer to a general idea, statement or fact rather than a specific noun.

Esto de tu hermano me preocupa.   This business about your brother worries me.

4.4 Relative pronouns and adjectives

Relative pronouns are words like 'who' and 'which'. They replace nouns, just like other types of pronoun, but they also serve as a link between two clauses, or parts, of a sentence.

Relative adjectives (meaning 'whose') agree with the noun which follows them. They are not used very much in spoken Spanish.

	Pronouns	Adjectives
masc. sing.	(el) que (el) cual quien	cuyo
fem. sing.	(la) que (la) cual quien	cuya
neuter	(lo) que (lo) cual	cuyo
masc. plural	(los) que (los) cuales quienes	cuyos
fem. plural	(las) que (las) cuales quienes	cuyas

4.4.1 Relative pronouns

Que

Que is the most widely used and flexible relative pronoun. It can be preceded either by an article (uno, los etc.) or a noun but it never changes to agree in gender or number. It can be used as the subject or the direct object of a sentence.

Los profesionales que hicieron los diseños.	The professionals who did the designs.
(*que* = subject)	
Las flores que compramos el mercado.	The flowers (which) we en bought in the market.
(*que* = direct object)	

The definite article is often used with *que*.

El hombre del que te hablé ha comprado la finca.	The man (whom) I told you about has bought the estate.

La casa en la que vivía de pequeño	The house in which I lived as a child

Notice that the relative pronoun can often be omitted in English. In Spanish, however, it must **never** be omitted.

Quien

Quien and the plural quienes are used after a preposition when referring to people, not things.

La chica con quien me casé	The girl I married
Los chicos a quienes escribiste la carta	The boys to whom you wrote the letter

They are used less than the corresponding English 'who(m)', often being replaced by *el que, al que*, etc.

El cual/la cual/los cuales

These can be used as an alternative to the relative pronoun *que*. They are useful for avoiding ambiguity:

Los padres de mis amigos, los cuales esperaban en el coche, no sospechaban nada.	My friends' parents, who were waiting in the car, didn't suspect anything.

If *que* were used here, it would mean that my friends were waiting in the car.

Lo que/lo cual

These neuter pronouns refer to a general concept or a whole phrase, rather than a specific noun:

Me fui de la oficina a las cuatro, lo que me permitió llegar a tiempo.	I left the office at four, which allowed me to arrive on time.

Lo refers to the fact that 'I left the office at four'.

4.4.2 Relative adjectives

Cuyo

Cuyo translates 'whose'. It agrees with the noun which follows it, not with the one preceding it.

Luis, cuya madre estaba enferma, no vino a la fiesta.	Luis, whose mother was ill, didn't come to the party.

4.5 Indefinite pronouns and adjectives: some(one), something, any

Indefinite pronouns

These are words used to express 'someone' (alguien) or 'something' (algo).

¿Te gustaría algo de beber?	Would you like something to drink?

Alguien llamó por teléfono.   Someone phoned.
¿Había alguien en la cocina? Was there anyone in the
kitchen?

Algo and alguien can be used with another adjective,
in which case the adjective is always masculine
singular:

algo diferente   something different
alguien especial   someone special

Indefinite adjectives

These are used to express 'some' (*alguno*), 'any'
(*cualquier*) or 'another' (*otro*).

Alguno has a shortened form *algún* in front of a
masculine noun (see 2.2), and it can be plural.
Cualquier does not change before a noun. The form
cualquiera is used **after** a noun of either gender.

4.6 Interrogatives and exclamations

4.6.1 Interrogatives

Interrogatives are words like 'what?', 'who?' and
'when?' used for forming questions. They always have
an accent in Spanish, even if the question is indirect.

¿Qué? ¿Cuál?

¿Qué? can be used as an adjective, translating as either
'which?' or 'what?'.

¿Qué flor es tu favorita?   Which is your favourite
flower?

¿Qué? and *¿cuál?* can both be used as pronouns
(standing alone, in place of a noun). *¿Cuál?* is used to
request specific information or for a choice:

¿Cuál prefieres, el rosa   Which one do you prefer, *o*
el verde?   the pink one or the green
one?

¿Qué? requests general information or a definition.

¿Qué es la felicidad?   What is happiness?

¿Quién?

The interrogative *¿qué?* can only refer to people when
it is used as an adjective:

¿Qué chica?   What girl?

Otherwise *¿quién?* is the only choice for people:

¿Quién me puede decir lo   Who can tell me what *que*
pasó?   happened?

¿Cuánto?

The singular forms *¿cuánto?* and *¿cuánta?* translate
'how much?' (for uncountable nouns, e.g. butter) while
the plural forms *¿cuántos?* and *¿cuántas?* translate 'how
many?' (for countable nouns, e.g. apples).

¿Cuánta agua has   How much water have you
derramado?   spilt?
¿Cuántos hombres   How many men were
resultaron heridos?   injured?

¿Cuándo? ¿Cómo? ¿Por qué? ¿(A)Dónde?

The English equivalents of these adverbs are 'when?',
'why?' and 'where?'; *¿adónde?* (never split; always has
an accent) means 'where to?' and is used with verbs of
movement.

¿Dónde estamos?   Where are we?

but:

¿Adónde nos llevas?   Where are you taking us
to?

Note that *¿por qué?* is used in questions – whether
direct or indirect. *Porque* means 'because' and is used in
the answer to such questions. *El porqué* means 'the
reason'.

Dime por qué no quieres   Tell me why you don't want
hablar conmigo.   to talk to me.
Quiero saber el porqué de   I want to know the reason
tu silencio.   for your silence.

Notice that the interrogative is always accented even if
the question itself is indirect or just implied:

Dime qué quieres.   Tell me what you want.
Nunca se supo quién tuvo   It was never discovered *la*
culpa.   who was to blame.

4.6.2 Exclamations

Common exclamative words are *¡qué …!*, *¡quién …!*,
¡cómo …! and *¡cuánto/a/os/as …!*. Like interrogatives,
they always have an accent.

¡Qué guapo es!   How good-looking he is!
¡Cómo corre!   How fast he runs!
¡Cuánta comida!   What a lot of food!

If the adjective follows the noun, *más* or *tan* are added:

¡Qué chico más guapo!   What a good looking boy!

4.7 Negatives

The simplest way of forming the negative in Spanish is to place the word *no* before the verb:

¿No te gusta la tortilla de patatas?	Don't you like Spanish omelette?

The following negatives can be used together with *no*:

no ... nunca or *no ... jamás*	never/not ... ever
no ... nada	nothing/not ... anything
no ... nadie	nobody/not ... anybody

No usually stands before the verb and the other negative word follows the verb (i.e. there is a double negative):

No me dijo nada.	He told me nothing/He didn't tell me anything.
No ha venido nadie.	Nobody has come.

The negative is sometimes put before the verb instead (especially if it is the subject), in which case *no* is omitted.

Nadie ha venido.

Two or more negatives can be used in the same Spanish sentence:

Nunca dijo nada a nadie de su enfermedad.	He never told anybody anything about his illness.

Ni ... ni (neither ... nor)

Ni sales de paseo ni ves la televisión: hoy haces los deberes	You will neither go out nor watch TV: today you'll do your homework.

Tampoco (neither)

This is the negative equivalent of *también*. It is an economical way of expressing what is sometimes a whole phrase in English.

A mí no me dijo nada, ¿y a vosotros? A nosotros, tampoco.	He said nothing to me. Did he (say anything) to you? No, he didn't say anything to us either. (lit. 'No, neither.')

5 Verbs

5.1 The infinitive

Verbs in Spanish are categorised according to the ending of the infinitive. There are three categories or 'conjugations': the first conjugation consists of all verbs ending in -*ar*, the second of all those ending in -*er* and the third of those ending in -*ir*.

5.1.1 Use of the infinitive

The infinitive in Spanish is used after another verb to translate 'to (do something)':

Quiero viajar por todo el mundo.	I want to travel all over the world.

It is used in impersonal commands:

Empujar	Push
No fumar	Do not smoke

It is also used after another verb where English uses the gerund (the '-ing' form):

Me encanta bailar.	I love dancing.

5.1.2 Verbs used with the infinitive

Certain verbs combine with the infinitive to produce commonly used structures such as 'have to', 'be able to', etc. The following are examples of the most useful of these.

- Poder + infinitive = be able to do something
  No pudimos ir.   We couldn't go.
- Deber + infinitive = must/should do something
  Debe visitarla.   He/she/you should visit her.
- Deber (de) + infinitive = must (deduction)
  Debe de estar enamorado. He must be in love.
- Tener que + infinitive = have to do something
  Tuvimos que pagar.   We had to pay.
- Hay que + infinitive = have to do something

This last is also used to mean 'must' or 'have to' but in an impersonal sense:

¿Hay que pagar?	Do we/does one/do you have to pay?

See 4.1.2 for the position of object pronouns with the infinitive.

5.1.3 Verbs used with prepositions

The verbs below are followed by a + an infinitive.

acertar a	to manage to
acostumbrarse a	to be accustomed to
animar a	to encourage
aprender a	to learn to
atreverse a	to dare to
ayudar a	to help to
comenzar a	to begin to
conducir a	to lead to
decidirse a	to decide to
disponerse a	to get ready to
enseñar a	to teach to
forzar a	to force to
impulsar a	to urge to
llegar a	to end up
meterse a	to begin to
negarse a	to refuse to
obligar a	to oblige to
pasar a	to go on to
persuadir a	to persuade to
ponerse a	to begin to
precipitarse a	to hurry to
prepararse a	to prepare to
resignarse a	to resign oneself to
tender a	to tend to
volver a	to do something again

The verbs below are followed by de + the infinitive.

acabar de	to have just
acordarse de	to remember
alegrarse de	to be pleased to
avergonzarse de	to be ashamed to
cansarse de	to tire of
cesar de	to stop doing something
cuidar de	to take care to
disuadir de	to dissuade from
encargarse de	to take charge of
guardarse de	to take care not to
hartarse de	to be fed up with
olvidarse de	to forget to
parar de	to stop
pensar de	to think about
presumir de	to boast about
terminar de	to stop
tratar de	to try to

The verbs below take en, por and con before a following infinitive.

consentir en	to consent to
consistir en	to consist of
convenir en	to agree to
dudar en	to hesitate to
hacer bien en	to be right to
hacer mal en	to be wrong to
insistir en	to insist on
interesarse en	to be interested in
pensar en	to think of
persistir en	to persist en
quedar en	to agree to
tardar en	to delay in…
esforzarse por	to struggle to
estar por	to be in favour of
luchar por	to struggle for
optar por	to opt for
amenazar con	to threaten to

5.2 Participles and the gerund

The Spanish past participle, present participle ('-ing' form used as an adjective) and gerund ('-ing' form used as a noun) are as follows:

	Past participle		Present participle		Gerund	
-ar verbs	-ado	cantado	-ante	cantante	-ando	cantando
-er verbs	-ido	corrido	-iente	corriente	-iendo -yendo	corriendo cayendo
-ir verbs	-ido	vivido	-iente	viviente	-iendo	viviendo

5.2.1 Use of participles and the gerund

The past participle of many verbs can also be used as an adjective. In this case, it agrees with the noun:

Es una idea muy extendida It's a very commonly held
hoy en día. idea nowadays.

Present participles are far less common. They agree with the noun like other adjectives:

Hay agua corriente. There is running water.
Los párrafos siguientes The following paragraphs

The gerund is used only as a verb, never as an adjective, so its ending never changes. Remember that pronouns are joined to the end of the gerund (see 4.1.2):

Su madre estaba diciéndole His mother was telling him
que hiciera los deberes. to do his homework.

5.3 Tenses of the indicative

5.3.1 The simple present tense

Regular verbs

The present indicative of regular verbs is formed by adding the following endings to the stem of the verb:

-ar verbs		-er verbs		-ir verbs	
	mirar		**comer**		**vivir**
-o	miro	-o	como	-o	vivo
-as	miras	-es	comes	-es	vives
-a	mira	-e	come	-e	vive
-amos	miramos	-	comemos	-imos	vivimos
-áis	miráis	-emos	coméis	-ís	vivís
-an	miran	-éis -en	comen	en	viven

Verbs which change their spelling

In order to keep the same sound as the infinitive throughout their various forms, some verbs have to change their spelling in accordance with the rules for spelling in Spanish. Here are some of the changes which occur in the present indicative:
from g to j (before *a* or *o*)

coger – to get, to catch
(yo) cojo but *(tú) coges*

from *gu* to *g* (before *a* or *o*)

extinguir – to extinguish
(yo) extingo but *(tú) extingues*

from *i* to *y* (when unaccented and between vowels)

construir – to build
(yo) construyo but *(nosotros) construimos*

See page 218 for tables of spelling-change verbs.

Radical-changing verbs

In radical-changing verbs (or 'stem-change verbs'), the last vowel in the stem changes. This change affects all the forms of the present indicative except the 1st and 2nd person plural:

from *e* to *ie*

empezar – to begin
empiezo, empiezas etc. but *empezamos, empezáis*

from *o* to *ue*

encontrar – to find/to meet
encuentro, encuentras etc. but *encontramos, encontráis*

from *e* to *i*

pedir – to ask for
pido, pides but *pedimos, pedís*

See page 216 for tables of radical-changing verbs.

Irregular verbs

These vary in their degree of irregularity, some having only one irregular form and others being almost entirely irregular. The most common irregular verbs are:

ser – to be
soy	somos
eres	sois
es	son

ir – to go
voy	vamos
vas	vais
va	van

haber – to have (used to form the perfect tense)
he	hemos
has	habéis
ha	han

Some verbs are irregular in the 1st person singular of the present indicative:

g added

salir – to go out
(yo) salgo, but *(tú) sales* etc.

c changes to *g*

hacer – to do, to make
(yo) hago, but *(tú) haces* etc.
ig added

caer – to fall
(yo) caigo but *(tú) caes* etc.

z added (verbs ending in *-ecer, -ocer, -ucir*)

traducir – to translate
(yo) traduzco but *(tú) traduces* etc.

See page 220 for tables of irregular verbs.

Use of the simple present
1 To denote an action currently in progress:
  Leo un libro.   I am reading a book.
2 To denote a regular or repeated action or a habit:
  Los miércoles visito a On Wednesdays I visit my
  mi tía.   aunt.
3 To express an action or state which began in the past and is still in progress (for which the perfect tense is used in English):
  Vivo en Madrid desde   I have lived in Madrid for
  hace diez años.   ten years.
  No disfruto de la vida I haven't enjoyed myself
  desde que ella me   since she left me.
  abandonó.
4 For dramatic effect or to give immediacy to a past event (this usage is called the historic present):
  Abro la puerta y entro en I opened the door and
  la habitación. ¡De repente went into the room.
  me doy cuenta de que   Suddenly, I realised that I
  no estoy solo!   was not alone!
  En 1942, el gran actor In 1942, the great actor
  encarna a Hamlet por   played Hamlet for the first
  primera vez   time.
5 To denote actions in the immediate future:
  Esta tarde voy al cine. This afternoon I am going
                            to the cinema.
6 As a milder alternative to the imperative:
  Mañana vas a la tienda . Tomorrow you're going to
  y te compras un regalo the shop and buying
                            yourself a present.

5.3.2 The present continuous
This tense is formed from the present indicative of the verb estar + gerund. It is used in a similar way to its English equivalent ('to be' + -ing) but is less common. The ordinary present can be used when there is no special emphasis on the continuity of the action:

Leo una revista.   I am reading a magazine.

The present continuous should be used when such emphasis is required:

Estoy leyendo el informe I'm (busy) reading the
y no puedo atender a   report (right now) and can't
nadie.   see anyone.

5.3.3 The preterite tense
Regular verbs
The preterite, or simple past tense, of regular verbs is formed by adding the following endings to the stem:

-ar verbs		-er verbs		-ir verbs	
	mirar		**comer**		**vivir**
-é	*miré*	*-í*	*comí*	*-í*	*viví*
-aste	*miraste*	*-iste*	*comiste*	*-iste*	*viviste*
-ó	*miró*	*-ió*	*comió*	*-ió*	*vivió*
-amos	*miramos*	*-imos*	*comimos*	*-imos*	*vivimos*
-asteis	*mirasteis*	*-isteis*	*comisteis*	*-isteis*	*vivisteis*
-aron	*miraron*	*-ieron*	*comieron*	*-ieron*	*vivieron*

Examples of verbs which change their spelling
from *c* to *qu* (before *e*)

sacar – to take out
(yo) saqué but *(tú) sacaste* etc.

from *u* to *ü* (before *e*)

averiguar – to find out
(yo) averigüé but *(tú) averiguaste* etc.

from *g* to *gu* (before *e*)

pagar – to pay
(yo) pagué but *(tú) pagaste* etc.

from *i* to *y* (*caer, creer, leer,* oir, *-uir* verbs)

creer – to believe
(*yo*) *creí* etc. but (*él*) *creyó,* (*ellos*) *creyeron*

from *z* to *c* (before *e*)

comenzar – to start
(*yo*) *comencé* but (*tú*) *comenzaste* etc.

from *gü* to *gu* (before *y*)

argüir – to argue
(*yo*) *argüí* etc. but (*él*) *arguyó,* (*ellos*) *arguyeron*

Radical-changing verbs
Verbs affected are those ending in *-ir*, in the 3rd person singular and plural, e.g.

from *o* to *u*

morir – to die   *murió, murieron*

from *e* to *i*

mentir – to lie   *mintió, mintieron*

Irregular verbs
The verbs *ser* (to be) and *ir* (to go) have the same irregular forms in the preterite tense:

fui	fuimos
fuiste	fuisteis
fue	fueron

Verbs with patterns similar to *ser* and *ir*:

dar	*dí*	*dimos*
	diste	*disteis*
	dio	*dieron*
ver	*vi*	*vimos*
	viste	*visteis*
	vio	*vieron*

A few verbs with irregular stems, endings in -uv- and unstressed endings in the 1st and 3rd person plural:

	andar	estar	tener
-uve	*anduve*	*estuve*	*tuve*
-uviste	*anduviste*	*estuviste*	*tuviste*
-uvo	*anduvo*	*estuvo*	*tuvo*
-uvimos	*anduvimos*	*estuvimos*	*tuvimos*
-uvisteis	*anduvisteis*	*estuvisteis*	*tuvisteis*
-uvieron	*anduvieron*	*estuvieron*	*tuvieron*

A larger group of verbs also with irregular stems and unstressed endings in the 1st and 3rd person plural, e.g.

haber – *hube*	*hacer* – *hice*
poder – *pude*	*querer* – *quise*
saber – *supe*	*venir* – *vine*

See page 220 for tables of irregular verbs.

Use of the preterite
The preterite is used:
1 To denote actions or states started and completed in the past:
   La semana pasada fui a Sevilla.   Last week I went to Seville.
2 To denote actions or states with a finite duration in the past:
   Pasamos tres años en África.   We spent three years in Africa.

5.3.4 The imperfect
The imperfect tense is one of the simplest in Spanish. There are no radical-changing verbs or verbs with spelling changes, and there are only three irregular verbs.

Regular verbs
The imperfect is formed by adding the following endings to the stem:

	-ar verbs		-er verbs		-ir verbs
	mirar		**comer**		**vivir**
-aba	*miraba*	*-ía*	*comía*	*-ía*	*vivía*
-abas	*mirabas*	*-ías*	*comías*	*-ías*	*vivías*
-aba	*miraba*	*-ía*	*comía*	*-ía*	*vivía*
-ábamos	*mirábamos*	*-íamos*	*comíamos*	*-íamos*	*vivíamos*
-abais	*mirabais*	*-íais*	*comíais*	*-íais*	*vivíais*
-aban	*miraban*	*-ían*	*comían*	*-ían*	*vivían*

Irregular verbs

These verbs are irregular in the imperfect tense:

ser	ir	ver
era	*iba*	*veía*
eras	*ibas*	*veías*
era	*iba*	*veía*
éramos	*íbamos*	*veíamos*
erais	*ibais*	*veíais*
eran	*iban*	*veían*

Use of the imperfect

1 To set the scene or mood in a narrative:
   Era primavera.   It was springtime.
2 To express duration over a long or indefinite period:
   Esperaba una llamada.   He was waiting for a call.
3 To describe a continuous action or state in the past:
   Juan leía el periódico.   Juan was reading the newspaper.
4 To denote a regular or repeated state or action in the past:
   Cada semana, .   Every week we used to visit
   visitábamos a nuestra   grandmother and often we
   abuela y muchas veces   would go to the cinema
   íbamos al cine con ella   with her.
5 To describe an incomplete or interrupted action in the past:
   Mientras me duchaba,   While I was having a
   sonó el teléfono.   shower, the phone rang.
6 In polite requests:
   Quería pedirte un favor.   I'd like to ask you a favour.

5.3.5 The imperfect continuous

This tense is formed from the imperfect of estar 1 gerund.

Estabas buscando en el   You were looking in the
lugar equivocado.   wrong place.

It is used to establish an action which was taking place when another action occurred:

Estaba haciendo la cena   I was preparing dinner
cuando empezó la tormenta. when the storm started.

5.3.6 The perfect tense

This is a compound tense, formed with the present tense of *haber* (called the auxiliary verb) and the past participle. These two components must never be separated. Pronouns are always placed before the verb, not the past participle:

Te lo han dicho muchas   They have told you about it
veces.   many times.

Regular verbs

-ar verbs	-er verbs	-ir verbs
mirar	*comer*	*vivir*
he mirado	*he comido*	*he vivido*
has mirado	*has comido*	*has vivido*
ha mirado	*ha comido*	*ha vivido*
hemos mirado	*hemos comido*	*hemos vivido*
habéis mirado	*habéis comido*	*habéis vivido*
han mirado	*han comido*	*han vivido*

Irregular past participles of irregular verbs

caer – caído	*dar – dado*
decir – dicho	*hacer – hecho*
leer – leído	*poner – puesto*
satisfacer – satisfecho	*traer – traído*
ver – visto	

Irregular past participles of otherwise regular verbs

abrir – abierto	*cubrir – cubierto*
escribir – escrito	*morir – muerto*
romper – roto	*volver – vuelto*

Use of the perfect tense

It usually corresponds to the English perfect tense:

¿Qué has hecho hoy?   What have you done today?
He ido de compras.   I have been shopping.

There are two important exceptions.

1 With expressions of time ('how long …') Spanish uses the present tense instead:
   ¿Cuánto hace que esperas? How long have you been waiting?
2 To translate 'have just …' the present tense of acabar de … is used:
   El autobús acaba de llegar. The bus has just arrived.

5.3.7 The perfect infinitive

This is formed with the infinitive haber plus the appropriate past participle.

Tengo que haberlo hecho   I have to have done it by
para las dos.   two o'clock.
Es un gran alivio haberlo   It's a great relief to have
terminado.   finished it.

5.3.8 The pluperfect

This is formed with the imperfect of the auxiliary haber and the past participle of the verb. It translates 'had' 1 past participle.

había mirado	*habíamos mirado*
habías mirado	*habíais mirado*
había mirado	*habían mirado*

Just like the pluperfect in English, it describes an action or state which occurred before another past action:

Ellos ya habían comido cuando ella llegó. — They had already eaten when she arrived.

The same two exceptions apply as for the Spanish perfect tense:

1 With expressions of time ('how long …') the imperfect tense is used instead:
   ¿Cuánto hacía que esperabas? — How long had you been waiting?
2 To translate 'had just …' the imperfect tense of acabar de … is used:
   El autobús acababa de llegar. — The bus had just arrived.

5.3.9 The future tense

There is only one set of endings to form the future tense. They are added to the infinitive as follows.

Regular verbs

	-ar verbs	-er verbs	-ir verbs
-é	*miraré*	*comeré*	*viviré*
-ás	*mirarás*	*comerás*	*vivirás*
-á	*mirará*	*comerá*	*vivirá*
-emos	*miraremos*	*comeremos*	*viviremos*
-éis	*miraréis*	*comeréis*	*viviréis*
-án	*mirarán*	*comerán*	*vivirán*

Irregular verbs

Some verbs have irregular future forms but the irregularities are always in the stem, never in the endings, e.g.

hacer – to do, to make	*haré, harás* etc.
querer – to want	*querré, querrás* etc.
decir – to say	*diré, dirás* etc.
saber – to know	*sabré, sabrás* etc.
tener – to have	*tendré, tendrás* etc.

See page 192 for tables of irregular Spanish verbs.

Use of the future tense

To talk about future actions or states:

Vendré a visitarte el lunes. — I'll come to see you on Monday.

To express an obligation:

No matarás. — You shall not kill.

To express assumption, probability or surprise:

Será que no le gusta el color rosa. — I suppose he doesn't like pink.

¿Qué querrá decir eso? — What on earth can that mean?

¡Será tonto! — He must be stupid!

Do not use the future tense to translate 'will' or 'shall' if the meaning is willingness or a request. Use the present tense of querer instead:

Will you open the door? — *¿Quieres abrir la puerta?*
She won't do anything. — *No quiere hacer nada.*

5.3.10 The future perfect

This tense is formed with the future form of the auxiliary haber and the past participle of the verb.

habré visto	*habremos visto*
habrás visto	*habréis visto*
habrá visto	*habrán visto*

Its usage is similar to the future perfect in English:

A las cuatro ya habré terminado los deberes. — I will have finished my homework by four o'clock.

5.3.11 The conditional

The conditional is formed by adding one set of endings to the future stem. All verbs with irregular future stems keep the same irregularities in the conditional tense.

	comer
-ía	*comería*
-ías	*comerías*
-ía	*comería*
-íamos	*comeríamos*
-íais	*comeríais*
-ían	*comerían*

Use of the conditional

To indicate a condition, whether stated or implied:

Si me lo pidiera, me iría con ella.	If she asked me, I would go with her.
¿Sería buena idea marcharnos de aquí?	Would it be a good idea to leave this place?

To refer to a future action expressed in the past:

Dijeron que volverían.	They said they would return.

To indicate assumption or probability in the past:

Serían las cuatro cuando llamó.	It must have been four o'clock when he phoned.

Translation of 'would'

Do not use the conditional tense to translate 'would' if the meaning is willingness or a request. Use the imperfect tense of *querer* instead:

He wouldn't open the door.	*No quería abrir la puerta.*

Do not use the conditional tense to translate 'would' if the meaning is a habitual action in the past ('used to …'). Use the imperfect tense of the verb or the imperfect tense of the verb soler and the infinitive of the verb:

We would visit our grandmother every week.	*Visitábamos / Solíamos visitar a nuestra abuela cada semana.*

5.3.12 The conditional perfect

The conditional perfect tense is formed with the conditional of haber and the past participle of the verb.

habría mirado	*habríamos mirado*
habrías mirado	*habríais mirado*
habría mirado	*habrían mirado*

It translates the English 'would have (done)'. In Spanish it often occurs in the same sentence as the pluperfect subjunctive:

No lo habría tirado si . hubiera conocido su valor sentimental	I wouldn't have thrown it away had I known its sentimental value.

5.4 The subjunctive

All the tenses studied so far belong to the indicative 'mood'. The subjunctive is not a tense, but another verbal mood. Although rare in English (e.g. 'If I were you …'), the subjunctive is used extensively in Spanish.

5.4.1 The present subjunctive

To form this tense, take the 1st person singular of the present indicative, remove the final *o* and add the following endings:

-ar verbs		-er verbs		-ir verbs	
	mirar		*comer*		*vivir*
-e	mire	-a	coma	-a	viva
-es	mires	-as	comas	-as	vivas
-e	mire	-a	coma	-a	viva
-emos	miremos	-amos	comamos	-amos	vivamos
-éis	miréis	-áis	comáis	-áis	viváis
-en	miren	-an	coman	-an	vivan

Examples of verbs which change their spelling
from *g* to *j* (before a or o)

coger – to get, to catch	*coja, cojas* etc.

from *gu* to *g* (before *a* or *o*)

extinguir – to extinguish	*extinga, extingas* etc.

from *i* to *y* (when unaccented and between vowels)

construir – to build	*construya, construyas* etc.

from *z* to *c* (before *e*)

cruzar – to cross	*cruce, cruces* etc.

from *g* to *gu* (before *e*)

pagar – to pay	*pague, pagues* etc.

Radical-changing verbs
These are the same as in the present indicative:
e becomes *ie*

empezar	*empiece, empieces* etc.

o becomes *ue*

encontrar	*encuentre, encuentres* etc.

e becomes *i*

pedir	*pida, pidas* etc.

Irregular verbs

Many verbs which are apparently irregular in the present subjunctive can be considered regular if you remember that their stem is the 1st person singular of the present indicative:

hacer (hago): haga, hagas etc.
tener (tengo): tenga, tengas etc.
caer (caigo): caiga, caigas etc.
nacer (nazco): nazca, nazcas etc.

Others have an irregular stem:

haber: haya, hayas etc.   *ir: vaya, vayas etc.*

For a more detailed list of irregular verbs, see page 220.

5.4.2 The imperfect subjunctive

There are two forms of the imperfect subjunctive. They are almost entirely interchangeable but the -ra form is more common and is sometimes also used as an alternative to the conditional tense.

To form either one, take the 3rd person plural of the preterite, remove -ron and add the following endings.

Regular verbs

	-ar verbs	-er verbs	-ir verbs
	mirar	*comer*	*vivir*
-ra,	mirara,	comiera,	viviera,
-se	mirase	comiese	viviese
-ras,	miraras,	comieras,	vivieras,
-ses	mirases	comieses	vivieses
-ra,	mirara,	comiera,	viviera,
-se	mirase	comicse	viviese
-ramos,	miráramos,	comiéramos,	viviéramos,
-semos	mirásemos	comiésemos	viviésemos
-rais	mirarais,	comierais,	vivierais,
-seis	miraseis	comieseis	vivieseis
-ran	miraran,	comieran,	vivieran,
-sen	mirasen	comiesen	viviesen

Spelling-change, radical-changing and irregular verbs

All irregularities in the imperfect subjunctive follow those in the 3rd person plural of the preterite. For more details of irregular verbs, see page 216.

5.4.3 The perfect and pluperfect subjunctives

The formation of these two tenses is straightforward. The perfect is formed with the present subjunctive of the auxiliary haber plus the past participle. The pluperfect is formed with the imperfect subjunctive of haber plus the past participle.

Perfect	Pluperfect
haya mirado	*hubiera/hubiese mirado*
hayas mirado	*hubieras/hubieses mirado*
haya mirado	*hubiera/hubiese mirado*
hayamos mirado	*hubiéramos/hubiésemos mirado*
hayáis mirado	*hubierais/hubieseis mirado*
hayan mirado	*hubieran/hubiesen mirado*

5.4.4 Use of the subjunctive

The subjunctive is used very widely in Spanish. It is required after verbs of emotion, verbs expressing desires or doubts – or possibility/impossibility – and verbs giving commands or advice. It is also used in a range of impersonal expressions and when talking about the future.

To influence others (*querer, permitir, mandar, ordenar, prohibir, impedir*):

| *Quiero que vengas a mi casa.* | I want you to come to my house. |
| *No permitas que lo sepan.* | Don't allow them to find out. |

To express personal preferences, likes, dislikes (*gustar, odiar, disgustar, alegrarse, parecer*):

| *No me gusta que te comas las uñas.* | I don't like you biting your nails. |

To convey feelings of hesitation, fear or regret (*dudar, temer, sentir, esperar*):

| *Siento que hayas tenido que esperar tanto.* | I'm sorry you've had to wait for so long. |

Grammar reference

To express doubts and tentative possibilities:

Puede que lo hayan cambiado de lugar. — It's possible that they've put it somewhere else.

In various impersonal expressions after adjectives (*importante, posible, necesario, imprescindible, preferible*):

Es importante que los niños coman verduras — It's important that children eat vegetables.

After expressions indicating purpose – 'so that …', 'in order to …' (*para que, con tal que, a fin de que, con el propósito de que*):

Ayer fue a la costurera para que le tomaran las medidas — Yesterday she went to the dressmaker's to be measured.

After expressions introducing a future action (*cuando, antes de que, en cuanto, mientras, tan pronto como, hasta que, después de que, una vez que, así que*):

Cuando te hayas terminado la cena. — When you've finished your supper

After expressions implying concessions or conditions – 'provided that …', 'unless …' (*siempre que, en vez de que, con tal de que, a condición de que, de modo que, de manera que, en [el] caso de que, a menos que, a no ser que, sin que*):

Vendrás conmigo siempre que me prometas que te comportarás. — You can come with me as long as you promise me that you'll behave.

After *ojalá*:

Ojalá que haga sol el día de la boda. — I do hope it will be sunny on the day of the wedding.

In certain set phrases:

pase lo que pase — come what may
digan lo que digan — whatever they may say
sea como sea — one way or another

After words ending in -*quiera* (='-ever'):

Cualquiera que haya estudiado matemáticas sabe cómo calcularlo. — Anyone who (whoever) has studied maths knows how to work it out.

Negative sentences
Verbs of thinking, believing and saying which are followed by the indicative when positive take the subjunctive instead when the meaning is negative. This is because of the greater element of doubt or uncertainty:

Creo que lo consigue. — I think he'll make it.
No creo que lo consiga. — I don't think he'll make it.

Sequence of tenses in the subjunctive
This table shows which tense to use when a negative sentence requires the subjunctive.

Indicative	Subjunctive
Creo que lo consigue (present)	No creo que lo consiga (present)
Creo que lo conseguirá (future)	
Creo que lo consiguió (preterite)	No creo que lo consiguiera (imperfect)
Creí que lo conseguía (imperfect)	No creí que lo consiguiera (imperfect)
Creía que lo conseguiría (conditional)	No creía que lo consiguiera (imperfect)
Creo que lo ha conseguido (perfect)	No creo que lo haya conseguido (perfect)
Creo que lo habrá conseguido (future perfect)	
Creía que lo había conseguido (pluperfect)	No creía que lo hubiera conseguido (pluperfect)
Creía que lo habría conseguido (conditional perfect)	

'If I were …', 'If I had …' + past participle
These English structures can be translated using the corresponding tense in Spanish.

1 'If I were …' is translated by the imperfect subjunctive:
If I were to win the lottery, I would go to the Bahamas. — *Si ganara la lotería, me iría a las Bahamas.*

2 'If I had …' + past participle is translated by the pluperfect subjunctive:
If I had known, I wouldn't have gone to the meeting. — *Si lo hubiera sabido, no habría ido a la reunión.*

5.5 The imperative

This is the form of the verb used to give orders and commands (you), to express 'let's …' (we) and 'may he/she/they …' or 'let him/her/them …' (3rd person forms). It is relatively easy to form because it is almost identical to the present subjunctive.

Positive imperative

To make the *tú* form, remove the final *s* from the present indicative *tú* form. To make the *vosotros* form, remove the final *r* from the infinitive and add *d*. All the other forms are the same as the present subjunctive:

(tú)	*¡Corre!*	Run!
(él, ella)	*¡Corra!*	Let him/her run!
(usted)	*¡Corra!*	Run!
(nosotros)	*¡Corramos!*	Let's run!
(vosotros)	*¡Corred!*	Run!
(ellos, ellas)	*¡Corran!*	Let them run!
(ustedes)	*¡Corran!*	Run!

Irregular verbs – *tú* form

decir – di	*hacer – haz*
ir – ve	*poner – pon*
salir – sal	*ser – sé*
tener – ten	*venir – ven*

Negative imperative

The negative forms are all the same as the present subjunctive:

(tú)	*¡No corras!*	Don't run!
(él, ella)	*¡No corra!*	Don't let him/her run!
(usted)	*¡No corra!*	Don't run!
(nosotros)	*¡No corramos!*	Let's not run!
(vosotros)	*¡No corráis!*	Don't run!
(ellos, ellas)	*¡No corran!*	Don't let them run!
(ustedes)	*¡No corran!*	Don't run!

Imperatives with object pronouns

Remember that object pronouns must be attached to the end of the positive imperative but must precede the negative imperative. See 4.1.2 for details.

Two points to note are:

1 The nosotros form drops the final s when the reflexive pronoun nos is added:
  levantemos + nos = levantémonos
2 The vosotros form drops the final d when the reflexive pronoun os is added:
  levantad + os = levantaos

The only exception to this is idos from the verb irse (to go away).

Use of the infinitive for commands

Remember that the infinitive is used instead to express impersonal negative commands:

No fumar.	Do not smoke.

5.6 Reflexive verbs

To form a reflexive verb the reflexive pronoun is used. It is attached to the end of the infinitive, gerund and positive imperative and is placed before other forms. See 4.1 for reflexive pronouns.

Some verbs are only used reflexively when they express a true reflexive meaning (action to oneself):

Me vestí.	I dressed myself. (reflexive)

but:

Vistió a la niña.	She dressed the little girl. (non-reflexive)
Nos hicimos mucho daño.	We hurt ourselves badly. (reflexive)

but:

Hicimos daño a María.	We hurt Maria. (non-reflexive)

Some verbs modify their meaning when they are made reflexive:

dormir to sleep	*dormirse* to fall asleep
llevar to carry, to wear	*llevarse* to take away

A few verbs are always reflexive in form although they have no true reflexive meaning:

atreverse to dare	*quejarse* to complain
quedarse to stay	

Reciprocal meaning

You can also use the reflexive form to translate 'each other':

Nos escribimos.	We wrote to each other.

Passive meaning

The reflexive pronoun se is often used in Spanish as an alternative to the passive (see 5.7 below).

5.7 The passive

The verbs so far have all been 'active': the subject of the verb performs the action and the direct object receives this action (e.g. 'that boy broke the window'). In a passive sentence it is the grammatical subject which receives the action of the verb (e.g. 'the window was broken by that boy'). Forming the passive in Spanish is simple because the structure is the same as in English: use the appropriate form of *ser* (to be) plus the past participle and put the doer or 'agent' if any (here: 'the boy') after *por* (by).

Some passive sentences have an agent:

La ley fue abolida por el Parlamento.	The law was abolished by Parliament.

Others do not:

La carretera fue asfaltada la semana pasada.	The road was asphalted last week.

However, the passive is used far less in Spanish than in English. There are various preferred alternatives to express a passive meaning:

1 Make the verb active but rearrange the words in order to keep the same emphasis.
La puerta la abrió mi madre.

(Notice that a direct object pronoun is required.)

2 Use the reflexive pronoun *se* – this is a frequently used construction, especially in announcements and notices:
Se habla español.	Spanish is spoken.

3 Use an unspecified 3rd person plural, just like the English equivalent:
Dicen que tiene mucho dinero.	They say he has a lot of money.

5.8 Ser and estar

Both these verbs mean 'to be' so it is important to use them correctly. Although there are some grey areas, in general there are clear distinctions in their areas of usage.

5.8.1 Ser

Ser is used:
With adjectives and adjectival phrases to indicate inherent or permanent characteristics:

Pedro es alto.	Pedro is tall.
La nieve es blanca.	Snow is white.

Estos zapatos son de cuero.	These shoes are made of leather.

To indicate ownership, nationality, religion and occupation:

Este libro es mío.	This book is mine.
Iván es colombiano: es de Bogotá.	Iván is Colombian: he's from Bogotá.
Ella es musulmana.	She's a Muslim.
Mi padre es profesor.	My father is a teacher.

With the past participle to form the passive (see 5.7). In expressions of time:

Son las ocho de la tarde.	It's eight o'clock in the evening.
Era invierno.	It was wintertime.

In impersonal expressions:

Es necesario que …	It is necessary that …
Es posible que …	It is possible that …

5.8.2 Estar

Estar is used:
With adjectives to express temporary states and conditions, marital status and whether something is alive or dead:

Esta falda está sucia.	This skirt is dirty.
Inés estaba triste.	Inés was sad.

but

Cuando era pequeño …	When I was little …
'¿Está casada?'	Are you married?
'No, estoy soltera.'	No, I'm single.
Esas flores ya están muertas.	Those flowers are already dead.

To indicate position and geographical location:

Está en la cocina.	He's in the kitchen.
Madrid está en España.	Madrid is in Spain.

With the gerund to form continuous tenses:

Estaba tocando la guitarra.	He was playing the guitar.
Estaré esperándote.	I will be waiting for you.

With participles to indicate a state:

Está rodeado de gente que no conoce.	He is surrounded by people he doesn't know.

Some adjectives can be used with either ser or estar with different nuances:

| Ramón es elegante. | Ramón is an elegant man. |
| Ramón está elegante. | Ramón looks elegant (tonight). |

Some adjectives have clearly different meanings when used with *ser* or *estar*:

	with ser	with estar
aburrido	boring	bored
bueno	good, tasty (food)	well, healthy
cansado	tiring, tiresome	tired
listo	clever	ready
malo	bad	ill, gone off (food)
nuevo	newly made/acquired	unused
vivo	lively	alive

5.9 Impersonal verbs

Some Spanish verbs are used in phrases which have no subject (in English, the equivalent phrases sometimes use 'it'), e.g. weather expressions such as *llover* (to rain), *nevar* (to snow):

| *llovía* | it was raining |
| *nieva en la Sierra Nevada* | it's snowing in the Sierra Nevada |

Several weather phrases use *hacer*:

| *Hace buen tiempo.* | It's nice weather/it's a nice day. |
| *Hacía calor ayer pero mañana hará frío.* | It was hot yesterday but it will be cold tomorrow. |

Using the pronoun **se** with certain verbs makes them impersonal and is a common way of avoiding an awkward passive expression in Spanish. There are various ways to translate these expressions into English, including the use of the pronouns 'one' and 'you', and passive forms.

| *No se puede fumar en los cafeterías.* | You can't smoke in cafés. |
| *Se debe beber más agua porque es bueno para la salud.* | You should drink more water because it's good for your health. |

Se dice que dentro de pocos años, más de la mitad de la población de los EEUU será hispanohablante.	It's said that within a few years, more than half the US population will be Spanish-speaking.
Se me considera abordable.	I'm thought to be approachable.
Si conduzco mal, se me pone una multa.	If one drives badly, one is fined.
Esta receta se hace con mucha mantequilla.	This recipe is made with lots of butter.
Eso se ve claramente.	It's clear to see.

5.10 Using hace to express time

Hace and *desde hace* are used to express actions which have been going on for a certain length of time.

| *¡Hace dos meses que no me llamas!* | You haven't rung me for two months! |
| *Pienso en ti desde hace dos horas.* | I've been thinking about you for two hours. |

Note the use of the present tense to indicate the action is still happening.

6 Miscellaneous

6.1 Prepositions

Prepositions are placed before nouns or pronouns and link them to other parts of the sentence.

Spanish prepositions include:

a, ante, bajo, con, contra, de, desde, en, entre, hacia, hasta, para, por, según, sin, sobre.

Although some prepositions are straightforward to translate into English, others can cause difficulty. Here are some of the commonest ones and their uses.

a

direction or movement

| *Voy a Sevilla.* | I am going to Seville. |

a specific point in time

| *A las nueve de la noche* | At nine o'clock in the evening |

a place where …

| *Me esperaba a la puerta del cine.* | He was waiting for me at the entrance to the cinema. |

en

movement into

Entraba en la sala. — She was coming into the room.

a place in which …

Estoy en la oficina. — I am in the office.

a period of time

En verano — in summer

Remember that the days of the week and dates do not need prepositions:

Te veré el lunes. — See you on Monday.
Iremos el catorce de julio. — We'll go on the 14th of July.

sobre

position – on

El libro está sobre la mesa. — The book is on the table.

position – over

Hay pájaros volando sobre el tejado. — There are birds flying over the roof.

about (concerning)

Escribe sobre problemas sociales. — She writes about social problems.

about (approximately)

Llegaremos sobre las diez. — We'll arrive at about ten.

en can also mean 'on' (e.g. *en la mesa*) but sobre is often preferable because it is more precise. Another meaning of *sobre* is 'on top of' but then *encima* is a common alternative.

de

possession

el amigo de Rosa — Rosa's friend

material or content

la mesa de madera — the wooden table
una clase de matemáticas — a maths lesson

profession

Trabaja de enfermera. — She works as a nurse.

part of a group

Muchos de ellos — Many of them

origin

Es de Barcelona. — He's from Barcelona.

time (in certain expressions)

La ciudad de noche — The city by night
De buena mañana — Early on in the day

with superlatives

El mejor bar de la ciudad — The best bar in the city

ante, delante de

These can both mean 'before' but not in the sense of time, for which antes is used:

Su defensa ante el jurado — His defence before the jury
No fuma delante de sus padres. — He doesn't smoke in front of his parents.

bajo, debajo de

Debajo de and *bajo* can both be used to mean 'under' or 'below' literally. Only *bajo* can be used to mean 'under' in a figurative sense:

Entiendo tu posición bajo tales circunstancias. — I understand your position under such circumstances.

desde

point in time from which …

Desde hoy hasta el miércoles. — From today till next Wednesday

point in space from which …

Desde mi casa a la tuya hay cinco kilómetros. — It's five kilometres from my house to yours.

6.1.1 Personal *a*

When a definite person or domestic animal is the direct object in a Spanish sentence, the ¬so-called personal a must be placed immediately before it:

¿Has visto a mi hermano? — Have you seen my brother?
Busco a mi perra, Negrita. — I am looking for my dog, Negrita.

[T]but:

Busco una niñera para mis hijos.
(She is as yet unspecified.) — I am looking for a nanny for my children.

Exception: personal *a* is not used after *tener*:

Tenemos tres hijos. — We have three children.

Grammar reference

6.1.2 Por and para

Although these two prepositions can both translate 'for' in different contexts, they each have a range of usage and care must be taken to distinguish between them.

por

'for' after certain verbs, 'through', 'on behalf of', 'about', 'by', 'because of'.
place along/through which

Pasea por la calle.	He walks along the street.
Fue por el túnel principal.	It went through the main tunnel.

time during which

Pasamos por unos momentos muy difíciles.	We went through some very difficult times.
por la noche	during the night

approximate place

Su casa está por la parte norte de la ciudad.	Her house is somewhere in the northern part of the city.

approximate time

por junio	around June

by/how

por correo aéreo	by airmail
¡Cógelo por los pies!	Grab him by his feet!

with the passive

roto por unos gamberros	broken by some vandals

in certain expressions

por lo general	by and large
por fin	finally

para

'for' in most cases, 'in order to', 'by the time …'

purpose, destination

Esto es para usted.	This is for you.
Sirve para cortar papel.	It's for cutting paper.

in order to

Limpió el parabrisas para ver mejor.	He cleaned the windscreen so that he could see better.

future time

Estará listo para la hora de marcharnos.	It will be ready by the time we leave.

6.2 Pero and sino

Both words translate 'but' and pero is by far the more common. Sino or sino que are only used as follows. After a negative, when the following statement clearly contradicts the negative one:

No fui yo quien rompió el cristal sino ella.	It wasn't me who broke the glass but her.
No es tímido, sino aburrido.	He isn't shy, he's boring.
En realidad no me gusta nadar, sino tomar el sol en la playa.	Actually, it's not swimming that I like, but sunbathing on the beach.

When two sentences, each with a finite verb, are linked in this way, sino que is used instead:

No sólo le insultó sino que además intentó pegarle.	He not only insulted him but also tried to hit him.

6.3 Numerals

6.3.1 Cardinal numbers (1, 2, 3 …)

For shortened forms of cardinals and numerals, see 2.2. Remember that in Spanish you use a comma instead of a dot with decimals and a dot instead of a comma to separate thousands.

cero	0	cien(to)	100
diez	10	ciento uno/a	101
quince	15	ciento dieciséis	116
dieciséis	16	ciento treinta y dos	132
veinte	20		
veintidós	22	doscientos/as	200
veintitrés	23	trescientos/as	300
veintiséis	26	cuatrocientos/as	400
treinta	30	quinientos/as	500
treinta y uno	31	seiscientos/as	600
cuarenta	40	setecientos/as	700
cincuenta	50	ochocientos/as	800
sesenta	60	novecientos/as	900
setenta	70	mil	1000
ochenta	80	diez mil	10.000
noventa	90	cien mil	100.000
		un millón	1.000.000

Notes on cardinal numbers

Note the accents on *dieciséis, veintidós, veintitrés* and *veintiséis*.

1

Uno becomes *un* before all masculine nouns, even in compound numbers:

cuarenta y un billetes

una is used before all feminine nouns, even in compound numbers:

veintiuna mujeres

100

Cien is the form used before any noun or before another larger number:

cien hombres   *cien mil hombres*

Ciento is the form used before another smaller number:

ciento tres

There is no feminine form of *ciento*.

Multiples of *ciento* agree in gender with the noun they refer to:

doscientos kilos   *doscientas personas*

The same applies to compounds:

novecientas mil personas

1000

Mil is invariable. The plural (*miles*) is only used to mean 'thousands of' and must be followed by *de*.

Mil personas; tiene muchos miles de euros

1.000.000

Millón is a noun so must be preceded by *un* in the singular:

un millón de euros, de personas, de árboles etc.

6.3.2 Ordinal numbers (1st, 2nd, 3rd …)

primero	first	*séptimo*	seventh
segundo	second	*octavo*	eighth
tercero	third	*noveno*	ninth
cuarto	fourth	*décimo*	tenth
quinto	fifth	*undécimo*	eleventh
sexto	sixth	*duodécimo*	twelfth
		vigésimo	twentieth

Ordinals are adjectives and so must agree in number and gender with the noun they accompany, e.g. *la*

quinta vez ('the fifth time'). They are often written in abbreviated form, by adding o (masculine) or a (feminine) after the digit: 1o. or 1o, 2a. or 2a. Remember that primero and tercero lose the final o before a masculine singular noun.

Ordinals beyond 12 are rarely used, the cardinal numbers being preferred (el siglo veinte instead of *el vigésimo siglo*). Ordinals are not used with days of the month, with the exception of the first day (*el primero de febrero* but *el dos de julio, el treinta de abril* etc.).

6.4 Suffixes – diminutives, augmentatives and pejoratives

Adding suffixes to alter the meaning of words (usually nouns) is an important feature of Spanish, especially the spoken language. As well as simply indicating size, the augmentatives and diminutives often convey particular nuances and so should be used with care by ¬non-native speakers.

Some words which appear to be diminutives or augmentatives of other words are actually words in their own right. For example, *bolsillo*, although literally a small *bolso* (bag), is the ordinary Spanish word for 'pocket'.

These suffixes are added to the end of nouns, adjectives and some adverbs, after removing any final vowel. Some require spelling changes, such as *z* to *c* before *e*.

Diminutives

-ito/a, -cito/a, -cecito/a – suggest affection on the part of the speaker:

¡Qué piececitos tiene el bebé! What (perfect) little feet the baby has!

(pies = feet)
-(c)illo/a:

¿No tendrán un papelillo para mí en la obra? Wouldn't they have just a little part for me in the play?
(papel = role)

Augmentatives

-azo/aza, -ón/ona, -ote/ota

hombrazo   great big man
(hombre = man)
novelón   big novel
(novela = novel)
grandote   huge
(grande = big)

Pejoratives
-uco/a, ucho/a, uzo/a

gentuza	riff-raff, scum
(*gente* = people)	

6.5 Stress and accents

A written accent is used in Spanish for two main reasons: either to mark the spoken stress on a word which does not conform to the normal rules for stress in Spanish, or to differentiate between two identical forms of the same word with different meanings or functions.

The normal rules for spoken stress are:
Words ending in a vowel, *-n* or *-s* are stressed on the last syllable but one.

All other words (i.e. ending in a consonant except for *-n* or *-s* and including *-y*) are stressed on the last syllable.

Any words not conforming to these rules must have the stress marked by a written accent. This includes words which end in a stressed vowel, *-n* or *-s*:

mamá, camión, melón, café, cafés

It also includes words ending in a consonant other than *-n* or *-s* which are stressed on the last syllable but one:

árbol, lápiz, mártir, débil

Words in which the stress falls two or more syllables from the end must also be accented:

espárrago, pájaro, relámpago, sábado

Vowels in syllables
Some syllables in Spanish contain two vowels. The normal position for the spoken stress in these syllables is on the 'strong' vowel (*a, e* or *o*) or on the second vowel if both are 'weak' (*i* or *u*). (Two strong vowels together are considered to be separate syllables.) If a word does not conform to these rules, a written accent is required:

tenía, país, oído

The normal rules mean that some words which require an accent in the singular do not require one in the plural because a syllable is added. This applies to all words ending in *-ión*:

elección – elecciones	*avión – aviones*

Other words need to add a written accent in the plural although they do not require one in the singular:

examen – exámenes

Accent used to differentiate meaning
This is the other usage of the written accent in Spanish. Here is a list of accented and unaccented words:

el	the (definite article)	*él*	he (pronoun)
tu	your	*tú*	you (subject pronoun)
mi	my	*mí*	me (prepositional pronoun)
si	if	*sí*	yes/himself etc. (prepositional pronoun)
se	himself etc. (reflexive pronoun)	*sé*	I know
de	of	*dé*	give (present subjunctive of dar)
te	you (pronoun)	*té*	tea
aun	even (= incluso)	*aún*	still, yet (= todavía)
solo	alone	*sólo*	only (= solamente)

Interrogatives, exclamatives and demonstrative pronouns are also accented, as described in the relevant sections.

Radical-changing verbs and spelling change verbs

Radical-changing verbs

Group 1 -AR and -ER verbs

e changes to **ie**
o changes to **ue**   when the stress is on the
u changes to **ue**   stem

Forms affected: present indicative and subjunctive, except 1st and 2nd person plural.

present indicative	present subjunctive
p**ie**nso	p**ie**nse
p**ie**nsas	p**ie**nses
p**ie**nsa	p**ie**nse
pensamos	pensemos
pensáis	penséis
p**ie**nsan	p**ie**nsen
enc**ue**ntro	enc**ue**ntre
enc**ue**ntras	enc**ue**ntres
enc**ue**ntra	enc**ue**ntre
encontramos	encontremos
encontráis	encontréis
enc**ue**ntran	enc**ue**ntren
j**ue**go	j**ue**gue
j**ue**gas	j**ue**gues
j**ue**ga	j**ue**gue
jugamos	juguemos
jugáis	juguéis
j**ue**gan	j**ue**guen

* ***Jugar*** is the only verb where ***u*** changes to ***ue***.

pensar to think   *encontrar* to find   *jugar** to play

Group 2 -IR verbs

e changes to **ie** }
o changes to **ue** } as in Group 1 above
e changes to **i** }
o changes to **u** } before **ie**, **ió**, or stressed **a**

Forms affected: present participle; 3rd person singular and plural preterite; 1st and 2nd person plural present subjunctive; imperfect and conditional subjunctive throughout.

preferir to prefer   *dormir* to sleep
present participle: present participle:
*pref**i**riendo*   *d**u**rmiendo*

present indicative	present subjunctive	preterite
pref**ie**ro	pref**ie**ra	preferí
pref**ie**res	pref**ie**ras	preferiste
pref**ie**re	pref**ie**ra	pref**i**rió
preferimos	pref**i**ramos	preferimos
preferís	pref**i**ráis	preferisteis
pref**ie**ren	pref**ie**ran	pref**i**rieron
d**ue**rmo	d**ue**rma	dormí
d**ue**rmes	d**ue**rmas	dormiste
d**ue**rme	d**ue**rma	d**u**rmió
dormimos	d**u**rmamos	dormimos
dormís	d**u**rmáis	dormisteis
d**ue**rmen	d**ue**rman	d**u**rmieron

imperfect   imperfect
subjunctive   subjunctive
*pref**i**riera / pref**i**riese*, etc.   *d**u**rmiera / d**u**rmiese*, etc.

Group 3 -IR verbs

e changes to **i** when the stress is on the stem and before **ie**, **ió** or stressed **a**.

Forms affected: present participle; present indicative, except 1st and 2nd person plural; 3rd person singular and plural preterite; present, imperfect and conditional subjunctive throughout.

pedir to ask for
present participle: *pidiendo*

present indicative	present subjunctive	preterite	imperfect subjunctive
pido	pida	pedí	pidiera / pidiese, etc.
pides	pidas	pediste	
pide	pida	pidió	
pedimos	pidamos	pedimos	
pedís	pidáis	pedisteis	
piden	pidan	pidieron	

Other common radical-changing verbs

Some of these have spelling changes too – these are explained under spelling change verbs, in the paragraphs indicated in brackets below.

Group 1

acordarse	to remember
acostarse	to go to bed
almorzar (b)	to have lunch
aprobar	to approve, pass (exam)
atravesar	to cross
cerrar	to shut
colgar (f)	to hang
comenzar (b)	to begin
contar	to tell a story
costar	to cost
defender	to defend
despertar(se)	to wake up
devolver	to give back
empezar (b)	to begin
encender	to light up
entender	to understand
envolver	to wrap up
extender	to extend
gobernar	to govern
jugar (f)	to play
llover	to rain
morder	to bite
mostrar	to show
mover	to move
negar (f)	to deny
negarse (f)	to refuse
nevar	to snow
oler	(o changes to *hue*) to smell
perder	to lose
probar	to try, prove
recordar	to remember
resolver	to solve
sentarse	to sit down
soler	to be accustomed to
sonar	to sound, ring (bells)
soñar	to dream
temblar	to tremble, shake
tentar	to attempt
torcer (c)	to twist
verter	to pour, spill
volar	to fly
volver	to return

Group 2

advertir	to warn
consentir	to agree
divertirse	to enjoy oneself
hervir	to boil
mentir	to lie
morir	to die
preferir	to prefer
referir(se)	to refer
sentir(se)	to feel

Group 3

conseguir	to obtain
corregir	to correct
despedirse	to say goodbye
elegir	to choose, elect
freír	to fry
impedir	to prevent
perseguir (i)	to pursue, chase
reñir	to scold
repetir	to repeat
seguir (g)	to follow
vestir(se)	to dress

Spelling change verbs

a   *-car*
c changes to *qu* before *e*
Forms affected: 1st person singular preterite; all of present subjunctive.

buscar to look for
preterite: *busqué*
present subjunctive: *busque,* etc.

b   *-zar*
z changes to *c* before *e*
Forms affected: 1st person singular preterite; all of present subjunctive.

cruzar to cross
preterite: *crucé*
present subjunctive: *cruce,* etc.

c   consonant + *-cer, -cir*
c changes to *z* before *a* or *o*
Forms affected: 1st person singular present indicative; all of present subjunctive.

vencer to defeat
present indicative: *venzo*
present subjunctive: *venza,* etc.

d   **-gar**
g changes to *gu* before *e*
Forms affected: 1st person singular preterite, all of present subjunctive.

pagar to pay
preterite: *pagué*
present subjunctive: *pague,* etc.

e   *-guar*
gu changes to *gü* before *e*
Forms affected: 1st person singular preterite; all of present subjunctive.

averiguar to find out
preterite: *averigüé*
present subjunctive: *averigüe,* etc.

f   *-ger, -gir*
g changes to *j* before *a* or *o*
Forms affected: 1st person singular present indicative; all of present subjunctive.

proteger to protect
present indicative: *protejo*
present subjunctive: *proteja,* etc.

g   *-guir*
gu changes to *g* before *a* or *o*
Forms affected: 1st person singular present indicative; all of present subjunctive.

distinguir to distinguish
present indicative: *distingo*
present subjunctive: *distinga,* etc.

h   *-uir* (other than *-guir* above)
i changes to *y* when unaccented and between two or more vowels.

construir to build
present participle: *construyendo*
past participle: *construido*
present indicative: *construyo, construyes,*
                                     construye, construimos,
                                     construís, construyen
imperfect: *construía,* etc.
future: *construiré,* etc.
conditional: *construiría,* etc.
preterite: *construí, contruiste, construyó,*
                                     construimos, construisteis,
                                     construyeron
present subjunctive: *construya,* etc.
imperfect
subjunctive: *construyera / construyese,* etc.
imperative: *construye (tú), construid*

i   *-güir*
i changes to *y* as above (h)
gü changes to *gu* before *y*

argüir to argue
present participle: *arguyendo*
past participle: *argüido*
present indicative: *arguyo, arguyes, arguye,*
                                     argüimos, argüís, arguyen
imperfect: *argüía,* etc.
future: *argüiré,* etc.
conditional: *argüiría,* etc.
preterite: *argüí, argüiste, arguyó,*
                                     argüimos, argüisteis,
                                     arguyeron
present subjunctive: *arguya,* etc.
imperfect
subjunctive: *arguyera / arguyese,* etc.
imperative: *arguye (tú), argüid*

j -eer

i becomes accented whenever stressed;
unaccented *i* changes to *y*
Forms affected: participles; imperfect; preterite;
imperfect and conditional subjunctive.

creer to believe
present participle: *creyendo*
past participle: *creído*
imperfect: *creía*, etc.
preterite: *creí, creíste, creyó, creímos, creísteis, creyeron*
imperfect
subjunctive: *creyera/creyese*, etc.

k -llir, -ñer, -ñir

unstressed *i* is dropped when it follows *ll* or *ñ*
Forms affected: present participle; 3rd person
singular and plural preterite; all of imperfect and
conditional subjunctive.

bullir to boil, *gruñir* to groan
present participle: *bullendo, gruñendo*
preterite: *bulló, gruñó, bulleron, gruñeron*
imperfect
subjunctive: *bullera, bullese*, etc. *gruñera / gruñese*, etc.

l -iar, -uar (but not -cuar, -guar)

Some of these verbs are stressed on the *i* or *u*
when the stress is on the stem.
Forms affected: present indicative and subjunctive
except 1st and 2nd persons plural.

enviar to send
present indicative: *envío, envías, envía, enviamos, enviáis, envían*
present subjunctive: *envíe, envíes, envíe, enviemos, enviéis, envíen*

continuar to continue
present indicative: *continúo, continúas, continúa, continuamos, continuáis, continúan*
present subjunctive: *continúe, continúes, continúe, continuemos, continuéis, continúen*

Other common verbs in this category:
guiar   to guide
enfriar   to cool down
liar   to tie
espiar   to spy on
situar   to situate

vaciar   to empty
esquiar   to ski
variar   to vary
fiar   to trust
actuar   to act
efectuar   to carry out

Common verbs *not* in this category:
anunciar   to announce
estudiar   to study
apreciar   to appreciate
financiar to finance
cambiar   to change
limpiar   to clean
despreciar to despise
negociar   to negotiate
divorciar to divorce
odiar   to hate
envidiar   to envy
pronunciar to pronounce

m The *i* or *u* of the stem of the following verbs is
accented as above (see 6.5 on Stress and accents).
aislar   to isolate
reunir   to reunite
prohibir   to prohibit

present indicative: *aíslo, aíslas, aísla, aislamos, aisláis, aíslan*
present subjunctive: *aísle, aísles, aísle, aislemos, aisléis, aíslen*
present indicative: *reúno, reúnes, reúne, reunimos, reunís, reúnen*
present subjunctive: *reúna, reúnas, reúna, reunamos, reunáis, reúnan*

Verb table

Verb forms in bold are irregular. Where only the 1st person singular form of a tense is shown, it provides the pattern for all the other forms and the endings are regular. See 5.3.4 for the formation of the imperfect tense, 5.3.9 for the formation of the future tense and 5.3.11 for the formation of the conditional tense.

Infinitive	Present participle	Past participle	Present	Imperative
ANDAR	andando	andado	ando andas anda andamos andáis andan	 anda andad
CABER	cabiendo	cabido	**quepo** cabes cabe cabemos cabéis caben	 cabe cabed
CAER	**cayendo**	**caído**	**caigo** caes cae caemos caéis caen	 cae caed
DAR	dando	dado	**doy** das da damos dais dan	 da dad
DECIR	diciendo	**dicho**	**digo** **dices** **dice** **decimos** **decís** **dicen**	 **di** decid

Imperfect	Preterite	Future	Present subjunctive	Imperfect subjunctive
andaba	**anduve**	andaré	ande	**anduviera / anduviese**
andabas	**anduviste**	andarás	andes	**anduvieras / anduvieses**
andaba	**anduvo**	andará	ande	**anduviera / anduviese**
andábamos	**anduvimos**	andaremos	andemos	**anduviéramos / anduviésemos**
andabais	**anduvisteis**	andaréis	andéis	**anduvierais / anduvieseis**
andaban	**anduvieron**	andarán	anden	**anduvieran / anduviesen**
cabía	**cupe**	cabré	**quepa**	**cupiera / cupiese**
cabías	**cupiste**	cabrás	**quepas**	**cupieras / cupieses**
cabía	**cupo**	cabrá	**quepa**	**cupiera / cupiese**
cabíamos	**cupimos**	cabremos	**quepamos**	**cupiéramos / cupiésemos**
cabíais	**cupisteis**	cabréis	**quepáis**	**cupierais / cupieseis**
cabían	**cupieron**	cabrán	**quepan**	**cupieran / cupiesen**
caía	caí	caeré	**caiga**	**cayera / cayese**
caías	caíste	caerás	**caigas**	**cayeras / cayeses**
caía	**cayó**	caerá	**caiga**	**cayera / cayese**
caíamos	caímos	caeremos	**caigamos**	**cayéramos / cayésemos**
caíais	caísteis	caeréis	**caigáis**	**cayerais / cayeseis**
caían	**cayeron**	caerán	**caigan**	**cayeran / cayesen**
daba	**dí**	daré	**dé**	**diera / diese**
dabas	**diste**	darás	**des**	**dieras / dieses**
daba	**dio**	dará	**dé**	**diera / diese**
dábamos	**dimos**	daremos	**demos**	**diéramos / diésemos**
dabais	**disteis**	daréis	**deis**	**dierais / dieseis**
daban	**dieron**	darán	**den**	**dieran / diesen**
decía	**dije**	diré	**diga**	**dijera / dijese**
decías	**dijiste**	dirás	**digas**	**dijeras / dijeses**
decía	**dijo**	dirá	**diga**	**dijera / dijese**
decíamos	**dijimos**	diremos	**digamos**	**dijéramos / dijésemos**
decíais	**dijisteis**	diréis	**digáis**	**dijerais / dijeseis**
decían	**dijeron**	dirán	**digan**	**dijeran / dijesen**

Infinitive	Present participle	Past participle	Present	Imperative
ESTAR	estando	estado	**estoy** estás está estamos estáis **están**	**está** estad
HABER	**habiendo**	habido	**he** **has** **ha / hay** **hemos** habéis **han**	**he** habed
HACER	**haciendo**	**hecho**	**hago** haces hace hacemos hacéis hacen	**haz** haced
IR	**yendo**	**ido**	**voy** **vas** **va** **vamos** **vais** **van**	**ve** id
OÍR	**oyendo**	**oído**	**oigo** **oyes** **oye** oímos oís oyen	**oye** oíd
PODER	**pudiendo**	podido	**puedo** **puedes** **puede** **podemos** **podéis** **pueden**	**puede** poded

Imperfect	Preterite	Future	Present subjunctive	Imperfect subjunctive
estaba	**estuve**	estaré	esté	**estuviera / estuviese**
estabas	**estuviste**	estarás	estés	**estuvieras / estuvieses**
estaba	**estuvo**	estará	esté	**estuviera / estuviese**
estábamos	**estuvimos**	estaremos	estemos	**estuviéramos / estuviésemos**
estabais	**estuvisteis**	estaréis	estéis	**estuvierais / estuvieseis**
estaban	**estuvieron**	estarán	estén	**estuvieran / estuviesen**
había	**hube**	**habré**	**haya**	**hubiera / hubiese**
habías	**hubiste**	**habrás**	**hayas**	**hubieras / hubieses**
había	**hubo**	**habrá**	**haya**	**hubiera / hubiese**
habíamos	**hubimos**	**habremos**	**hayamos**	**hubiéramos / hubiésemos**
habíais	**hubisteis**	**habréis**	**hayáis**	**hubierais / hubieseis**
habían	**hubieron**	**habrán**	**hayan**	**hubieran / hubiesen**
hacía	**hice**	**haré**	**haga**	**hiciera / hiciese**
hacías	**hiciste**	**harás**	**hagas**	**hicieras / hicieses**
hacía	**hizo**	**hará**	**haga**	**hiciera / hiciese**
hacíamos	**hicimos**	**haremos**	**hagamos**	**hiciéramos / hiciésemos**
hacíais	**hicisteis**	**haréis**	**hagáis**	**hicierais / hicieseis**
hacían	**hicieron**	**harán**	**hagan**	**hicieran / hiciesen**
iba	**fui**	iré	**vaya**	**fuera / fuese**
ibas	**fuiste**	irás	**vayas**	**fueras / fueses**
iba	**fue**	irá	**vaya**	**fuera / fuese**
íbamos	**fuimos**	iremos	**vayamos**	**fuéramos / fuésemos**
ibais	**fuisteis**	iréis	**vayáis**	**fuerais / fueseis**
iban	**fueron**	irán	**vayan**	**fueran / fuesen**
oía	oí	oiré	**oiga**	**oyera / oyese**
oías	oíste	oirás	**oigas**	**oyeras / oyeses**
oía	**oyó**	oirá	**oiga**	**oyera / oyese**
oíamos	oímos	oiremos	**oigamos**	**oyéramos / oyésemos**
oíais	oísteis	oiréis	**oigáis**	**oyerais / oyeseis**
oían	**oyeron**	oirán	**oigan**	**oyeran / oyesen**
podía	**pude**	podré	**pueda**	**pudiera / pudiese**
podías	**pudiste**	podrás	**puedas**	**pudieras / pudieses**
podía	**pudo**	podrá	**pueda**	**pudiera / pudiese**
podíamos	**pudimos**	podremos	podamos	**pudiéramos / pudiésemos**
podíais	**pudisteis**	podréis	podáis	**pudierais / pudieseis**
podían	**pudieron**	podrán	**puedan**	**pudieran / pudiesen**

Infinitive	Present participle	Past participle	Present	Imperative
PONER	**poniendo**	**puesto**	**pongo** pones pone ponemos ponéis ponen	**pon** poned
QUERER	**queriendo**	querido	**quiero** **quieres** **quiere** **queremos** **queréis** **quieren**	**quiere** quered
REÍR	**riendo**	**reído**	**río** **ríes** **ríe** **reímos** **reís** **ríen**	**ríe** reíd
SABER	**sabiendo**	sabido	**sé** sabes sabe sabemos sabéis saben	sabe sabed
SALIR	**saliendo**	salido	**salgo** sales sale salimos salís salen	**sal** salid
SER	**siendo**	**sido**	soy eres es somos sois son	**sé** **sed**

Imperfect	Preterite	Future	Present subjunctive	Imperfect subjunctive
ponía	puse	pondré	ponga	pusiera / pusiese
ponías	pusiste	pondrás	pongas	pusieras / pusieses
ponía	puso	pondrá	ponga	pusiera / pusiese
poníamos	pusimos	pondremos	pongamos	pusiéramos / pusiésemos
poníais	pusisteis	pondréis	pongáis	pusierais / pusieseis
ponían	pusieron	pondrán	pongan	pusieran / pusiesen
quería	quise	querré	quiera	quisiera / quisiese
querías	quisiste	querrás	quieras	quisieras / quisieses
quería	quiso	querrá	quiera	quisiera / quisiese
queríamos	quisimos	querremos	queramos	quisiéramos / quisiésemos
queríais	quisisteis	querréis	queráis	quisierais / quisieseis
querían	quisieron	querrán	quieran	quisieran / quisiesen
reía	reí	reiré	ría	riera / riese
reías	reíste	reirás	rías	rieras / rieses
reía	rio	reirá	ría	riera / riese
reíamos	reímos	reiremos	riamos	riéramos / riésemos
reíais	reísteis	reiréis	riais	rierais / rieseis
reían	rieron	reirán	rían	rieran / riesen
sabía	supe	sabré	sepa	supiera / supiese
sabías	supiste	sabrás	sepas	supieras / supieses
sabía	supo	sabrá	sepa	supiera / supiese
sabíamos	supimos	sabremos	sepamos	supiéramos / supiésemos
sabíais	supisteis	sabréis	sepáis	supierais / supieseis
sabían	supieron	sabrán	sepan	supieran / supiesen
salía	salí	saldré	salga	saliera / saliese
salías	saliste	saldrás	salgas	salieras / salieses
salía	salió	saldrá	salga	saliera / saliese
salíamos	salimos	saldremos	salgamos	saliéramos / saliésemos
salíais	salisteis	saldréis	salgáis	salierais / salieseis
salían	salieron	saldrán	salgan	salieran / saliesen
era	fui	seré	sea	fuera / fuese
eras	fuiste	serás	seas	fueras / fueses
era	fue	será	sea	fuera / fuese
éramos	fuimos	seremos	seamos	fuéramos / fuésemos
erais	fuisteis	seréis	seáis	fuerais / fueseis
eran	fueron	serán	sean	fueran / fuesen

Infinitive	Present participle	Past participle	Present	Imperative
TENER	**teniendo**	tenido	**tengo** **tienes** **tiene** **tenemos** **tenéis** **tienen**	**ten** tened
TRAER	**trayendo**	**traído**	**traigo** traes trae traemos traéis traen	trae traed
VALER	**valiendo**	valido	**valgo** vales vale valemos valéis valen	vale valed
VENIR	**viniendo**	venido	**vengo** **vienes** **viene** venimos venís **vienen**	**ven** venid
VER	**viendo**	visto	**veo** ves ve vemos veis ven	ve ved

Imperfect	Preterite	Future	Present subjunctive	Imperfect subjunctive
tenía	**tuve**	**tendré**	**tenga**	**tuviera / tuviese**
tenías	**tuviste**	**tendrás**	**tengas**	**tuvieras / tuvieses**
tenía	**tuvo**	**tendrá**	**tenga**	**tuviera / tuviese**
teníamos	**tuvimos**	**tendremos**	**tengamos**	**tuviéramos / tuviésemos**
teníais	**tuvisteis**	**tendréis**	**tengáis**	**tuvierais / tuvieseis**
tenían	**tuvieron**	**tendrán**	**tengan**	**tuvieran / tuviesen**
traía	**traje**	traeré	**traiga**	**trajera / trajese**
traías	**trajiste**	traerás	**traigas**	**trajeras / trajeses**
traía	**trajo**	traerá	**traiga**	**trajera / trajese**
traíamos	**trajimos**	traeremos	**traigamos**	**trajéramos / trajésemos**
traíais	**trajisteis**	traeréis	**traigáis**	**trajerais / trajeseis**
traían	**trajeron**	traerán	**traigan**	**trajeran / trajesen**
valía	valí	**valdré**	**valga**	**valiera / valiese**
valías	valiste	**valdrás**	**valgas**	**valieras / valieses**
valía	valió	**valdrá**	**valga**	**valiera / valiese**
valíamos	valimos	**valdremos**	**valgamos**	**valiéramos / valiésemos**
valíais	valisteis	**valdréis**	**valgáis**	**valierais / valieseis**
valían	valieron	**valdrán**	**valgan**	**valieran / valiesen**
venía	**vine**	**vendré**	**venga**	**viniera / viniese**
venías	**viniste**	**vendrás**	**vengas**	**vinieras / vinieses**
venía	**vino**	**vendrá**	**venga**	**viniera / viniese**
veníamos	**vinimos**	**vendremos**	**vengamos**	**viniéramos / viniésemos**
veníais	**vinisteis**	**vendréis**	**vengáis**	**vinierais / vinieseis**
venían	**vinieron**	**vendrán**	**vengan**	**vinieran / viniesen**
veía	vi	veré	**vea**	**viera / viese**
veías	viste	verás	**veas**	**vieras / vieses**
veía	vio	verá	**vea**	**viera / viese**
veíamos	vimos	veremos	**veamos**	**viéramos / viésemos**
veíais	visteis	veréis	**veáis**	**vierais / vieseis**
veían	vieron	verán	**vean**	**vieran / viesen**

Vocabulary

The first meaning of each word or phrase in this list corresponds to its use in the context of this book. Alternative meanings are **sometimes** given to avoid confusion, especially if these meanings are more common. This list contains only the vocabulary in *¡Sigue! AS*. This list does **not** replace your dictionary.

A

abogado/a (m/f) *lawyer*
abrigo (m) *ropa de abrigo = protective clothing*
aburrirse *to be bored*
acabar de (+ infinitive) *to have just (done something)*
acarrear *to cause, give rise to*
acceder *to accede, agree*
aceituna (f) *olive*
acogedor (adj) *snug, cosy*
aconsejable (adj) *advisable*
aconsejar *to advise*
acontecido (adj) *occurred*
acontecimiento (m) *event, incident*
acordarse (ue) *to remember*
acoso (m) *bullying, harrassment*
acostarse (ue) *to go to bed*
acostumbrado (adj) *accustomed*
actitud (f) *attitude*
actualmente *nowadays, at the moment*
actuar *to operate, set in motion*
acudir *to turn up, come along to*
de acuerdo con *in agreement with*
achispado (adj) *tipsy*
adivinar *to guess*
afición (f) *fondness (for), inclination (towards)*
aficionado (adj/m) *supporter, fan*
afluencia (f) *crowd*
afrontar *to face up to, deal with*
agente (m) inmobiliario (adj) *estate agent*
agotamiento (m) *exhaustion*
agradable (adj) *pleasant, agreeable*
aguafiestas (m) *spoilsport, killjoy*
agujero (m) *hole*
ahorrar *to save*
aislamiento (m) *isolation*

ajedrez (m) *chess*
ajetreo (m) *drudgery, hard work*
ajo (m) *garlic*
albergar *to give shelter to*
albóndiga (f) *meat ball*
aldea (f) *village*
alineación (f) *line-up*
aliño (m) *dressing (cul)*
allanar *to level out, flatten*
almacén (m) *shop, store*
almendra (f) *almond*
ambiente (m) *atmosphere*
ambos (adj pl) *both*
amén de *except for, aside from*
amenazador (adj) *threatening*
ameno (adj) *pleasant, agreeable*
amistad (f) *friendship*
amistoso (adj) *friendly*
analfabeto (adj/m) *illiterate*
andaluz (adj) *Andalucian*
anoche *last night*
añadir *to add*
año (m) *year*
apabullar *to crush, flatten, squash*
apagado (adj) *switched off*
aparentar *to feign*
apariencia (f) *appearance*
apoyar *to support*
apoyarse en *to rest on, rely on*
apretujarse *to be squashed*
aprobar (ue) *to pass an exam*
apuntar *to aim*
arranque (m) *the start*
arrastrado (adj) *miserable, down and out*
arrendamiento (m) *leasing, hiring*
arrinconado (adj) *neglected*
artesanía (f) *craftsmanship, skill*
asado (adj) *roasted*
aseo (m) *cleanliness*
asesoramiento (m) *advice*
asiento (m) posterior (adj) *rear seat (in car)*
asiento (m) trasero (adj) *rear seat (in car)*

asistir *to attend*
asomarse *to appear*
asunto (m) *topic, theme*
atajar *to stop, intercept*
atónito (adj) *astonished*
atractivo (adj) *attractive*
atraer *to attract*
atravesar (ie) *to cross over, go through*
atreverse a *to dare*
aumentar *to increase*
aunque *although*
auricular (m) *aural, of the ear*
autoestima (f) *self esteem*
avalar *to guarantee, endorse*
averiguar *to ascertain, discover*
azulejo (m) *glazed tile*

B

baca (f) *roof rack*
bacalao (m) *cod*
bailarina (f) *ballerina*
baile(m) *dance*
balizado (adj) *waymarked*
baloncesto (m) *basketball*
barato (adj) *cheap*
barra (f) *bar (in a café)*
barriga (f) *belly*
barrio (m) *district*
baza (f) *trick (cards)*
beber *to drink*
beca (f) *a scholarship, grant*
biblioteca (f) *library*
bibliotecario/a (m/f) *librarian*
billar (m) *billiards*
bloquear *to block, obstruct*
bollería (f) *pastry (shop)*
borracho (adj) *drunk*
botar *to throw away*
botellón (m) *binge drinking in groups*
bromear *to joke, crack jokes*
buceo (m) *diving, sub-aqua*
buñuelo (m) *doughnut*
búsqueda (f) *search, enquiry, investigation*

C

cada vez más *more and more*
calamar (f) *squid*
calzado (m) *footwear*
cambiar *to change*

campeonato (m) *championship*
campesino/a (m/f) *countryman*
cancerígeno (adj) *carcinogenic*
canica (f) *marble*
cantidad (f) *quantity*
caracol (m) *snail*
carecer *de to lack*
caribeño (adj) *Caribbean*
cariñoso (adj) *affectionate, loving*
carreta (f) *wagon, cart*
carril (m) *lane (on carriageway)*
casarse *to get married*
castellano (adj) *Castilian*
castigo (m) *punishment*
cautivador (adj) *captivating*
cebolla (f) *onion*
celoso (adj) *jealous*
cercano a (adj) *near*
cerco (m) *enclosure*
cesta (f) *basket*
chapas (f) *pitch and toss*
charlar *to chat*
chaval (m) *lad, kid*
chorizo (m) *spicy sausage*
chufa (f) *tiger nut*
churro (m) *sweet fritter*
cicatriz (f) *scar*
cigarrillo (m) *cigarette*
cima (f) *peak*
cinturón de seguridad (m) *safety belt*
circunstancia (f) *circumstance*
citación (f) *quotation*
cobrar *to earn*
cocinar *to cook*
cocinero (m) *cook*
coger manía a alguien *to dislike someone*
coger una borrachera *to get drunk*
colapso de tráfico (m) *traffic jam*
colegial/a (m/f) *school boy, school girl*
coloquio (m) *dialogue*
colza (f) *rape (Bot)*
comba (f) *skipping rope*
compadre (m) *friend*
compaginar *to arrange, put in order*
compartir *to share*
complejo (adj) *complicated*
comportamiento (m) *behaviour*
comprensivo (adj) *comprehensive*
compromiso (m) *obligation, commitment*

concentración (f) *concentration*
concienciar *to make aware*
conciliar *to reconcile*
confiar *to entrust*
conformarse con *to agree to*
congelado (adj) *frozen, chilled*
conocimiento (m) *knowledge*
consecutivo (adj) *consecutive*
consejo (m) *advice*
consumición (f) *consumption*
consumo (m) *consumption*
contar (con) *to rely on, count on*
contraseña (f) *countersign, password*
contratar *to contract for*
convivencia (f) *living together, fellowship*
convocar *to summon, call together*
cordero (m) *lamb*
corrida (f) *bullfight*
cortarse *to become embarrassed*
costa (f) *coast*
costar (ue) una pasta *to cost a fortune*
cotidiano (adj) *daily*
crecer *to grow*
criollo (adj) *Creole*
crucero (m) *cruise ship*
cualquier *any*
en cuanto (a) *inasmuch as*
cubata (m) *rum and Coca Cola*
cucharada (f) *teaspoonful*
cuenta (f) *bill (in café, restaurant)*
cuidarse de algo *to look after, take care of*
cuna (f) *cradle*
a cuadros (adj) *checked pattern*

D

damas (m) *draughts*
dar paso a *to give way to*
darse cuenta de *to realise*
dato (m) *fact*
delictivo (adj) *criminal*
demás (adj) *other, rest of*
demasiado (adj) *too much*
deportista (m) *sportsperson*
desaparecer *to disappear*
desarrollado (adj) *developed*
desarrollarse *to develop*
desbordante (adj) *overwhelming*
desbordar *to exceed, go beyond*
desempeñar *to play a role*

desenvuelto (adj) *natural, confident*
desequilibrio (m) *imbalance*
desfile (m) *procession, parade*
desgraciadamente *unfortunately*
desierto (adj) *desert*
deslumbrarse *to be puzzled, confused*
desmentir *to deny, refute*
despedirse (i) *to say goodbye*
despegar *to take off (aeroplane)*
despejar *to clear (a space)*
desplazarse *to travel, move about*
despliegue (m) *deployment, development*
destacar *to emphasise, to make stand out*
destino (m) *destiny*
desvío (m) *diversion, detour*
deuda (f) *debt*
dictadura (f) *dictatorship*
diestro (adj) *skilful*
difusión (f) *expansion*
disculpa (f) *excuse, apology*
disfrutar de *to enjoy*
disputar *to question, challenge*
disputarse *to contend for*
distracción (f) *pastime, hobby*
dorada arena (f) *golden sand*
droga (f) *drug*
duda (f) *doubt*
durar *to last*

E

echar a chorros *to spurt out (liquid)*
echar de menos a *to miss (a person/place)*
eficaz (adj) *effective*
egoísta (adj) *selfish*
ejemplar (m) *example*
elegir (i) *to choose*
emborracharse *to get drunk*
embotellamiento (m) *traffic jam*
embriaguez (f) *drunkenness*
emisión (f) *broadcast*
empaque (m) *packing*
empleado/a (m/f) *employee*
empresa (f) *company, firm*
empresario (m) *business man*
enamorarse de *to fall in love with*
encargarse de *to take charge of*
encenderse (ie) *to switch on (elec)*
encerrar (ie) *to shut in*
encierro (m) *the running of bulls in Pamplona*

enconado (adj) *inflamed, sore*
enfadarse *to become angry*
enfocar *to focus, size up (a problem)*
enfrentar *to put face to face*
enlazar *to link, connect*
enrollarse *to get on well with*
enseres (mpl) *household effects*
enterarse de *to find out about*
entorno (m) *environment, milieu*
entrada (f) *(entrance) ticket*
entremés (m) *hors d'oeuvre*
entrenar *to train*
entrevista (f) *interview*
entusiasmado (adj) *enthusiastic*
envidia (f) *envy*
equilibrio (m) *balance*
equitación (f) *horse riding*
equivocarse de algo *to make a mistake*
escudería (f) *motor racing team*
esfuerzo (m) *effort*
esnórquel (m) *snorkel*
espabilar *to suppress, snuff out*
especia (f) *spice*
esperanza (f) *hope*
espontáneo (adj) *spontaneous*
estatura (f) *stature, height*
estrecho (m) *strait*
etnia (f) *ethnic group, race*
Euskadi (m) *Basque Country*
evitar riesgos *to avoid risks*
evolución (f) *evolution*
éxito (m) *success*
exposición (f) *exhibition*
extraño (adj) *strange, odd*

F

faltar *to lack*
fallecer *to die*
fármaco (m) *medicine*
fastidiar *to annoy, bother*
fatal (adj) *fateful, fated*
fecha (f) *date*
federarse *to become a member*
feo (adj) *ugly*
fiador/a (m/f) *guarantor*
fiel (adj) *faithful*
físico (m) *physique*
flirtear *to flirt*
folklórico (adj) *folkloric, traditional*

formación (f) *training*
formado (adj) *formed, grown*
fracaso (m) *failure*
frente a *as opposed to*
frontón (m) *wall of pelota court*
fruncir el ceño *to frown*
fuente (f) *spring, source*
fuga (f) *flight, escape*

G

galleta (f) *biscuit*
gamba (f) *prawn*
garbanzo (m) *chickpea*
gastar *to spend, waste*
gerente (m) *manager*
gitana (f) *woman of gypsy origin*
golosina (f) *sweet*
goma (f) *rubber, elastic*
gorro (m) *cap, bonnet*
gradas (f pl) *terraces at football stadium*
grasiento (adj) *greasy*
gratis *free*
gruñón (adj) *grumpy*

H

haber *to have*
habitual (adj) *customary*
habitualmente *usually*
hacer caso omiso a algo *to ignore, fail to mention*
hacer sus preparativos *to make preparations*
hacerse trampas *to cheat, swindle*
harto (adj) *fed up*
herir (ie) *to wound*
herramienta (f) *tool, appliance*
hervido (adj) *boiled*
hierba (f) *herb, grass*
hispanohablante (adj/m) *Spanish-speaking*
hogar (m) *home*
hostelero (m) *innkeeper, landlord*
hoyo (m) *hole, pit*
huelga (f) *strike*
huida (f) *flight, escape*
humor (m) *humour*

I

iberoamericano (adj) *Spanish-American*
idioma (m) *extranjero foreign language*
idóneo (adj) *suitable*
incapaz (adj) *incapable, unfit for*

incidir en *to impinge upon, influence*
incluso *included, enclosed*
infalible (adj) *certain, sure, infallible*
infiel (adj) *unfaithful, disloyal*
influido por (adj) *influenced by*
informe (m) *report, announcement*
ingresar *to deposit, pay in*
iniciar *to initiate*
inolvidable (adj) *unforgettable*
insuperable (adj) *insuperable, unsurmountable*
a la intemperie *out in the open, at the mercy of the elements*
intentar *to try, attempt*
involucrado (adj) *involved*

J

jamón (m) *serrano cured ham*
jeringa (f) *syringe*
joven (adj/mf) *young*
jubilación (f) *retirement*
jubilado (adj) *retired*
judía (f) *green bean*
juego de naipes (m) *card game*
juicio (m) *judgement*
junto (adj) *together, united*

L

a lo largo de *along(side)*
lástima (f) *pity*
lejanía (f) *distance*
lenteja (f) *lentil*
ley (f) *law*
librería (f) *bookshop*
ligar con *to pick up, get off with*
liso (adj) *straight, smooth*
lograr *to succeed*
lonja (f) *slice, rasher*
lucha (f) *struggle*
lugar (m) *place*
lujoso (adj) *luxurious*

M

madre (m) soltera *single mother*
madrileño (adj) *resident of Madrid*
madrugada (f) *early morning*
maletero (m) *boot (of car)*
manejar *to handle, operate*
manera (f) *manner, fashion, way*
mantequilla (f) *butter*

mañana (f) *morning, tomorrow*
maquillarse *to make oneself up*
marcharse *to leave, go away*
marginado (adj) *marginalised*
mascota (f) *pet*
matrimonio (m) *married couple*
a medias *halves (paying)*
mejorar *to improve*
menor (adj) *smaller, fewer*
mensaje (m) *message*
a menudo *often*
mercancía (f) *commodity, merchandise*
merendar (ie) *to snack, picnic*
merluza (f) *hake*
Mesías (m) *Messiah*
mestizaje (m) *crossbreeding, miscegenation*
mezcla (f) *mix*
mezclar *to mix*
milagro (m) *miracle*
mimarse *to spoil, pamper, indulge oneself*
mitad (f) *half*
mochila (f) *backpack, rucksack*
montón de (m) *pile of, heap of*
mosqueo (f) *annoyance, anger, resentment*
mostrar (ue) *to show*
motivo (m) *motive*
muchedumbre (f) *crowd*
multa (f) *fine (penalty)*
murmullo (m) *murmur*
músico (m) *musician*

N

nata (f) *cream*
natación (f) *swimming*
necesitar *to need*
negarse a *to refuse to*
negocio (m) *business*
neumático (m) *tyre*
ningún (adj) *none, no*
nivel (m) *level*
normativa (f) *set of rules, guidelines*
nota (f) *mark (scol)*
novato/a (adj/mf) *new, raw, a beginner*
noviazgo (m) *engagement*
nuez (f) *nut*
numeroso (adj) *numerous*

O

obra (f) *work*
obsesionado (adj) *obsessed*
ocio (m) *leisure*
odio (m) *hatred*
oficio (m) *job, profession, occupation*
¡Ojalá! *If only!*
ola (f) *wave*
olfato (m) *(sense of) smell*
onírico (adj) *dreamlike*
ordenador (m) *computer*
orgulloso (adj) *proud*
otra vez (f) *again, once more*

P

pack (m) de palos *bag of golf clubs*
padrastro (m) *stepfather*
paisaje (m) *landscape*
pandilla (f) *group of friends, posse, crew*
pantalla (f) *screen*
papas (f pl) *potatoes*
papel (m) *role*
papelero (m)/papeleo (m) *paperwork*
par de (m) *pair of*
a mi parecer *in my opinion*
parecido (adj) *similar*
pared (f) *wall*
paritario (adj) *peer*
parque (m) temático *theme park*
parte (m) meteorológico (adj) *weather bulletin*
partido (m) *match (sport)*
pasajero/a (m/f) *passenger*
pasar de algo *to do something excessively*
pasear *to stroll*
pastel (m) de nata *cream cake*
patria potestad (f) *paternal authority*
patrimonio (m) *inheritance*
peatonal (adj) *pedestrian*
pedir prestado *to borrow*
pegamento (m) *glue*
pegar *to stick*
pelea (f) *fight, scuffle*
pelearse con *to fight*
película (f) *film*
peligroso (adj) *dangerous*
pena (f) *grief, sorrow, shame*
penalidad (f) *trouble, hardship, penalty*
pensamiento (m) *thought*
pepino (m) *cucumber*

pequeño (adj) *small*
perfeccionarse *to improve, perfect*
perjudicial (adj) *harmful*
pesadilla (f) *nightmare*
a pesar de *in spite of*
pese a *in spite of*
piel (f) *skin*
pienso (m) *fodder*
pillar a alguien *to catch, trap*
pincharse *to inject oneself, give oneself a fix*
pincho (m) *small snack, portion*
pirotecnia (f) *firework display*
placer (m) *pleasure*
a la plancha *grilled*
población (f) *population*
polígono (m) *polygon*
por casualidad *by chance*
por temor de *for fear that*
porrón (m) *drinking vessel with long spout*
posibilitar *to facilitate, make possible*
preciso (adj) *precise, exact, accurate*
ser preciso *to be essential*
preocupar *to worry*
preocuparse *to worry about*
préstamo (m) *loan*
primordial (adj) *basic, fundamental*
al principio (m) *in the beginning*
profesorado (m) *the teaching profession*
promover *to promote*
proponer *to propose*
proporcionar *to supply, provide*
propuesta (f) *proposal*
protegido (adj) *protected*
proveniente de (adj) *coming from*
prueba (f) *exam*
puchero (m) *cooking pot*
pulmón (m) *lung*
puntuación (f) *punctuation*
puñalada (f) *stab, wound*

Q

quejarse de *to complain about*

R

radioyente (m) *listener*
raíces (f) *roots*
rato (m) *a while*
raza (f) *race*
reclamar *to appeal*

recordar (ue) *to remember*
recorrido (m) *journey*
rechazar *to reject*
recreativo (adj) *recreational*
red (f) *net*
regalar *to give, present*
regañar *to scold*
registro de uniones de hecho (m) *register of couples who live together in a stable relationship, but who are not married*
regresar *to return*
reír a carcajadas *to guffaw, roar with laughter*
relacionarse *to be connected, related*
relajarse *to relax*
relevante (adj) *relevant*
no hay más remedio que… *the only thing to do is…*
rendimiento (m) *efficiency, performance*
requisito (m) *requirement*
resaca (f) *hangover*
responsabilidad (f) *responsibility*
respuesta (f) *reply*
resultado (m) *result*
retrato (m) *portrait*
retribución (f) *pay*
revisar *to revise, look over*
revista (f) *magazine*
rincón (m) *corner*
rodeado de (adj) *surrounded by*
rollo (m) (¡qué rollo!) *boring, tedious*
romería (f) *pilgrimage*
ronda (f) *round (of drinks)*
ruidoso (adj) *noisy*

S

saborear *to savour, relish*
saludable (adj) *healthy*
sede (f) *headquarters, head office*
seguridad (f) *safety, security*
seguro (m) *safe, certain*
sello (m) *seal, stamp*
semejante *similar*
sencillo (adj) *simple*
senda (f) *path*
senderismo (m) *hill walking*
senderista (m/f) *hill walker*
sentido del humor (m) *sense of humour*
señas electrónicas (f) *email address*
sepia (f) *cuttlefish*
sereno (m) *night watchman*
servicios (m) *toilets*

significativo (adj) *significant*
simiesco (adj) *ape-like*
sobrepasar *to exceed, surpass, outdo*
sobrevivir *to survive*
sociedad (f) *society*
a solas *alone*
soler *to be accustomed to*
solicitado (adj) *in great demand, sought after*
soltero/a (adj/mf) *single person*
sondeo (m) *survey*
sonreír (i) *to smile*
suceder *to happen*
sueldo (m) *salary*
sueño (m) *dream*
sufrimiento (m) *suffering*
sumario (m) *summary*
superación (f) *overcoming, surmounting*
surgir *to arise, emerge*
sustantivo (m) *noun*

T

tapear *to go round the bars eating snacks*
tasa de natalidad (f) *birth rate*
tebeo (m) *children's comic*
temporada (f) *period, season*
tenedor (m) *fork*
tener ganas de *to feel like doing something*
no tener nada en común *to have nothing in common*
timo (m) *con trick, swindle*
tisana (f) *tisane, herbal infusion*
tocante a *with regard to*
tocar *to play (an instrument)*
todavía *still, yet*
tomar *to have (food or drink)*
tomar muy en serio *to take very seriously*
tónica (f) *trend*
tope (m) *upper limit*
tortilla (f) *omelette*
trago (m) *swallow, mouthful*
de un trago *in one swallow*
trámite (m) *procedure*
trasladarse *to go, move*
trastorno (m) *disorder*
trasvase (m) *download*
tratar de *to try*
tren de cercanía (m) *suburban train*
triturado (adj) *crushed, pulverised*
trozo (m) *piece, chunk*
turismo (m) *tourism*

U

umbral (m) *threshold*
usuario (m) *user*

V

valer la pena *to be worth it*
valeroso (adj) *brave*
valorar *to value*
velocidad (f) *speed*
ventaja (f) *advantage*
verificar *to check*
en vez de *instead of*
vial (adj) *of the road*
vinculado (adj) *linked*
viudo/a (adj/mf) *widower/widow*
volver a *to do something again*

Z

zona peatonal (f) *pedestrianised area*

THE HENLEY COLLEGE LIBRARY

The Publishers would like to thank the following for permission to reproduce copyright material:

Photo credits
p.3 ©Powerstock; **p.6** Nano Calvo/VWPics/Visual & Written SL/Alamy; **p.10 l** ©Monteverde/Alamy, **r** ©Terry Harris Just Greece Photo Library/Alamy; **p.11 all** ©Rob Barker; **p.13 all** ©Rob Barker; **p.14 tl** ©Ingolf Hatz/zefa/Corbis, **r** ©Somos/Veer/Getty Images, **b** ©David R. Frazier Photolibrary, Inc/Alamy; **p.18** ©John Birdsall/Alamy; **p.19** ©Kevin Foy/Alamy; **p.20** ©Oso Media/Alamy; **p.22** ©Rob Barker; **p.23** ©Andrew Bargery/Alamy; **p.29** ©Reuters/Corbis; **p.34** ©Nano Calvo/VWPics/Visual & Written SL/Alamy, **b** ©John Birdsall/Alamy; **p.35, t** ©John Birdsall/Alamy; **p.36 all** ©Rob Barker; **p.37** ©Rob Barker; **p.39** ©Ace Stock Limited/Alamy; **p.44** ©Sally Greenhill/Sally and Richard Greenhill/Alamy; **p.45** ©Expuesto – Nicolas Randall/Alamy; **p.46** ©Rob Barker; **p.48** ©Nano Calvo/VWPics/Visual & Written SL/Alamy; **p.51** ©Image100/Corbis; **p.52** ©Justin Kase zfourz/Alamy; **p.53** ©Vi/Alamy; **p.59 all** ©Rob Barker; **p.60** ©Ian Dagnall/Alamy; **p.61** ©David Ball/Alamy; **p.65** ©Pierre Vauthey/Corbis Sygma; **p.70** ©Adrian Neal/Stone/Getty Images; **p.71** ©Leopoldo Smith Murillo/epa/Corbis; **p.77** ©Eduardo Abad/epa/Corbis; **p.80** John Birdsall/Alamy; **p.85** ©jochem wijnands/Picture Contact/Alamy; **p.86** ©Yoav Levy/Phototake Inc/Alamy; **p.90** ©Thomas Shjarback/Alamy; **p.93 all** ©Rob Barker; **p.97** ©Mike Goldwater/Alamy; **p.101** ©Sami Sarkis Lifestyles/Alamy; **p.102 all** ©Rob Barker; **p.103** ©Ray Roberts/Alamy; **p.106** ©Steven May/Alamy; **p.113** ©81a/Alamy; **p.123** ©ColorBlind Images/Blend Images/Alamy; **p.127 l-r** ©Melba Photo Agency/Alamy, ©Medical Doctor Nurse Dentist Pharmacist/Alamy, ©Carlos Rios/Alamy; **p.128** ©Layne Kennedy/Corbis; **p.131** J. W. Alker/imagebroker/Alamy; **p.132** ©David Mackenzie/Alamy; **p.133** ©Pictures Colour Library/Alamy; logo used with kind permission of Bicicleta Barcelona www.bicicletabarcelona.com, ; **p.135 r** ©Kristy-Anne Glubish/Design Pics Inc/Alamy, **l logo designed by Javier Mariscal ©Trixi.com – It's transportainment, used with kind permission; p.137** ©Paulbourdice/Alamy; **p.140** ©David Crausby/Alamy; **p.145 l-r** ©BL Images Ltd/Alamy, ©INTERFOTO Pressebildagentur/Alamy, ©Florent Reclus/Authors Image/Alamy; **p.147** ©Rob Barker; **p.148** ©Eduardo Bombarelli/Alamy; **p.149** ©Felipe Rodriguez; **p.151** ©FRILET Patrick/hemis.fr/Hemis/Alamy; **p.152** ©Sami Sarkis Lifestyles/Alamy; **p.156** ©Michele Constantini/PhotoAlto/Alamy

Text acknowledgements
The authors and publishers are grateful to the following for permission to include material in the text:

1.3 *Bravo* Number 86 08/06/96; **2.2** taken from Andalucia-web; **2.7** Wikipedia, Under GNU Free Documentation License; **2.12** taken from *El Mundo* 15/07/03; **3.14** taken from 20minutos.es, 29/05/07; **4.1** taken from *Cocina española*, www.webtreat.com; **4.6** Copyright 1999 Vector M., Servicios de Marketing, S.A.U.; **4.8** www.lukor.com; **4.10** extract from *Clarín*, 2007; **4.12** taken from www.elmundo.es, 03/03/2003; **5.2** *El País Semanal*, 15/11/98; **5.5** *El País Semanal*, 06/06/05; **5.6** ©1997-1998 by Martina Charaf and David de Prado (spanishculture.about.com) licensed to About.com. Used by permission of about.com. All rights reserved; **5.8** adapted from www.lukor.com; **5.11** taken from www.geocities.com; **6.1** taken from 20minutos.com 09/03/05; **6.6** based on *Revista Creces*, January 2002; **6.7** taken from *El Diario de Hoy*, 11/02/06, www.elsalvador.com; **6.14** based on 20minutos.com 23/10/07; **7.7** taken from www.canarias7.es, 12/10/07; **8.10** taken from 20minutos.com 15/05/07; **9.4** ©Bicicleta Barcelona, www.bicicletabarcelona.com; **9.9** based on information from www.inter-rail.org; **9.10** taken from *Test del examen de conducir*, ©DGT (Dirección General de Tráfico); **9.12** taken from www.vittesse.wordpress.com, 08/10/06; **9.13** taken from 20minutos.com 16/02/07; **9.14** taken from www.elmundo.es, 22/02/05; **10.1** by permission of destinia.com; **10.4** taken from www.elmundo.es; **10.5** ©lubia Ulloa Trujillo (AIN), www.adelante.cu; **10.7** adapted from *Vacaciones con amigos:aprendiendo a convivir*, www.viajeros.com/article356.html; **10.10** taken from www.consumer.es/web/es/viajes, 04/09/06; **10.13** originally taken from www.ciberamerica.org.

While every effort has been made to trace copyright holders the publishers apologise for any omissions which they will be pleased to rectify at the earliest opportunity. Acknowledgement of sources of audio materials are given in the Teacher's Book with the relevant transcripts.